JN412196

조선시대 논어해석 연구

김영호(金暎鎬)는 1958년 전남 순천에서 태어나 성균관대학교 유학과를 졸업하고 동 대학원 동양철학과의 석사 및 박사과정을 졸업했다(철학박사).
성균관대학교, 한양대학교, 동덕여자대학교 등에서 강의했으며, 중국 산동사범대학 교수, 중국사회과학원 철학연구소 방문학자를 지내고 현재 영산대학교 중국학과 교수로 재직 중이다.
주요 저서 및 역서와 논문으로는 『다산의 논어해석 연구』(심산, 2003), 『논어의 종합적 고찰』(공저, 심산, 2003), 『다산경학의 현대적 이해』(공저, 심산, 2004), 『다산 정약용』(공저, 예문서원, 2005), 『퇴계, 그는 누구인가』(공저, 글 읽는 들, 2006), 『노주 오희상 가학연구』(심산, 2010), 『논어의 주석과 해석학』(문사철, 2010), 『현토주해 논어집주』(공역, 유도회 출판부, 1998), 「이퇴계 경학사상 연구」1 · 2 · 3, 「정다산 논어고금주 변석」1 · 2, 「논어 충서설 해석의 재조명」, 「한국 역대 논어주석고」, 「중국 역대 논어주석고」, 「순암 오재순 경학연구」1 · 2, 「노주 오희상 철학사상 고찰」1 · 2, 「현묵자 홍만종의 청구영언 편찬에 관하여」 등 50여 편이 있다.

조선시대 논어해석 연구

초판 1쇄 발행 2011년 2월 15일

지은이 | 김영호
펴낸이 | 최원필
편　집 | 양상모, 이경은
펴낸곳 | 심산출판사
주　소 | 서울시 은평구 불광동 219-7 예은 101
전　화 | 02-357-0633
팩시밀리 | 02-357-0631
E-mail | simsan@korea.com
등　록 | 제1-2114호(1996년 11월 28일)
ISBN | 978-89-89721-02-4 93150

조선시대 논어해석 연구

김영호 지음

심산

서문

『논어』는 하늘의 서書도 대지大地의 서書도 아닌 인간의 서書이다. 공자는 하늘의 뜻을 인간의 언어로 소화하여 전달하였다. 물론 그것은 공자의 오랜 구도역정과 수도의 결과이다. 이 결정체가 바로 인류의 바이블이라 불리는 『논어』이다. 공자는 수없이 많은 인간적인 고뇌와 좌절, 역경을 극복하고 늘 하늘에 문의하여 그 해답을 얻었고 마침내 성인의 반열에 올라 시공을 초월하여 오늘의 우리에게 꿈과 희망과 용기의 빛을 넉넉히 비춰주고 있다. 공자는 가히 인류의 스승이라 할 만하지 않은가.

공자는 인간의 한계와 범위를 초월하여 무한한 우주에서 노닐고자 하였다. 그러나 공자는 또한 하늘을 머리에 이고 대지에 굳건히 서 있는 존재로서의 인간임을 결코 잊지 않았다. 그 인간은 지극히 강하면서도 때로 유약한 모습을 보이기도 한다. 공자는 그 양면성을 모두 긍정한다. 그러면서 공자는 우리에게 진리의 대도大道로 가는 길을 묵묵히 제시하고 있다.

공자는 어떠한 상황에서도 인간 존재에 대한 무한한 신뢰와 따뜻한 인간에 대한 사랑을 잊지 않았다. 공자의 인류에 대한 그 큰 사랑(大仁)! 문명의 위기에 처한 오늘날 우리 인류가 되새겨야 할 만고의 진리임을 다시 한 번 확인한다.

때를 알고 임무를 알며(知時識務) 책임은 무겁고 길은 먼(任重道遠) 군자! 바로 그 군자가 되는 길을 『논어』는 제시하고 있다. 나침반처럼.

지금 생각해 보니 『논어』를 처음 읽은 이래로 40여 년의 세월이 흘렀다. 처음에는 주자해석을 위주로 읽다가 고주까지 보게 되었고 폭을 넓혀 청대 주석 등 기타 주석을 보다가 우리나라 선현들의 공자와 『논어』에 대한 관점은 어떠할까라는 호기심에서 접한 것이 다산의 『논어고금주論語古今注』였다. 『논어고금주』는 기존의 어떤 『논어』 주석보다 뛰어난 학문적 성과를 보여주었다. 고금의 제 주석을 집대성集大成하고 비판적으로 수용하여 자신의 독창적인 다산주로서 새롭게 재해석한 계왕개래繼往開來의 『논어고금주』! 『논어』에 대한 새로운 시야가 열린 듯했다. 그야말로 안전에 신천지新天地가 전개된 것이다. 이후 우리나라 선현들의 『논어』 해석에 대한 필자의 관심과 여러 학회의 요청으로 작성한 글들이 이 책의 탄생 배경이다.

이 책은 조선시대 유학자 퇴계退溪 이황李滉, 성호星湖 이익李瀷, 다산茶山 정약용丁若鏞, 간재艮齋 전우田愚 네 분의 『논어』에 대한 견해를 탐구한 것이다. 퇴계의 경우는 『논어』를 비롯하여 『맹자』, 『대학』, 『중용』까지도 분석하였고 다른 분은 『논어』 해석에 대해서만 고찰하였다.

1993년 다산의 『논어』 해석에 대한 연구를 시발로 2008년 간재까지

대략 15년이 소요되었다. 원래는 서계 박세당과 하곡 정제두까지 탐구의 대상으로 하였으나 필자의 제반 사정과 나태함으로 거기까지 역량이 미치지 못하였음을 고백한다. 추후 증보판에서 추가되기를 기대한다.

이제 다시 읽어보니 미흡한 점이 도처에 눈에 띈다. 이는 천학비재인 필자로서 입체적인 접근보다는 평면적인 접근에 대한 아쉬움이다. 이후로 더 나아질 만한 것도 별로 없어 부끄러움을 무릅쓰고 미흡하나마 그 동안의 성과를 정리하여 출간한다. 강호제현의 아낌없는 질정을 바란다.

이 책을 통해 공자와 『논어』에 대한 우리 선현들의 사유의 흔적을 조금이라도 추적하는 데 도움이 되었으면 하는 것이 필자의 작은 소망이기도 하다.

이 책이 나오기까지 도움을 주신 모든 분들께 감사드린다.

2010년 冬至日

후학 金暎鎬 삼가 씀

차례

퇴계退溪 이황李滉의 사서四書 해석

1. 서론

오늘날 퇴계退溪 이황李滉(1501~1570)에 대한 연구는 참으로 많이 이루어져 있다. 국내는 물론 일본, 중국을 비롯하여 미국, 독일 등에서까지 연구되었고 현재도 많은 연구를 진행할 정도로 퇴계에 대한 연구는 이제 전 세계적으로 주목받는 보편적인 영역이 되었다. 이미 『퇴계전서』는 퇴계학연구원에서 번역되어 그 일부가 나왔으며[1] 최근에는 기존의 여러 논문 가운데서 분야별로 정선하여 『퇴계학연구논총』이라는 제하에 총 10책이 간행되기도 하였다.[2] 또 중국에서는 『퇴계전서금주금역退溪全書今註今譯』이 간행된 바 있다.[3]

1) 현재 26권까지 간행되었다.
2) 경북대학교 퇴계연구소에서 간행하였다. 각 책은 1~3책(철학사상), 4책(문학사상), 5책(문학사상, 정치사상), 6책(교학사상), 7책(일본의 퇴계연구), 8책(중국의 퇴계연구), 9책(서양의 퇴계연구), 10책(연보 및 자료집)으로 구성되어 있다.

그런데 이들 논문을 살펴보면 철학분야에서는 주로 성리학性理學 방면에서만 연구가 진행되어 왔음을 감지할 수 있다. 이러한 현상은 퇴계사상연구 분야에만 국한된 것이 아닌 대부분의 한국유학연구 분야에서 공통으로 나타나는 특징이기도 하다.

그러나 조선조 유학이 어디 성리학만으로 유지되고 지탱되었던가. 성리학이라는 학문 못지않게 경학經學, 즉 경전해석학經典解釋學[4] 분야도 하나의 거대한 산맥을 형성했고 또 그 성과물 또한 우리가 피상적으로 생각하는 것에 비해 훨씬 많음에도[5] 이 분야는 주목을 받지 못하고 있다.

본래 경학은 '경전해석학'인데 이는 유학의 경전을 분석, 설명하는 학문으로 유학사를 경학사 즉 경전해석사라 하기도 한다. 조선시대 학문의 양대 지주는 경학과 성리학이었으며 그 기반은 경학이었다.[6] 따라서 경학이 성리학을 포괄하고 있음에도 실제로는 경학이 성리학에 종속된 느낌마저도 드는 것이 사실이다. 이러한 현상은 경학이 표면상으로는 국가정책에 의해 과거科擧 등을 통해 유지되어 왔지만, 사실은 대부분 과거와 사장詞章을 위한 구이지학口耳之學의 보조자료 내지는 도독徒讀일

---

3) 1992년부터 매년 1~2책씩 간행되어 오다가, 1996년 2월에 전8책이 완간되었다.(賈順先主編으로 사천인민출판사에서 간행되었다.)

4) 이하에서 解釋이라는 용어는 分析 說明의 의미로 사용한다. 『後漢書』 36, '陳元傳'上疏. "分明白黑, 建立左氏, 解釋先聖之積結, 洮汰學者之累惑."(『辭源』, 2869쪽, 상무인서관; 『中文大辭典』 8冊, 857쪽, 중국문화대학출판부)

5) 이는 성균관대학교 대동문화연구원에서 간행한 『한국경학자료집성』 시리즈를 살펴보면 곧 알 수 있다. 동 연구원에서 편찬한 『한국경학자료집성』 시리즈(「대학중용」 17책(대학 8책, 중용 9책), 「논어」 17책, 「맹자」 14책, 「시경」 16책, 「서경」 상 11책, 「서경」 하 11책, 「역경」 상 23책, 「역경」 하 14책, 「춘추」 12책, 「예기」 10책) 총 145책에 수록된 저술 참고.

6) 이를 예학과 성리학으로도 볼 수 있는바 예학도 경학의 범위에 포함된다. 성호 이익의 경우가 이에 해당된다. "世之目以儒術者有兩岐. 讀書談道謂之理學, 考據于冠婚喪祭之儀者, 謂之禮學. 二者各有所主, 不相通."(『성호사설』, 經史門, 儒術條)

뿐이어서 실제로 정심한 경지에 도달한 학자는 극히 드문 것에서도 잘 나타난다.[7]

그러나 성리학의 기본 바탕은 경학이었다. 이는 성리학자들이 누누이 강조하고 있는 점이기도 하다. 『심경』, 『근사록』이나 『주자대전』, 『주자어류』 등 성리서는 어디까지나 사자서四子書 즉 사서와 오경을 읽기 위한 계제였고 보조자료였던 것이다. 그리고 이들에 대한 연구는 어디까지나 성현의 미언대의微言大義를 찾는데 하나의 보조적 위치를 차지하는 것에 지나지 않았다. 그런데 후대로 내려올수록 본래의 목적이 전도되어 경전에 대한 연구는 도외시한 채 오로지 성리학만을 연구하는 풍토가 조성되었다. 물론 성리학자 가운데는 경전도 함께 연구하는 경우가 있으나 이는 대부분 성리설을 설명하는 데 원용되었을 뿐 본격적인 경전연구 저술은 드물다.[8] 이러한 누습은 오늘날까지도 이어져 조선조 유학하면 마치 성리학이 전부인 것처럼 생각되어 왔고 이러한 견해는

7) 이에 대해서는 德溪 吳健(1521~1574)의 예를 보면 잘 알 수 있다. 『後自警編』(一名 『國朝自警編』, 金昌集 著) 1책 권1, 5전후(이하에서 페이지의 前面은 전, 後面은 후로 표시함. 筆寫本)에 실린 다음과 같은 기록이 당시 학자들이 경학을 연구하는 기풍을 이해하는 데 참고가 된다. "常自念吾之用力雖勤, 而謏聞偏見恐不免爲差謬之歸, 每欲求質於有道之君子而未得也. 聞咸陽人梁君熹有時名, 隨與同榻辨問疑義, 則梁君所存只誦得文字而已, 不問意趣所在. 其後盧玉溪禛聞余索居窮經, 求與相見, 遂至傾倒, 論辨甚久. 凡吾所疑玉溪皆未之剖釋也, 玉溪所疑, 則或余所已曉解者, 私竊怪之. 遂遊京國, 出入太學, 遍聽多士及名大夫之論, 其於經學, 率從口耳說話, 不肯入思索, 所謂極其所至者, 亦不過玉溪而止, 然後知吾向日硏索之功, 果不至於盡爲虛實也. 古人云, 讀書千遍, 其義自見, 經學不貴承師, 要在自己精思熟讀."

아울러 『德溪集』 권7, 12전~17후(行錄, 遺事略) 참조. 吳健은 曺植, 李滉, 金麟厚의 門人이다. 특히 經學에 精通하였으며 退溪도 그의 학문이 精密하고 深奧함을 칭찬하였다.(『덕계집』, 「덕계선생연보」 권1, 4전, 42세조 소주. "(退溪先生)又云, 子强庸學之工, 極爲精深. 此非造次所得, 非靜中體認, 硏窮積久之功, 恐未易到此.") 『典故大方』(姜斅錫 編, 漢陽書院, 1925) 권3, 2후 '歷代儒學者系譜' 및 『續修聖蹟圖後學錄』(大正 6년) 1전 '東方聖學源流圖'에 曺植의 嫡統을 이은 것으로 나와 있다.

8) 조선시대에서의 경학연구는 중국의 경우와 달리 주자 경서해석의 심화나 미비점을 보완하는 정도에서 진행되었고, 엄밀한 의미에서의 본격적인 경학연구 저술은 반주자학자(또는 탈주자학자)로 불리는 몇 명의 저술에 불과하다고 할 수 있다.

일반인은 물론 전공하는 학자들까지도 당연시하고 있는 실정이다.

그 대표적인 예로 본고에서 연구하려는 퇴계도 물론 예외가 아니어서 필자가 과문한 탓인지 모르겠으나 현재까지 '퇴계 경학'이라는 제하에 간행된 연구 논문은 국내에서는 전혀 없다고 해도 과언이 아니다.[9] 다만 송긍섭의 「이퇴계의 경서주해연구 1 · 2 -문인에의 답서를 통하여-」라는 제하의 논문이 유일하게 있을 뿐이다. 그러나 '경서주해'라고 하였으나 그것도 편지를 위주로 한 것이고 성리설을 주로 한 것이어서 본격적인 경학연구논문이라고 볼 수는 없다.[10] 이와 같은 현상은 한국유학사에서 퇴계가 차지하는 위치에 비추어볼 때 재고하여야 마땅하다. 더구나 퇴계는 문인과의 왕복 문답한 서書 부분 도처에 경설이 산재해 있으며(그 양도 방대하다. 본집 32권, 속집 5권: 간행된 것을 기준으로 한 것임) 또한 『사서석의』, 『삼경석의』 같은 독자적인 경학 저술이 있지

---

9) 『퇴계학보』 및 『한국사상논문선집』(불함문화사), 『퇴계학연구논총』을 주로 참고하였음. 국외의 자료까지는 전부 조사하지 못했으나 『퇴계학보』를 중심으로 외국학자의 퇴계 경학 관련 논술을 살펴보면 극히 미미하다고 할 수 있다.[1집부터 77집까지의 경우 張立文의 「朱熹與李滉的易學思想比較研究」(43집, 1984), 周何의 「李退溪의 群經意識」(32집, 1981), 그리고 격물치지에 관한 것으로는 「이퇴계의 격물론에 대한 略論」(步近智, 63.4집, 1989), 「이퇴계논격물치지적인식론의의」(馮增銓, 위와 같음) 등을 들 수 있다.]

10) 참고로 이 논문의 목차를 살펴보면 다음과 같다. 먼저 상기 논문 (一)에서는 緖論, 其一 金而精에의 答書 1. 白雲洞規의 再檢討 2. 心이 物을 主宰 3. 敬의 解釋 4. 性理大全의 精讀 5. 虛의 解釋, 其二 6. 心性俱動의 否認 7. 所以然과 所能然 8. 心性의 解釋(一) 9. 動處와 動底, 其三 10. 心性의 解釋(二) 11. 心先動說否定으로 나누어 서술하였다. 그리고 (二)에서는 一. 李宏中에의 答書 1. 四端七情의 解釋(一) 2. 理顯의 解釋 3. 萬物存立의 原理 4. 四端七情의 解釋(二) 5. 節度의 問題 6. 理氣槪念의 再論 7. 理發氣發의 定理性 8. 性字의 解釋, 二. 鄭子中에의 答書 1. 志와 意의 解釋(一) 2. 理顯과 理隱 3. 心의 知覺有無, 其一二 1. 志와 意의 解釋(二) 2. 費와 隱의 해석 3. 性과 氣 관계로 나누어 서술하고 있다.

그리고 퇴계 경학에 관하여 참고할 수 있는 자료로는 김언종의 「이퇴계의 논어학」(경희대 외문논총, 1991)과 박소동의 「퇴계 사서석의의 경학적 특성에 관한 연구」(성균관대학교 유학대학원 석사학위청구논문, 1995)가 있을 뿐이다. 이 밖에 국어학 및 서지학 방면에 있어서 이충구의 「퇴계의 경서석의에 대한 고찰」(『퇴계학연구』 6집, 단국대퇴계학연구소, 1992), 서종학의 「경서석의에 대한 서지 및 국어학적 고찰」(『인문과학연구』, 11집, 영남대인문과학연구소, 1989) 참고.

않은가! 퇴계의 경우가 이러하니 그 밖의 다른 학자의 경우는 말할 것도 없다. 다만 백호 윤휴(1617~1680)나 서계 박세당(1629~1703), 다산 정약용(1762~1836) 같은 비교적 잘 알려진 경학자는 그나마 약간의 논문이 있지만, 이것도 사실은 성리학 연구와 비교하면 그 성과가 극히 미미한 수준이다.

이에 필자는 유학에 있어서의 경학 및 사서의 중요성과(특히 주자학[11]에 있어서), 퇴계학에 있어서 경학의 위치 및 『사서석의』의 위치를 고려하여 퇴계의 『사서석의』를 중심으로 퇴계의 경학에 대해 고찰해 보고자 한다.[12] 물론 퇴계의 경학 관련 저술로서 전문적인 것이 퇴계의 자저自著로는 본고에서 논하려는 『사서석의』 이외에도 『삼경석의』, 『계몽전의』가 있고 문인 간재 이덕홍(1541~1596)의 『사서질의』[13], 『주역질의』가 있으며 또 문집의 서 부분에서 문인과의 문답을 통해 경학에 관해 논의한 것 등이 있으며[14] 이 밖에 타인이 퇴계의 경학 저술에 대

---

11) 주자는 훈고의 방면에 있어서는 漢代 훈고학의 것을 거의 그대로 원용하였으나 해석에 있어서는 독창적 입장을 취하였다.

12) 이 밖에 『四書』의 개략적인 것에 관한 퇴계의 논술로서 「四書總論」 및 그 조목이 『도산전서』 4책, 324~326쪽에 실려 있는바 이는 『사서』 전체를 조망한 것이다.

13) 『사서질의』의 현존하는 것으로 두 가지 종류의 저본이 있는바(규장각 필사본, 목판본), 전자에는 한글로 풀이한 것이 실려 있으며, 한문으로 풀이한 것도 후자에 비해서 더 많으며 자세하다.

14) 퇴계의 저술 가운데 書 부분을 주로 경서를 중심으로 하여 분류한 저술로 『溪門講義』(尹秉頤, 4권 2책, 필사본)이 있다. 이 책은 理氣, 心性情志意, 『소학』, 『대학』(이상 권1), 『중용』, 『맹자』, 『논어』, 『서』, 『역』, 「서명고증강의」, 『통서』, 『염락풍아』, 『근사록』(이상 권2), 『심경』, 주서(권3), 『계몽』, 「백록동규」, 논인물학술(권4)로 구성되어 있다. (『퇴계학연구』 13집, 14집, 1993-1994로 국제퇴계학회 경북지부에서 번역, 출간되었다.)
　각 경서별로 수록된 편지를 보면, 답이중구, 답남장보, 답이숙헌, 답기명언, 답이강이, 격물물격속설변의답정자중, 답김이정, 답허미숙, 여유응견, 답이굉중, 답이평숙, 답조기백문목, 전습록논변, 得其正正其心分體用之說心不在焉在軀殼在視聽之辯(이상 『대학』), 답이숙헌, 답정자중, 답이굉중, 답교질문목(이상 『중용』), 답이강이, 답허미숙(이상 『맹자』), 답허미숙(이상 『논어』), 답이강이(이상 『서』), 답정자중, 답유희범(이상 『역』)으로 구성되어 있다. 이 밖에 『계문대학문답』(金景洙 편)이 있다.

해 논평한 것으로 송시열의 「퇴계사서질의의의退溪四書質疑疑義」와,[15] 동명이서로서 박세채의 「퇴계사서질의의의」[16]라는 저술도 있다.[17] 그런데 굳이 『사서석의』를 택한 이유는 첫째, 사서는 공자, 증자, 자사, 맹자의 직·간접적인 저술로서 원시유학 특히 공문孔門의 원의를 파악하기에 가장 적합한 문헌이며, 둘째, 성리학이 오경 중심이 아닌 사서 중심이라는 점, 셋째, 이덕홍의 『사서질의』와 『주역질의』는 제자의 물음에 대한 답변의 형식을 띠고 있어 중요한 것이 간과되기 쉬운 점이 있으나, 『사서석의』는 퇴계 자신이 이것은 꼭 짚고 넘어가야겠다고 생각되는 중요한 것을 정리한 점, 넷째, 기타의 저술은 전저專著가 아니어서 일관적인 체계가 부족하다는 점을 들 수 있다. 그리고 퇴계의 저술에서 퇴계의 도덕과 학문은 주로 사서四書를 바탕으로 이루어져왔음을 알 수 있으며 특히 문집 중에서 사서를 토론하고 인용한 것을 도처에서 발견할 수 있다.

이상의 여러 가지 면에서 살펴볼 때에 퇴계 경학에 있어서 『사서석의』의 중요성을 인식하고 이에 퇴계의 본격적인 경학 저술인 『사서석의』를 분석, 검토, 정리할 필요성이 있다. 다만 『사서석의』 전체를 모두 분석하기에는 그 양이 적지 않으므로 대략 25조 정도(『대학석의』 6조, 『중용석의』 4조, 『논어석의』 8조, 『맹자석의』 7조)를 유학에서의 중요개념,

---

15) 1, 2, 3으로 구성되어 있으며 『송자대전』 권133(잡저), 1~25후에 수록되어 있다.(丁巳, 1677년)

16) 『남계집』 권60, 1~55쪽. 역시 1, 2, 3으로 구성되어 있으며, 1에는 '李德弘所記, 丁巳(1677)'라는 소주가, 3에는 '辛酉(1681)八月一日'이라는 소주가 병기되어 있다.

17) 다만 두 저술 모두 퇴계의 『사서석의』를 직접 대상으로 하지는 않고 이덕홍의 『사서질의』를 보고 疑義를 제시한 것이다.(양서에서 제시한 조목이 퇴계의 『사서석의』의 조목과 다르고 이덕홍의 것과 일치함.) 그리고 이 『사서질의』도 간행된 것을 이용한 것이 아니라 당시에 전해지던 필사본을 보고 논변을 가한 것이다.(간본과 問目이 상이하며 간행된 『사서질의』에는 한글 해석을 채용하지 않았으나 필사본에는 한글 해석이 그대로 보존되어 있으며, 이 한글 해석에 대해 논변한 것도 양서에는 실려 있다.)

기존해석과 다른 것, 퇴계가 중요시한 것(특히 해설이 많은 것), 분배의 형평성, 필자의 의견 등을 종합하여 분석 고찰하고자 한다. 이에 의해서 퇴계 경학사상의 편린을 규지할 수 있을 것이다. 본래는 『삼경석의』까지 아울러 연구해야 마땅하겠으나 이는 후일의 연구로 남겨둔다.

2. 『경서석의』의 성립 및 구성체계

1) 석의釋義의 어의語義 및 저술 동기

먼저 석의의 어의에 대해 살펴보기로 한다. 사전에서의 정의를 살펴보면 '글의 뜻을 해석함', 또는 '한문으로 된 서적에 주석을 달고 자신의 의견을 덧붙임'[18]이라고 하거나, '1) 의리를 해석하거나 의의意義를 천명闡明함. 2) 사의詞義 혹은 문의文義를 해석함, 또 해석한 문자를 가리키기도 함'[19]이라고 하여 글의 뜻이나 의리를 해석한 것으로 규정하고 있다.

그리고 이에 대해서는 최현배의 다음과 같은 기술을 참고할 수 있다.

> 이퇴계의 『삼경사서석의』를 보면, 그것은 본문에 토 다는 일은 없고, 다만 삼경 사서에서 어구를 따 적어 그 뜻을 우리말(한자를 섞어서)로 설명하여 있다. 여기에서 우리는 구결과 석의와의 다름을 밝게 볼 수 있

---

18) 『표준국어대사전』, 국립국어연구원 편, 3390쪽(두산동아, 1999). 『국어국문학사전』에서는 최현배의 『한글갈』에 소개된 내용을 그대로 전재하고 있다.(338쪽, 신구문화사, 1989)

19) 『漢語大詞典』 10책, 1315쪽(한어대사전출판부, 1994). 그리고 이에 대한 실례로 『후한서』 '蔡邕傳'(陳政要疏)을 들고 있다.("昔孝宣會諸儒於石渠, 章帝集學士於白虎, 通經釋義, 其事優大, 文武之道, 所宜從之.") 『中文大辭典』에서도 '解義'라 하고 있다.(9책, 520쪽. 중국문화대학출판부, 민국 74)

다.[20)]

> 다음에, 석의란 것은 『삼경사서석의』, 『심경석의』란 것과 같이, 한문서적에 여러 선비들의 주석을 베풀고 또 짓는 이 스스로의 의견을 덧붙인 것이다.… 곧 배달의 석의가 저 주석, 집주, 주소 따위로 더불어 특히 다른 점은 우리말로써 그 풀기 힘든 곳을 풀이한 "새김"과 한 가지 뜻의 것이다. 그러한즉, 석의는 토, 구결보다 한문의 배달삼기(朝鮮化)가 한 걸음 더 나아간 것이라 할 만하다.[21)]

석의는 경서의 본문(주 일부 포함)의 일부분을 적취摘取하여 한문 또는 한글로 설명을 하였으며, 석의가 다른 주석의 해석방법과 가장 눈에 띄게 차이나는 점은 우리말로 그 난해한 곳을 풀이하였다는 점이다. 즉 석의는 언해의 전단계로서 파악할 수 있으며, '경문經文 및 전주傳註의 음音, 의義에 대한 한글, 한문漢文의 독해讀解(독음讀音과 해석解釋)'라고 정의할 수 있다.[22)] 다만 석의의 이러한 방법은 후대에도 학자들 사이에 부분적으로는 일부 수용이 되었으나 대부분은 순한문으로 해석하는 것이 일반적인 방법이었다. 그리고 석의라는 명칭과 그러한 방법으로 경서를 해석한 저술도 찾아보기 힘들다.[23)]

퇴계는 자신의 경서석의에 대해(특히 『대학석의』, 『중용석의』) 우리나라 학자들의 설이 분분한 것을 보고서 망령되이 여러 설들을 모아 비교하고 검토를 거쳐 취사선택하여 대략 본지를 얻어 동일한 뜻으로 귀

---

20) 최현배, 『고친한글갈』, 100쪽(정음사, 1961).

21) 최현배, 앞의 책, 101쪽.

22) 이충구, 「퇴계의 경서석의에 대한 고찰」, 93쪽(『퇴계학연구』 6집, 단국대퇴계학연구소, 1992).

23) 許炯의 『大學釋義』(『錦湖集』 소수)가 아마도 '석의'라는 명칭을 가진 유일한 것이 아닌가 한다.(『한국경학자료집성』에 수록된 사서오경의 목록을 기준으로 함)

결시키고자 한 것으로 저술동기를 밝히고 있다. 그러나 자신의 소견이 분명하지 못하므로 혹은 여러 설을 보존하기만 했을 뿐 취사를 결정짓지 못했고, 더러 논변한 바는 있으나 판단을 내리지 못한 것으로, 모두 번잡하고 보잘 것 없으며 문리文理를 이루지 못한 것으로서 볼 만한 것이 못 된다고 설명하고 있다.[24] 또 자신의 견해가 어긋나고 편벽되어 남에게 보이고자 하지 않으며, 자기의 견해를 보태어 자세히 할 겨를이 없어서 대단히 소략하며, 사이사이에 망령된 소견으로 버리기도 하고 취하기도 하여 모름지기 상세히 교열과 헤아림을 더하여야 할 것이라고 평가하고 있다.[25] 그리고 여러 경서의 석의는 속유들이 천착 부회하여 경서의 뜻이 통하지 않고 해석이 분명하지 않아 오류를 범하여 후학을 속이고 있어 여러 사람의 설을 수집하여 취사선택하여 그 뜻을 하나로 정하였다고 『경서석의』의 저술취지를 밝히고 있다.[26]

2) 『경서석의』의 성립 및 간행의 경과

퇴계의 경학 관련 저술로는 먼저 『사서석의』와 『삼경석의』를 들 수 있다. 『사서석의』는 『대학석의』, 『중용석의』, 『논어석의』, 『맹자석의』

---

24) 『퇴계집』 권17, 32후~33후.(이하에서 『퇴계집』은 목판본 문집을, 『퇴계전서』(전 5책)는 성균관대학교 대동문화연구원 영인본을 지칭한다.) "就中傳聞中和郡刻一書, 曰庸學釋義, 附以語錄釋, 謂皆滉說云, 聞之, 不勝駭窘. 其所謂語錄釋者, 本非滉所知, 其庸學釋者, 曩見二書, 東人諸說紛糾, 妄欲裒集考校, 而商量去取, 庶幾得本旨而歸一義. 只緣自家所見, 未能明了, 或只存衆說, 而未取舍, 或有所辯論, 而未能判斷, 要之一皆叢雜猥瑣, 未成文而不足觀也. 不意爲兒輩傳出, 播於鄕里間, 已甚慚恐, 豈料更有此事乎?"('여기명언', 정묘)

25) 같은 책, 권23, 4전. "諸經釋義, 鄙見左僻, 不欲示人, 於公則欲資評駁改定之益, 故易釋先送去. 但此釋傳時, 被其主等索還元本, 指日傳寫, 未暇參詳己意, 草草殊甚. 然間有妄見去取, 須細加校量, 識錄以示, 幸幸."('여조사경') 이 밖에 『경서석의』에 관한 언급은 동서, 권24, 19후~20전에 나타나 있다.

26) 『간재집』(李德弘, '기선총록') 권6, 28전.

의 네 종류로 이루어져 있으며 『대학석의』의 뒷부분에는 문인 금응훈琴應壎(1540~1616)의 발문이 붙어 있다. 그리고 『삼경석의』는 『시석의』, 『서석의』, 『역석의』로 구성되어 있다.

그러면 먼저 퇴계의 문인인 금응훈의 발문을 통해 『경서석의』 간행의 경과를 검토하기로 한다.

> 위 『경서석의』는 우리 퇴계 선생이 제가諸家의 훈석訓釋을 모아 증정證訂하고, 또 문인들이 일찍이 묻고 변론한 것을 인하여 연구하여 모두 선생이 손수 자신이 깨끗이 기록한 것이다. 임진왜란의 참화에 수고본手稿本도 또한 잃어버려 후학들이 더욱 이 때문에 애석하게 여겼다. 무신년(1608) 겨울에 감사 최관崔瓘(1563~1630)이 도산에 이르러 사우祠宇에 배알하고 『석의』를 후세에 전할 뜻을 간곡하게 거듭하여 말하고 간행에 필요한 경비를 보내주었다. 이에 사우師友 간에 전사傳寫되었던 책을 찾아서 약간 교정을 하여 간행을 하였다. 기유년(1609) 봄에 시작하여 3개월이 지나서 일을 마쳤다. 아! 선생이 경학을 발휘한 뜻과 후학에게 아름다운 은혜를 베푼 공로를 또한 이로 인하여 생각하게 되었다. 우리들은 어찌 서로 함께 힘쓰지 않겠는가. 문인 금응훈이 삼가 쓰다.[27]

상기 발문을 통해서 다음과 같은 것을 알 수 있다. 첫째, 『경서석의』는 퇴계가 제가의 훈석을 모아 증정하고, 문인들이 묻고 변론한 것을 연구하여 직접 정리한 것이라는 점, 둘째, 임진왜란 때에 퇴계의 수고본을

27) 『퇴계전서』(3책), 193쪽 상단. "右經書釋義, 惟我退溪先生裒聚諸家訓釋而證訂之, 又因門人所嘗問辨者而硏究之, 皆先生手自淨錄者也. 壬辰兵燹之慘, 手本亦失, 後學益爲之倀倀然. 戊申冬崔監司瓘來至陶山, 展謁祠宇, 唯以釋義傳後之意, 丁寧反覆而又送餉工之資. 於是求索士友間傳寫之本, 略加讎校而刊之, 始役於己酉之春, 三閱月而就緖. 噫! 先生發輝經學之意, 嘉惠後學之功, 亦可因此而想之, 吾黨盍相與勉之哉? 門人琴應壎謹識."

분실하여 정본이 전해지지 않았다는 점, 셋째, 감사 최관에 의해 사우간의 전사본을 수집하여 교정하여 1609년에 간행하였다는 점이다.

퇴계의 『경서석의』 중 『대학석의』와 『중용석의』는 평안남도 중화군에서 퇴계 생존 시(67세, 정묘)에 간행된 적이 있으나[28] 기타 『석의』에 대해서는 간행되지 않은 것으로 보인다. 퇴계 사후 40년 뒤에야 비로소 『경서석의』의 완질이 간행되게 된다.

퇴계의 『사서석의』, 『삼경석의』의 저작 연대에 대해서는 연보에 명확한 기술은 보이지 않는다. 다만 『퇴계정전』의 연보에는 69세의 저술로 되어 있는바[29] 이런 주장을 하게 된 정확한 근거는 현재로서는 명확히 알 수 없으나[30] 이를 고려한다면 이 『경서석의』는 퇴계의 최만년의 저술임을 알 수 있다.[31] 따라서 퇴계의 여타의 저술들에 비해 상당히 신중을 기하여 완성하였음을 알 수 있다.[32]

3) 『경서석의』의 전체구성 및 체계

---

28) 『퇴계집』 권17, 32후. 그리고 동서, 권4, 26전후에 이에 관한 시가 보인다. 참고로 이 시를 들면 다음과 같다. '中和郡刊謬文字, 曾囑奇明彦焚毁, 今得其書已焚去之, 喜次來韻詩'. "常恨諸儒昧道眞, 緣文曲說轉沈堙. 裒來校訂聊明己, 刻去流傳豈望人? 畀火得君施快手, 洗塵令我樂餘身. 未論秉燭功相補, 且喜從今免誚嗔."

『고봉집』에도 이에 관련한 시가 보인다. '中和新刊退溪學庸語錄解疑, 合一冊, 先生聞之, 貽書大升, 請焚毁故作', "俗學牽文不完眞, 相承口耳道彌堙. 流傳箚記尤滋惑, 假託師門更誤人. 焚棄警頑公命我, 硏磨居業孰求身? 空庭掃燼還三嘆, 浮世紛紛足怪嗔."(『고봉집』 권1, 63전)

29) 정순목, 『퇴계정전』 71쪽(지식산업사).

30) 이는 아마도 『대학석의』의 말미에 追附된 '답기명언별지'(庚午十一月己卯所改)의 간지에 의한 것으로 보이는바, 이 조목은 후대에 추록된 것으로 보이므로 이 추정은 오류로 생각된다.

31) 실제로 퇴계가 67세 되던 해에 『용학석의』가 중화군에서 간행된 적이 있었다.(『퇴계집』 권17, 32전~33후, '與奇明彦')

32) 여기서 주자가 몰하기 3일전까지도 『대학장구』를 교정하였다는 고사를 상기하게 된다.

『경서석의』는 『사서석의』와 『삼경석의』의 통칭으로 먼저 『사서석의』의 구성에 대해 살펴보면 『논어석의』는 총 27면, 『맹자석의』는 총 17면, 『대학석의』는 총 10면, 『중용석의』는 총 12면으로 구성되어 있다. 그리고 『삼경석의』는 『시석의』 총 50면, 『서석의』 총 45면, 『역석의』 총 41면으로 구성되어 있다. 참고로 퇴계의 문인인 이덕홍의 『사서질의』의 구성에 대해 살펴보면 총 106면[33] 중 『논어질의』가 67면으로 가장 많은 양을 차지하고 있으며(63퍼센트), 『대학질의』 15면, 『중용질의』 13면, 『맹자질의』 11면으로 구성되어 있다. 『사서석의』의 경서별 수록내용을 살펴보면 『논어』 173장, 『맹자』 108장, 『대학』 경1장, 전10장, 『중용』 33장이 각각 수록되어 있다.[34]

이를 다시 자세히 분석해 보면 『논어』에서는 주석에 대한 항목이 많은 반면 『맹자』 등 다른 경서에서는 주석에 대한 해석이 없거나 적다. 글자의 해석에 관한 항목은 『중용』이 17항목으로 제일 많고, 판단을 유보한 항목도 『중용』이 3항목으로 많으며, 토를 제시한 항목도 21항목으로 제일 많다. 한문으로 자세한 변석을 한 항목은 『논어』, 『맹자』, 『중용』, 『대학』 순으로 많다.[35]

참고로 『고선책보』에 의해 이에 관한 서지사항을 살펴보면

> ‘萬曆己酉刻本 四書釋義 紙十七張, 三經釋義 紙十四張(以上康熙初年攷事提要 冊板印紙數條)’

33) 규장각 필사본을 기준으로 한 것임. 문집(『간재집』)의 『사서질의』는 언해 부분이 많이 생략되어서 필사본에 비해 훨씬 소략하다.

34) 다만 『대학』과 『중용』은 상세한 조목으로 나누어져 있다. 박소동의 통계에 의하면 『논어』 315조, 『맹자』 184조, 『대학』 101조, 『중용』 209조가 각각 수록되어 있다.

35) 박소동, 「퇴계사서석의의 경학적 특성에 관한 연구」, 24~25쪽(성균관대 유학대학원, 1995). 구성내용에 관한 자세한 것은 같은 글 참조.

'康熙中(?) 刻本 經書釋疑[36] 八卷 退溪撰 禮安陶山書院藏 印紙二卷十一張又半張 刓(鏤板考)'

이라 하였다.[37]

이하에서 참고로 『사서석의』의 내용구성을 도표로 제시하면 다음과 같다.(서술 순서는 『사서석의』의 순서를 따랐음)

■『논어석의』의 구성

편명	전체장수(『집주』)	해석한 장	해석장수	해석 비율(%)	비고(%)
학이	16	1, 2, 4, 7, 8, 10, 12, 15	8	50	
위정	24	1, 2, 3, 4, 6, 7, 9, 13, 16, 20, 21	11	45.8	
팔일	26	1, 2, 3, 5, 17, 21, 22, 23, 24, 26	10	38.5	
이인	26	2, 5, 6, 10, 13, 15, 18, 24	8	30.8	
공야장	27	2, 4, 6, 9, 11, 12, 13, 14, 16, 25	10	37.0	
옹야	28	1, 7, 10, 14, 17, 23, 24, 16, 28	9	32.1	
술이	37	1, 2, 3, 9, 11, 13, 17, 19, 23, 25, 26, 27, 28, 30, 32, 33, 34	17	45.9	
태백	21	1, 4, 6, 13, 20	5	23.8	
자한	30	6, 11, 22, 23, 26, 27	6	20	

36) 釋義는 뒤에 釋疑라고도 통칭되었다.(『고선책보』, 398쪽)

37) 前間恭作(마에마 교사쿠), 『고선책보』, 398쪽.

향당	1(17)	1, 3, 5, 8, 12, 16, 17(절)	7	41.2	上論평균해석율: 36.5
선진	25	12, 19, 20, 23	4	16	
안연	24	1, 3, 8, 10, 14, 19, 20, 23	8	33.3	
자로	30	2, 3, 4, 5, 8, 14, 15, 18, 19, 21, 22	11	36.7	
헌문	47	2, 8, 10, 13, 15, 17, 26, 31, 34, 36, 45	11	23.4	
위령공	41	1, 2, 4, 5, 25, 33, 35, 38	8	19.5	
계씨	14	1, 9, 12	3	21.4	
양화	26	1, 2, 5, 6, 7, 10, 11, 13, 14, 15, 19, 20, 21, 22, 24	15	57.7	
미자	11	3, 5, 7, 8, 10	5	45.5	
자장	25	1, 2, 3, 4, 6, 7, 12, 15, 16, 17, 19, 22, 23, 24, 25	15	60	
요왈	3	1, 2	2	66.7	下論평균해석율: 38
계	482(498)		173	37.3	

* 『논어석의』에서 서설序說부분의 것은 제외하였음

* 향당편에서 ( )속의 것은 절로 나눈 것을 표시한 것임.

■『맹자석의』의 구성

편명	전체장수(『집주』)	해석한 장	해석장수	해석 비율(%)	비고
양혜왕 상	7	1, 3, 4, 5, 6, 7	6	85.7	
양혜왕 하	16	1, 3, 4, 5, 6, 7, 9, 11, 12, 13, 14, 16	12	75	
공손추 상	9	1, 2, 3, 4, 6, 7, 8	7	77.8	

공손추 하	14	2, 3, 4, 6, 7, 9, 11, 13	8	57.1	
등문공 상	5	3, 4, 5	3	60	
등문공 하	10	1, 2, 3, 7, 5	5	50	전반부해석 비율이 높음
이루 상	28	1, 2, 7, 9, 10, 12, 15, 19	8	28.6	
이루 하	33	1, 2, 10, 13, 14, 15, 18, 19, 20, 24, 26, 28, 30, 31	14	42.4	
만장 상	9	1, 2, 3, 4, 5, 7, 8, 9	8	88.9	
만장 하	9	1, 4, 5, 6, 7, 8	6	66.7	
고자 상	20	3, 4, 6, 7, 8, 9, 10, 12, 14, 16, 20	12	60	
고자 하	16	2, 3, 8, 9	4	25	
진심 상	46	1, 3, 13, 19, 30, 33, 35, 37, 41, 46	10	21.7	
진심 하	38	6, 18, 32, 33, 38	5	13.2	
계	260		108	53.7	

* 일부 구절만 해석한 것이 대부분임.
* 일구一句라도 석의釋義하였으면 그 장을 기재하였음.

『대학』과 『중용』은 『대학』의 경1장과 전10장을 모두 해석하였고, 『중용』도 33장을 모두 해석하였다. 다만 일부 구절만을 해석한 것이 대부분이므로 『대학』과 『중용』에 대해서는 각 장의 해석한 구절을 명기하기로 한다.

■ 『중용석의』의 구성

1장: 天命, 率性, 道, 不可離, 莫顯微, 愼獨, 未發, 謂之中, 發而, 中和.

2장: 中庸, 時中, 忌憚.

3장: 鮮能.

4장: 道之不行, 飮食也, 也.

5장: 不行.

6장: 隱惡揚善, 爲舜.

7장: 皆曰予知, 納諸, 期月.

8장: 一善, 拳拳服膺.

9장: 可均, 不可能.

10장: 問强, 抑而强, 居之, 寬柔以教, 無道, 死而, 而强, 和而不流, 道, 强哉矯.

11장: 世, 焉, 矣,[38] 素隱, 遯世, 不見知, 能之.

12장: 費隱, 夫婦, 所憾, 天下莫能載, 鳶飛, 言上下察, 造端.

13장: 爲道而遠人, 不可爲道, 爲遠, 違道, 不願, 未能一, 所求子, 庸德.

14장: 素位, 無入而不自得, 不尤人, 行險.

15장: 行遠, 合, 琴, 翕, 耽, 家, 孥, 和樂, 宜爾.

16장: 爲德, 聽之, 體物不遺, 齊明, 微之顯, 誠之.

17장: 舜, 與, 人, 子, 內, 廟, 之, 孫, 之, 德爲, 尊富, 篤, 宜人, 自天, 大德.

18장: 其惟, 以王季, 王, 緖, 下, 名, 子, 內, 廟, 之, 孫, 之, 一戎衣, 王, 末, 命, 受命, 達乎大夫, 無貴賤一.

19장: 達孝, 秋, 廟, 器, 衣, 食, 序昭穆, 燕毛, 所尊, 諸掌.

20장: 政, 息, 布在, 敏政, 蒲蘆, 修道以仁, 親親, 禮所, 故, 子, 身, 不

38) 한 글자씩 드러난 것은 吐만을 표현한 것임. 이하의 경우도 동일함.

可以不修身, 不事親, 所以行, 及其知, 一也, 力行, 家, 經, 天下國家, 體群禮重, 非禮, 尊其位, 任使, 忠信, 時使, 旣稟, 薄來, 一也, 不誠, 不誠乎身, 誠者天之道, 不勉, 從容, 博學, 有弗學, 人一, 己百, 果能此道.

21장: 自誠明.

22장: 天下至誠.

23장: 致曲, 曲能有誠.

24장: 至誠之道.

25장: 者, 也, 道, 也, 自成, 無物, 爲貴, 合內外, 時措.

26장: 無息, 如此, 不見, 無爲而成, 爲物不貳, 道, 也, 也, 昭昭, 撮, 華嶽, 天之爲天, 於乎不顯, 曰文王之純亦不已.

27장: 峻極于天, 不凝, 尊德性, 道問學, 致廣大盡精微.

28장: 愚而, 反古之道, 子, 禮, 度, 文, 下, 軌, 文, 倫, 車同軌, 有, 無, 有宋.

29장: 下, 焉, 徵諸庶民, 三王, 無疑, 知天, 動而爲天下道, 遠之則, 無惡, 終譽.

30장: 祖述, 無不持載, 並育而, 川流, 敦化, 爲大.

31장: 發, 强剛, 施及蠻貊, 曰配天.

32장: 經綸, 夫焉, 肫肫, 苟不固.

33장: 尙絅, 日章, 浚而, 知遠之近, 風之自, 知微, 潛, 內省, 所不及, 所不見, 相在爾室, 屋漏, 奏假, 時靡有爭, 威於鈇鉞, 不顯, 篤恭, 予懷明德不大聲以色, 至矣.

(追錄) 率性之謂道, 修道之謂敎.

* 『대학』과 『중용』은 주자의 『대학장구』본과 『중용장구』본의 분장분절을 적용함.
* 매 편의 최하단에 있는 주자의 『집주』 부분에 대한 것은 생략하였음.

* 타 『경서석의』에 비해 현토나 간단한 구절해석 중심임.

■ 『대학석의』의 구성

경1장: 在明明德, 知止, 先後, 正心, 誠意, 在格物, 物格, 壹是, 爲本, 本亂末治, 所厚.

전1장: 克明德, 自明也.

전2장: 湯盤銘, 日新, 新民, 維新, 用其極.

전3장: 民所止, 緡蠻, 於止知其所止, 可以人, 穆穆, 緝熙, 敬止, 止於信, 有斐, 如切如磋, 不忘, 賢其賢, 親其親, 樂利, 沒世.

전4장: 使無訟, 不得盡其辭, 大畏民志.

전5장:

전6장: 所謂誠其意, 毋自欺, 愼獨, 何益, 愼獨, 富潤德潤, 心廣, 誠其意.

전7장: 忿懥, 心不在焉. (註) 必察乎此.

전8장: 親愛, 好而.

전9장: 所謂治國必先齊其家, 不出家, 成敎於國, 興仁興養, 此謂一言僨事, 有諸無諸, 非諸人, 藏乎身不恕, 治國在齊其家, 之子歸, 宜家人, 宜兄宜弟, 正是四國, 爲父子兄弟足法, 此謂治國.

전10장: 上老老, 絜矩, 惡於上, 先後, 從前, 絜矩, 樂只, 爾瞻, 不可不愼, 未喪師, 不易, 外本, 爭民施奪, 亦悖而入, 不于常, 無以爲寶, 惟善, 仁親以爲寶, 若有, 其如有容, 人之彦聖, 若出, 民, 亦曰殆, 不與同中國, 見賢, 忠信以得, 生財, 非其財, 察於, 國不以利爲利, 長國家, 務, 彼爲善之, 小人之使爲, 並至, 無如何, 國不以利爲利.

* 전5장의 격물치지에 관한 내용은 경1장에서 실제적으로 논의되었음.

그리고 뒤에 추부追附로서 '답기명언별지答奇明彦別紙'(庚午十一月己卯所改)와 문인 금응훈의 『경서석의』 발문격의 글이 수록되어 있다.

경학 관련 서술은 퇴계 문집의 서 부분의 도처에 산견되며 경연강의의 '건괘상구강의乾卦上九講義'(『퇴계집』 권7, 48전~49전 所收) 같은 것이 있다. 이 밖에 경서와 관련되는 것으로는 문집 속집에 실려 있는 『가례』, 『소학』, 『대학혹문』에 대한 시를 들 수 있다.[39] 또 『퇴계언행록』 강변講辨에 '논어강록'[40]이라는 제하에 14조, 『중용석의』라는 제하에 1조가 실려 있다.[41] 그리고 이덕홍의 『사서질의』, 『주역질의』가 있으며, 이와 관련된 것으로는 송시열의 「사서질의의의 1·2」[42] 및 박세채의 「사서질의의의 1·2」가 있다.[43]

퇴계는 일반적으로 성리학자로 널리 알려져 왔으며 학계에서도 지금까지 이런 시각으로 접근하였다. 실제로 퇴계의 문집을 보면 성리설에 관한 글이 대부분인 것도 사실이다. 그러나 퇴계의 성리설에 대한 문자에 비해서 경설에 관한 글이 비록 적은 것이 사실이나 문자의 많고 적음으로 인해서 그 가치의 경중을 따지는 것은 재고할 필요가 있다. 실제로 『경서석의』는 퇴계가 69세 되던 해에 이루어졌고, 여러 제자들에게 보

39) 『퇴계집』 속집 권2, 23전후 참조.

40) 小注에 『사서석의』에서 나왔다고 하였음. 이에 의해서 추측해 본다면 『논어석의』는 원래의 명칭이 '논어강록'이라는 이름으로 불렸거나, 아니면 단순히 『논어』를 강의한 기록이라는 뜻으로도 볼 수 있다. 다만 『사서석의』에서 나왔다고 한 것으로 보아 전자의 추측이 타당한 것으로 보인다. 또 한편으로 생각하면 상기 금응훈의 『경서석의』 발문에서 보이는 바와 같이(문인들이 일찍이 묻고 변론한 것을 연구함) 『논어』를 강의한 기록의 집합체가 『논어석의』(기타 제 『석의』도 동일함)의 모체인 것으로도 추측된다.

41) 『퇴계언행록』 권2, 3전~7전. 『사서석의』에서 나왔다고 하였으나('퇴계선생언행록차기제자목록', 2후) 현존의 『사서석의』에는 이 조목이 보이지 않음. 그 조목을 들면 다음과 같다. 論語師門言行, 老者安之註, 溫故知新, 三家雍徹, 以己及物推己及物, 志學, 夫子嘗曰志於仁, 伯夷叔齊當立不當立, 絶四, 回何敢死, 富或先於教, 有心哉擊磬乎, 在陳絶糧, 民無信不立(이상 『논어』), 近世以中庸首三句(『중용』).

42) 『송자대전』 권133(잡저).

43) 『남계집』 권60(잡저).

여 잘못된 곳을 바로잡아 고치게 한 것이라든지,[44] 67세 때 중화군에서 간행된 『용학석의』 판목의 폐기를 기대승에게 부탁한 것[45]을 보아도 퇴계가 이에 대해 신중에 신중을 기하고 만년까지 수정보완하고 쉽게 세간에 내놓으려 하지 않은 것을 알 수 있다. 따라서 퇴계는 성리학에만 치중한 것이 아니라 경학 방면에 대해서도 주의를 기울였음에 유의를 요한다. 그리고 조선시대 학문의 양대 지주가 경학과 성리학이었음을 상기하여야 할 것이다. 이에 의해서 본다면 퇴계학에 있어서 경학의 위치도 다시 자리매김할 필요가 있을 것이다.

16세기에 이루어지는 경서언해는 다음과 같은 의미를 갖는다고 할 수 있다. 즉 경서에 대한 정확한 이해를 위해서이다. 고려 말 성리학이 들어온 후 성리학을 이해 정착시키려는 노력은 성리학의 경서에 대한 연구로 나타난다. 이러한 노력은 15세기에도 있었지만 16세기에 들어오면 성리학에 대한 연구의 심화와 함께 성리학의 경서들을 정확히 해석하려는 노력이 경서의 언해로 나타난다. 이러한 경서의 언해는 성리학의 기본 경서에 대한 연구가 일단락됨을 의미하고 또한 성리학의 조선 토착화를 의미한다고 할 수 있다.[46]

3. 퇴계의 학문방법 및 경전해석 태도

먼저 퇴계의 학문방법에 대해서 살펴본다. 이에 대해서는 기대승에게 답한 다음의 독서법에서 잘 알 수 있다.

---

44) 『퇴계집』 권23, 4전('여조사경서') 및 권24, 19후~20전('답정자중', 정사) 참조.
45) 『퇴계집』 권17, 32후~33후 및 권32, 17후('답우경선', 정묘) 참조.
46) 김항수, 「조선전기 성리서 해석의 추이」, 232쪽(『동대논총』 25집, 동덕여대, 1995).

무릇 성현이 의리를 말한 곳이 드러난 것이면 그 드러남을 좇아 구할 뿐 감히 가벼이 은미한 곳까지 찾지 않으며, 은미한 것이면 은미함을 좇아 궁구할 뿐 감히 가벼이 드러난 데까지 추리하지 않는다. 옅은 것이면 그 옅은 데 인할 뿐 감히 깊은 곳까지 파고들지 않으며 깊은 것이면 깊은 데까지 나아가고 감히 옅은 데서 그치지 않는다. 분개分開해서 말한 곳은 분개해서 보되 혼륜渾淪함을 해치지 않으며 혼륜해서 말한 곳에는 혼륜해서 보되 분개에 해롭지 않게 하며, 사사로운 뜻으로써 함부로 이리저리 끌어 맞추고 분개를 합쳐 혼륜을 만들고 혼륜을 나누어 분개하거나 하는 일을 하지 않는다. 이렇게 하기를 오래하면 자연히 점차 정연하여 문란한 곳이 없는 곳을 보게 되며, 점차로 성현의 말이 횡설수설한 것도 각각 당연한 바가 있어서 서로 걸리는 곳이 없는 것을 알게 된다.47)

이에서 알 수 있듯이 퇴계는 문면文面에 드러난 그대로를 탐구하였을 뿐 지나치게 천착하거나 자신의 독단적인 견해를 개진하는 것을 신중하게 하였음을 볼 수 있다.

마음은 한 몸의 주재이며 인간의 의식이나 행동의 계기는 마음에서 나온다. 또 이 마음은 이론과 실천에 두루 통하는 것이기도 하다. 이 마음의 가장 뛰어난 기능은 생각하는 것인데 퇴계의 학문방법은 이 '사思'와 '학學'의 호발互發, 호익互益이었다. 그래서 '사'와 '학'의 상호보완적인 관계에서 '성학聖學'은 완성되는 것이었다. 특히 '사'를 강조한 데서 퇴계 학문방법의 한 특성을 보게 된다. 이 '사'와 '학'의 근저에는 필수적으로 '지경持敬'이 깔려 있다. 그래서 퇴계는 "지경은 사와 학을 겸하고 동정動

---

47) 『퇴계집』 권16, 42전후('답기명언'). "是故在滉讀書之拙法, 凡聖賢言義理處, 顯則從其顯而求之, 不敢輕索之於微, 微則從其微而究之, 不敢輕推之於顯, 淺則因其淺, 不敢鑿而深, 深則就其深, 不敢止於淺. 分開說處, 作分開看, 而不害有渾淪, 渾淪說處, 作渾淪看, 而不害有分開, 不以私意左牽右掣, 合分開而作渾淪, 離渾淪而作分開. 如此久久, 自然漸狙其有井井不容紊處, 漸見得聖賢之言橫說竪說, 各有攸當, 不相妨碍處."

靜을 꿰뚫으며 내외를 합하고 현미顯微를 하나로 하는 것"[48]이며[49] 낮에 읽은 것은 반드시 밤에 생각하고 궁구해야 한다고 하였다.[50]

퇴계는 독서하는 방법에 있어서는 숙독을 강조한다. 글을 읽는 사람이 비록 글의 뜻은 알고 있으나 곧 잊어버리게 되는 까닭은 숙독하지 않기 때문이라는 것이다.[51] 다음으로 독서는 조용히 앉아 마음을 편안히 맑게 해서 하늘의 이치를 몸소 알아낸다는 자세가 중요하며,[52] 글을 읽는 요결은 반드시 성현의 언행을 마음에 체득하고 침잠하여 탐구한 다음에야 바야흐로 함양되어 학문이 진보하는 성과가 있을 것이라고 강조하고 있다.[53]

그리고 마음을 비워 이치를 보고 절대로 자기 견해를 앞세우지 말며, 천천히 익숙해져야 하고 시일을 따지지 말며,[54] 글을 읽고 도리를 강구함에 있어서는 반드시 먼저 마음을 비우고 한걸음 물러서야지 결코 사견을 앞세우지 말라고 하였다.[55] 아울러 글을 읽는 데 있어서 굳이 색다른 뜻을 깊이 추구할 필요가 없으며, 다만 그 글을 보고 거기 나타나 있는 그대로의 뜻을 찾으면 되고,[56] 소주를 반드시 모조리 읽을 필요는

---

48) 『퇴계집』 권7, 8전. "而持敬者, 又所以兼思學, 貫動靜, 合內外, 顯微之道也."

49) 졸고, 「이퇴계의 학문방법에 있어서 사유와 경험의 상호성에 관한 연구」, 267~268쪽(『동양철학연구』 10집, 동양철학연구회, 1989).

50) 『퇴계언행록』 권1, 7후(김성일록).

51) 『퇴계언행록』 권1, 7전(김성일록). "問讀書之法, 先生曰, 止是熟. 凡讀書者, 雖曉文義, 若未熟則旋讀旋忘, 未能存之於心, 必也旣學而又加溫熟之功, 然後方能存之於心, 而有浹洽之味矣."

52) 위와 같음.(김성일록)

53) 위와 같음, 7전후(김성일록). "又曰, 讀書之要, 必以聖賢言行體之心, 而潛求默玩然後, 方有涵養進學之功."

54) 『퇴계집』 권14, 19전('답이숙헌'). "虛心觀理, 勿先執定於己見.(積漸純熟, 未可責效於時月, 弗得弗措, 直以爲終身事業. 其理至於融會, 敬至於專一, 皆深造之餘自得之耳)."

55) 같은 책, 권15, 3전('답허태휘'). "凡看文義與講究道理, 必先虛心退步, 勿以私見爲主."

56) 『퇴계언행록』 권1, 7후(김부륜). "先生曰, 讀書不必深求異意, 只就本文上求見在之義而已."

없으며 글을 읽을 때는 대충대충 보아 넘겨서는 안 된다고 하였다.[57] 또 퇴계는 배우는 자들과 강론하다가 의심나는 곳에 이르면 자신의 의견을 주장하지 않고 반드시 중론을 널리 채택하였다.[58] 이 밖에 경서를 볼 때는 활간活看하여야 하고 문장의 어세語勢를 고려하여야 하며,[59] 뜻이 비록 그리 서로 멀지는 않더라도 말에는 호리毫釐의 차이가 있다고도 하였다.[60]

한편 각 경전의 대지大旨를 한두 글자로 제시하는 것은 견강부회에 가까운 것이라 하여 받아들이지 말 것을 강조하고, 각각 그 자리에서 말의 뜻을 파악하도록 요구하면서, "자리에 따라 궁리하고 일에 따라 실천하여, 오래도록 쌓아 점차 익숙하여 융통하고 발현하는 데 이른다면 지은 뜻을 탐색하지 않고서도 자득할 수 있게 된다"[61]라고 역설하였다. 대지를 통한 경전이해의 학문방법이 아니라 경전적인 다양한 문제에 입각하여 현실적 진실을 발견하였던 것이다.[62]

그리고 퇴계는 자의字義에도 주의를 기울이고 있다.

> 선생(퇴계)은 글자에서는 그 훈을 찾고 글귀에서는 그 뜻을 찾아서 비록 한 자 한 획의 세미한 곳까지도 예사로 지나쳐 버리지 않았다. 그래서 어로시해魚魯豕亥의 잘못 알기 쉬운 것도 반드시 분별한 뒤에야 그만두었다. 그러나 일찍이 한 번도 기왕 있는 글자를 함부로 지우거나 고치지 않고, 그 글 위에다 주를 붙이기를 '아무 글자는 마땅히 아무 글자로 해야

---

57) 위와 같음, 권1, 8전후(이덕홍, 정사성록).
58) 같은 책, 권2, 1전(김성일록).
59) 『전서』 3(『논어석의』), 197쪽 상단좌, '爲政以德'조.
60) 『전서』 3(『논어석의』), 197쪽 하우, '能養'조.
61) 『간재집』, 「논어질의」 2. "逐處研窮, 逐事踐履, 積久漸熟, 以至於融通發見, 則所謂大要大旨者, 將不待作意求索而自得之矣"
62) 금장태, 『퇴계학파의 사상 1』, 79쪽(집문당).

할 듯하다'라고 하였다.[63)]

이에서 본다면 퇴계는 일반 성리학자들과는 달리 문자에도 유의하여 그 원의를 파악하려고 하였음을 알 수 있다.[64)] 그리고 퇴계는 『주자전서』 새 책을 얻을 때마다 반드시 교정하면서 다시 한 번 읽었다[65)]는 점에서도 비록 후대의 문자학, 고증학, 교감학과는 차이가 있다 할지라도 퇴계의 또 다른 면을 발견할 수 있다.[66)]

학문은 지식과 실천을 병진시켜야 학문의 길이 점점 트여 막힘이 없을 것이며,[67)] 학문은 먼저 주재를 세워야 하는데 경敬이 바로 그것이며,[68)] 처음 공부하는 사람에게 가장 좋은 방법은 늘 깨어 있는 마음을

---

63) 『퇴계언행록』, 독서(김성일록), 6후. "(先生讀書, 正坐莊誦,) 字求其訓, 句尋其義, 雖一字一畫之微, 不爲放過. 魚魯豕亥之訛, 必辨乃已. 然未嘗割改舊字, 必旁註紙頭曰, 某字疑當作某字,(其詳愼精密如此. 趙上舍穆嘗校讎心經附註, 字畫之訛者, 直割正之, 註脚之不當刪節者, 卽添補之. 先生責之曰, 先儒成書, 何可一任己見, 去取之太快如此乎? 獨不思金銀車之誚邪?)"

64) 이런 태도는 주자의 경우에서도 발견된다. 이는 臺山 金邁淳의 다음과 같은 기술을 그 좋은 증거로 들 수 있다. "朱子嘗曰:論語一書, 只爲漢儒一向尋求訓詁, 更不看聖人意思, 所以二程先生不得不發明道理, 開示學者, 使求聖人用心處, 故放得稍高. 今日學者乃捨近求遠, 處下窺高, 一向懸空說, 其爲反甚於向者之未知尋求道理, 依舊只在大路上行. 要知與他古本相似者, 方是本分道理. 若不與古本相似, 盡是亂道. 觀於此說, 則朱子於漢儒訓詁, 初未嘗忽棄. 但就訓詁上看出聖人意思, 所以精明切實, 獨絶古今"(『臺山集』 권15, 23후, 「闕餘散筆」). 즉 朱子도 訓詁를 결코 소홀히 한 것은 아니며 訓詁에서 聖人의 意思를 보려고 하였으니 이것이 朱子의 훌륭한 점이라는 것이다.

65) 『퇴계언행록』 권1, 5전('독서', 김성일록). 여기서 퇴계가 판본학에도 유의하였음을 알 수 있다.

66) 이런 태도는 후대의 다산 정약용에게서 좀 더 구체적으로 드러난다. 다산은 경전해석에서의 字義의 중요성을 인식하고 있었으며(『周易四箋』 권1, 18전), "경서를 해석하는 법은 字義가 가장 중요하다(解經之法, 最重字義)"(『시문집』 권19, 40후)라 하기도 하고, 먼저 造字의 原義를 안 뒤에야 본지를 얻을 수 있다고도 하여(『시문집』 권19, 29후) '先識原義'를 경전해석의 시발점이자 귀극처로 보았다.(『상서지원록』, 『여유당전서보유』 5책, 1쪽)

67) 『퇴계언행록』 권1, 12전('논격치', 이국필록).

68) 위와 같음, 권1, 14후('논지경', 이덕홍록).

지니는 것이며,[69] 정제 엄숙만 한 공부가 없다고도 하였다.[70] 즉 퇴계는 경을 그 학문의 근본바탕으로 파악하고 있었던 것이다.

퇴계는 젊었을 때부터 사서오경에 힘을 썼고, 그중에서도 사서와 『역경』에 더욱 마음을 썼다.[71] 퇴계는 "경서의 해석에 있어서 너무 잘게 팜으로써 잘못이 많아 도리어 경서의 본뜻을 잃었기 때문에 뒤에 오는 학자들을 그르침이 많다(謂經書辭釋, 多穿鑿訛謬, 失經旨, 而誤後學甚多)" 하고 이에 그 잘게 따지는 것을 바르게 하고 틀린 것을 고치어 경서의 본래의 뜻으로 돌아가고 성현의 본뜻을 다시 찾을 뿐 아니라 또한 그로 말미암아 학자들로 하여금 속된 선비들의 잘못된 학설에 미혹되지 않게 하였다.[72]

퇴계의 『석의』(특히 『대학석의』, 『중용석의』)의 저술에 대한 다음과 같은 언급을 통해서도 학문에 대한 퇴계의 신중한 태도를 확인할 수 있다. 즉 경서에 대한 우리나라 사람의 여러 설이 분분한 것을 보고 모아서 고찰하고 교정하여 거취去取를 상량商量하여 거의 본지를 얻어서 한 뜻으로 통일하려고 하였다는 것이다. 다만 자신의 견해가 분명하지 않아서 혹은 여러 설을 그대로 두고 취사를 결정하지 못한 것도 있고, 혹은 나름대로 변론한 것이 있으나 판단을 내리지 못한 것도 있어 한결같이 잡스럽고 잘아서 글이 되지 않아 볼 만한 것이 못된다고 겸손해하고 있다.[73]

퇴계의 경서 관련 언급 중에서는 특히 『논어』에 대한 언급이 많다.[74]

---

69) 위와 같음, 권1, 14전('존성', 우성전록).
70) 위와 같음, 권1, 15전('논지경', 이덕홍록).
71) 이런 연구업적의 결과로 『역경』에 관한 대표적인 저술로는 『계몽전의』를 들 수 있다.
72) 『퇴계언행록』('언행통술', 정유일록), 권6, 13후.
73) 『퇴계집』 권17, 32후~33전('與奇明彦', 정묘).
74) 『퇴계언행록』에는 『논어』에 관한 것이 '학문'편(권1)에 2조(이안도: 1전, 김성일록: 1전), '독서'편에 1조(이덕홍록: 4후)가 수록되어 있으며 '講辨'편(권2)에 이덕홍록 1조(2전~3

그래서 12세에 『논어』의 '이理'자를 모든 일의 옳은 것이냐고 숙부 송재 이우에게 물어 이미 글 뜻을 안다고 칭찬을 받기도 하였다.75)

퇴계의 경서 습득의 순서에 대한 견해를 보면, 퇴계는 제자를 가르침에 있어서 반드시 『소학』으로써 먼저 하고 다음으로 『대학』, 『심경』, 『논어』, 『맹자』, 『주자서』를 차례로 읽고 제 경서에 미쳤다.76) 이에 의해서 본다면 성리서를 제외하고 경서만을 살펴보면 (『소학』)-『대학』-『논어』-『맹자』 순으로 하여 정통적인 성리학의 독서과정을 견지하고 있다.

퇴계는 『소학』과 『대학』 및 타 경서와의 관계에 있어서 『소학』은 그 처음을 이루는 학문이며 『대학』은 그 끝을 이루는 학문으로서 『소학』과 『대학』이 서로 통하여 하나가 되어야 하며, 『대학』이라는 큰 건물의 뼈대 속에 『소학』을 채워 넣고 그 밖에 『논어』, 『맹자』, 『중용』 및 『시』, 『서』 같은 글들을 모두 이 『대학』의 틀 속에 채워 넣어서 꾸미고 단장하여야 한다고 하여77) 『소학』-『대학』의 체계를 통한 학문의 전체적 규모를 보여주고 있다.

4. 『사서석의四書釋義』를 통해서 본 퇴계 경학사상의 전개

먼저 제 구절을 분석하기 전에 퇴계의 「사서총론」을 중심으로 사서

전), 논어강록 14조(3전~6전)가 실려 있다.

75) 『퇴계언행록』 권1, 1전('학문', 이안도록).

76) 『간재집』 권26, 27후('記善總錄').

77) 『퇴계언행록』 권1, 8후~9후('당후일기') 그리고 『간재집』 권3, 2후, '上退溪先生'. "所問工夫先後, 立程規模, 則須先小學後大學, 而規模節目, 各具於其書, 在吾盡心盡力以求之耳" 참조.

및 각 경서에 대한 퇴계의 견해를 살펴본다.

퇴계는 성현의 도는 사서四書가 아니면 천하와 후세에 가르침을 드리울 수 없다고 하여 사서의 중요성에 대해 특히 강조하였으며,[78] 사서의 말이 비록 같지 않은 것 같지만 사서의 이치는 일찍이 다른 점이 없다고 하였다.[79]

퇴계는 『논어』의 요점은 '조존함양操存涵養'에, 『맹자』의 요점은 '체험충광體驗充廣'에 있고, 『대학』의 요점은 '마음의 하나의 경'으로, 『중용』은 '마음의 하나의 성誠'으로 파악한다.[80]

그리고 각 경서에 대해 『논어』는 그 말이 넓으나 그 뜻은 깊고 그 말은 가까우나 그 뜻은 멀며, 『대학』에서는 전 4장은 강령과 지취旨趣를 통론하고 후 6장은 조목의 공부를 자세히 논하였으며, 5장은 명선明善의 요要이고 지知의 단서이며, 6장은 성신誠身의 근본이고 행行의 시작이며, 『중용』에서 성도교性道教는 한 편의 강령이 되며, 성誠은 추뉴樞紐가 되고 지인용智仁勇은 맥락이 되며, 『맹자』에서는 이단을 물리쳐서 사설邪說을 그치게 하고, 정도正道를 높이고 패도를 억누르며 성선양기性善養氣의 설은 전성前聖이 발하지 아니한 온오蘊奧를 발하였으며 발본색원拔本塞源하여 전국시대의 이익을 좋아하는 폐단을 구하였다고 설명한다.[81] 아울러 『대학』-『논어』-『맹자』-『중용』의 순으로 공부할 것을 적극 권장하고 있다.[82]

그러면 이하에서는 『사서석의』를 중심으로 퇴계의 경학사상의 일단

---

78) 『도산전서』 4책, 324쪽 상우(한국정신문화연구원, 1980).

79) 같은 책, 325쪽 상우.

80) 같은 책, 325쪽 하우.

81) 같은 책, 324쪽.

82) 같은 책, 324쪽 하좌. "是故不先乎大學, 則無以提挈綱維而盡論孟之精微. 不參之以論孟, 則無以融會貫通而極中庸之歸趣. 不會其極於中庸, 又何以建立大本, 經綸大經, 而讀天下之書, 論天下之事哉?"

을 고찰하고자 한다. 필자가 『사서석의』를 택한 이유는 첫째, 성리학이 사서 중심이었고 둘째, 퇴계의 사서에 관한 저술 중 이덕홍의 『사서질의』가 있으나 이는 질문에 대한 대답을 수록한 것이어서 『석의』가 퇴계 자신이 경서해석에 있어서 중요하다고 생각되는 것을 정리한 것과는 그 차이가 있기 때문이며, 셋째, 기타의 경서 관련 논설이 있으나 이는 전문적인 저술이 아니기 때문에 퇴계의 체계적인 경학사상을 살피는 데는 부족하다고 생각했기 때문이다.

고찰 순서는 『사서석의』의 순서를 따랐다.[83] 퇴계의 『사서석의』에서의 해석은 핵심부분만을 요점식으로 간략히 해설하였으므로 일부분을 제외하고는 지극히 소략한 형태를 띠고 있다. 이하에서는 그중 중요하다고 생각되는 구절과 비교적 해설이 자세한 구절(이는 퇴계가 중점을 둔 것으로 생각된다)을 중심으로 분석 검토해 보고자 한다.

1) 『대학』에 대한 견해

퇴계의 『대학석의』에서는 경經 1장, 전傳 10장 모두에 대해 기술하였으며 그중 총 101조에 대해 자신의 견해를 밝히고 있다. 이 중 여섯 구절(경 1장, 전 4장, 전 7장, 전 9장, 전 10장 두 구절)에 대한 퇴계의 견해를 살펴보기로 한다.

---

83) 이는 필자가 본 『사서석의』(한적본)의 순서에 의한 것임.(『논어석의』-『맹자석의』-『중용석의』-『대학석의』의 순으로 되어 있음) 다만 성균관대학교 대동문화연구원에서 간행한 『퇴계전서』(영인본)에 실려 있는 『사서석의』의 순서는 『대학석의』-『중용석의』-『논어석의』-『맹자석의』로 되어 있으나 발문격인 금응훈의 글이 실려 있는 『대학석의』가 처음에 실려 있어서 원본의 순서를 충실히 지키고 있지 않다고 생각되며, 필자가 본 『사서석의』는 『대학석의』가 끝에 편집되어 있어 원래의 편집순서를 잘 보존하고 있는 것으로 생각되어 그 순서에 의하였음.

(1) 물격物格에 대한 해석

〈원문〉 古之欲明明德於天下者, 先治其國, 欲治其國者, 先齊其家, 欲齊其家者, 先修其身, 欲修其身者, 先正其心, 欲正其心者, 先誠其意, 欲誠其意者, 先致其知, 致知在格物. 物格而后知至, 知至而后意誠, 意誠而后心正, 心正而后身修, 身修而后家齊, 家齊而后國治, 國治而后天下平.(經 1장)

먼저 격물格物에 대한 퇴계의 견해를 살펴보기로 한다. 격格의 뜻에 대해 퇴계는 '나아가 궁구窮究하는 것(卽而窮之)'이라고 설명한다. 즉 사물이 저기에 있으면 내가 저기에 나아가 그 이치를 궁구한다는 것이다. 내가 이미 그 이치를 다 궁구하면 나의 지식을 미루어 다하여 관통할 수 있으니, 이는 마치 경서가 저기에 있으면 내가 책에 나아가 읽는 것과 같은 것으로 이것이 바로 격물이라는 것이다. 그리고 물격物格은 읽는 것이 이미 다하고 강론하는 것이 관통되면 그 책의 문자와 의리가 내 마음에 모두 이르는 것이라고 설명한다. 퇴계는 격格자에는 두 가지 뜻이 있다고 본다. 궁窮과 지至가 바로 그것으로 격물의 격에 있어서는 궁窮자 위에 비중이 더 두어지고 물격의 격에 있어서는 지至자 위에 비중이 더 두어진다고 주장한다.[84]

'재격물在格物'에 대해 퇴계는

---

84) 『퇴계집』 권26, 34전~37후('격물물격속설변의답정자중'). 『간재집』 권5, 17후('溪山記善錄' 上) 참조. 『간재집』의 내용이 좀 더 자세하므로 그 원문을 예시한다. "問格物致知之格. 先生曰, 格字之義, 卽而窮之也, 言物在彼, 我卽於彼而窮其理也. 我旣盡窮其理, 則我之知識, 推極而貫通也. 如經書在彼, 我卽書而讀之, 是格物也. 讀之旣盡, 講之貫通, 則其書文字義理, 盡到我之心曲, 是物格也. 朱子曰, 理到, 又曰, 理雖在物, 用實在心者此也. 況格字有二義, 窮與至也. 在格物之格, 則重在窮字上, 在物格之格, 則重在至字上."

"物을 格ᄒᆞ욤에 인ᄂᆞ니라"

"物에 格홈에"

의 두 가지 설을 들고 물을 목적어로 보는 전설을 지지하고 후설에 대해서는 오류라고 지적하고 있다.[85)]

다음은 '물격'에 대한 퇴계의 견해를 살펴보기로 한다. 퇴계는 처음에는 물격을 해석하기를 '물에 격한(於物格, 처소격)'으로 보고 '물이 격한(物其格, 주격)'도 무방한 것 같다고 생각하였다. 이에 대하여 퇴계는 신광한申光漢(1484~1555, 駱峰)의 설을 들어서 설명하고 있다. 즉 '물리의 극처에 이르지 않음이 없다(物理之極處無不到)'에 대하여 신광한은 '물리의 극처ㅣ니ᄅᆞ디 아니ᄒᆞᆫ대 업다'고 해석하고 이어 손가락으로 전傳 10장의 끝부분을 가리키면서 "가령 이 책을 읽는 데 있어서 책의 처음으로부터 이곳에 이르기까지 다 읽지 않음이 없다는 것과 같다. 진실로 이 뜻을 알면 비록 '극처에'라고 해석하여도 또한 무방하다" 하였고, 또 말하기를 "'극처도極處到(극처가 이른다)'라는 것은 궁리하고 격물하여 여기에 이르는 것일 뿐이다. 일찍이 이회재李晦齋(1491~1553)의 설을 보니 '심도극처心到極處(마음이 극처에 이른다)'라 하였는데 이 설은 틀리다. 만일 '마음이 이른다'면 이는 지지知止에 속하니 격물이 아니다" 하였다. 퇴계는 이런 신광한의 설을 매우 정미하다고 평가하였다. 그리고 퇴계는 지난날 이를 윤탁尹倬(1472~1534)에게, 이른바 도라는 것은 '마음이 이치의 지극한 곳에 이른다(心到理極處)'는 것인가를 질문하였을 때 부정하였다는 예화를 들면서 당시에는 깨닫지 못했는데 지금 그 말이 옳다는 것을 깨닫게 되었다고 술회하고 있다. 또 만일 이로 인하여 격물을 '물에 격

---

85) 『퇴계전서』 3책, 191쪽 상우. '물격격물'에 관한 당시의 제설과 퇴계의 '격물물격설'의 변천과정에 관한 내용은 따로 논구할 필요가 있다.

ᄒᆞ다'고 해석하면 옳지 않다고 강조하고 있다.86)

이후 '물마다 격한 후에'라고 해석하기를 제안하고87) 그러다가 기고봉奇高峰의 의견으로 인하여 '물이 격한'이라고 보는 설이 매우 좋다고 평가하였다.88) 즉 퇴계는 이를

'物이 格ᄒᆞᆫ'

이라고 보는 것이다.89)

퇴계는 처음에는 물격에 있어서 격을 기격己格, 무불도無不到의 도到를 기도己到로 보았으나 기대승의 견해에 따라 이理의 자도自到가 가능하다고 생각하여 이도설理到說을 승인하게 되어 물도物到(理到)로 개정한 것이다.90)

---

86) 『퇴계전서』 3책, 『대학석의』 191쪽 상단우. 이에 대한 좀 더 상세한 내용은 『퇴계집』 권26, 38전~39후('格物物格兩註說記嘗聞見諸公語') 참조

87) 『퇴계집』 권26, 37후. "嘗欲以愚意爲物格之釋曰, 物庥多格爲隱後厓, 如此則中含無不到之意, 而無兩爭之端. 但人創聞新語, 未必相信耳."

88) 『퇴계집』 권18, 30전~31후('답기명언별지'). 『퇴계전서』 3책, 192쪽 하좌~193쪽 상우에도 같은 내용이 실려 있다. 『간재집』 권5, 18전 참조. 『간재집』에 실린 것을 예시한다. "先生言於德弘曰, 吾初釋物格曰, 於物格, 或曰, 物其格, 似無妨. 奇明彦亦言曰, 朱子之說, 多有理到物至之語, 當釋曰, 物其格云. 因此更思, 朱先生曰, 理雖在物, 用實在心, 蓋理之體, 具在於物上, 固不得來到於我, 其用之微妙, 實不外人之一心, 若窮此理, 則昭昭然盡到我胸中矣. 物其格之說甚善, 明彦雖未知此理之用到我之義, 知得至此, 幸甚幸甚." 그리고 『사서질의』(규장각 소장 필사본) 48전에도 같은 내용이 실려 있다. 다만 약간의 문자의 출입은 있으나 지엽적인 것이어서 내용은 동일하다.

89) 격물에 대한 고봉과 퇴계의 시를 소개한다. 시를 주고받은 순서는 고봉-퇴계-고봉의 순이다. 단 퇴계의 경우 이는 초년설이다. '釋物格'. "致巧在雕物, 物雕巧乃宣. 物之雕詣極, 我巧亦隨全."(고봉, 『고봉집』(속집), 권1, 43전) '辨存齋辨物理之極處無不到詩二首' "人巧能雕物, 雕寧巧得人? 謂知能格物, 取譬恐非倫. 雕而能詣極, 詣者豈非人? 謂物雕能詣, 言何太不倫?"(퇴계, 『퇴계집』 권5, 26전후) '再釋'. "其雕詣極處, 詣者豈伊人? 雕物而雕詣, 斯言曾有倫. 人能格夫物, 物理妙于人. 內外兼先後, 工程不失倫. 嘗閱晦菴語, 理無不到云. 求之物格訓, 愚見豈空文?"(고봉, 『고봉집』, 위와 같음)

90) 『퇴계집』 권18, 31후('답기명언 별지'). "然則方其言格物也, 則固是言我窮至物理之極處, 及其言物格也, 則豈不可謂物理之極處, 隨吾所窮而無不到乎?" 같은 책, 권30, 43후~44

이상에서 살펴볼 때 퇴계에 있어서 격물은 내가 물리의 극처에 궁지窮至하는 것이고, 물격은 내가 궁지하는 대로 물리의 극처가 나에게 내도來到하는 것이다.

이 구설에 대해 관본에서도 퇴계설과 동일하게 격물格物을 '物을 格홈애', 물격物格을 '物이 格혼'으로 보고 있으며,[91] 율곡본도 '物을 格호매', '物이 格혼'으로 동일하게 보고 있다.[92]

(2) 대외민지大畏民志에 대한 해석

〈원문〉 子曰: "聽訟, 吾猶人也, 必也使無訟乎!" 無情者不得盡其辭, 大畏民志, 此謂知本.(전 4장)

먼저 퇴계는 '키 지志ㅣ 저헤니'의 설을 들고, 이를 만약 '지를'이라고 하면 위엄스럽게 하는 데 마음을 두어 백성으로 하여금 두려워하게 하는 것과 관계될 것 같으므로 차라리 문세文勢를 돌아보지 않고 반드시 '지志ㅣ 저헤니'라고 하는 것이 원의에 가깝다고 한 것으로 파악한다. 여러 선생들도 이와 같은 문자에는 으레 이 뜻으로 해석했는데 비록 유심有心을 피하여서 무심無心으로 나아간 것은 그럴 듯하나 문세와 어맥이 상응하지 않으니, 퇴계는 마땅히

'志를 畏케 ᄒᆞ얘니'

전의 '답김이정'에도 '物格之釋'에 대하여 실려 있다. "今因明彦引證理到諸說, 參考大學或問理雖散在萬物, 而實不外一人之心一段(見補亡章或問)小註朱子說而細思之, 始悟理到之言未爲不可, 今當從明彦說."

91) 『대학언해』, 3전.

92) 『율곡대학언해』 3전.

라고 해야 한다고 주장하고 옛날에도 이 설이 있었다고 설명한다.[93)]

한편 이 구절에 대해 관본에서는 '크게 民의 뜻을 畏케 홈이니',[94)] 율곡은 '크게 民의 志를 畏케 호미니'[95)]라고 해석하여 퇴계와 동일한 해석을 하고 있다.

(3) 심부재언心不在焉에 대한 해석

〈원문〉 心不在焉, 視而不見, 聽而不聞, 食而不知其味. 此謂修身在正其心.(전 7장)

이에 대해 퇴계는 먼저 '心을 두디 아니면'의 설을 들고 '在'는 곧 가슴 속에 있는 것이라고 한다. 그리고 혹설로서 '몸안(軀殼內)', '시청상視聽上에 있는 것'을 들고 이 두 설은 마땅히 통간通看하여야 한다고 한다. 대개 마음이 몸에 있으면 보고 듣는 데 있을 수 있어서, 안에서 주로 하여 바깥에 응하는 것이니 두 군데에 있는 것이 아니라는 것이다. 만일 마음이 몸에 있지 않으면 시청상에 있을 이치가 없는 것이니 마음이 이미 사물을 좇아서 주재할 수 없기 때문이라고 설명한다. 이에 정명도의 '안을 옳게 여기고 바깥을 그르게 여기는 것보다는 차라리 안과 밖을 다 잊는 것만 못하다(與其是內而非外, 不若內外之兩忘也)'의 말을 인용하여 논증하고 있다.[96)]

퇴계는 이 장과 『장구』의 '심유부존心有不存'의 설을 자세히 완미하면

---

93) 『전서』 3책, 191쪽 상좌~하우.

94) 『대학언해』, 9후.(이하에서 경진신간 내각장판본은 『ㅇㅇ언해』로, 율곡의 언해는 『율곡ㅇㅇ언해』로 표기한다.)

95) 『율곡대학언해』, 9후.

96) 『전서』 3, 191쪽 하우.

'心을 두디 아니면'으로 해석하는 것은 온당하지 않고 마땅히,

'心이 있디 아니면'

으로 해야 옳다고 주장한다. 왜냐하면 이것은 마음이 주재를 잃어버렸을 때를 곧바로 가리켜서 그 병을 말한 것이지, 처음부터 사람이 조심操心하지 않아서 이 병이 들게 된 것을 경계한 것은 아니기 때문이다. 그러므로 『장구』에서 다만 '심유부존, 즉무이검기신心有不存, 則無以檢其身'으로 바로 바른 뜻을 해석하고 계속하여 말하길 '시이군자필찰호차, 이경이직지연후운운是以君子必察乎此, 而敬以直之然後云云'이라고 하였는데, 이에 이르러 바야흐로 이 장의 언외言外의 뜻을 미루어 말하여 사람으로 하여금 성찰과 조존操存의 공을 더하여서 마음이 주재를 잃어버린 병을 벗어나기를 구하여야 한다고 설명하였다고 하여 장구의 정심함을 찬양하고 있다. 그리고 『통고』의 오계자吳季子의 말을 인용하여[97] 위에서 이른바 '안에서 주로 하여 바깥에 응한다(主於內, 應於外)'는 설을 더욱 믿을 수 있다고 주장하고 있다.[98]

한편 이 구절에 대해 관본에서도 'ᄆᆞᄋᆞᆷ이 잇디 아니면'으로,[99] 율곡도 '心이 잇디 아니ᄒᆞ면'[100]이라 하여 퇴계와 동일하게 해석하고 있다.

(4) 위부자형제족법爲父子兄弟足法에 대한 해석

97) "攫金而不見市人, 心不在市人也. 聽古樂而惟恐臥, 心不在古樂也, 當食而失匙箸, 心不在匙箸也."

98) 『전서』 3, 191쪽 하단.

99) 『대학언해』, 15전.

100) 『율곡대학언해』, 14후.

〈원문〉 詩云: "其儀不忒, 正是四國." 其爲父子兄弟足法, 而后民法之也. 此謂治國在齊其家.(傳 9장)

먼저 이에 대해서 퇴계는 세 가지 설을 제시하고 있다.

첫째 설, '그 父子兄弟 도외미 足히 法바담즉ᄒᆞᆫ후 云云'

이 설에 대해 퇴계는 이 말은 '나의 부자가 되고 형제가 되는 도가 모두 충분히 법이 된 후에 백성이 본받는다'는 것으로 설명하고, 이 설이 비록 새롭고 교묘하나 실지로는 그렇지 않다고 파악한다. 왜냐하면 대체로 '부자형제족법父子兄弟足法'은 가제家齊의 효험이고 '백성이 법 받는 것'은 국치國治의 효험을 말하는 것이라는 것이다. 이제 이 설대로라면 이는 부자형제가 모두 한 몸에 소속하게 되어 한 집안의 사람에게까지 이르지 않고 '족법足法'한다는 두 자도 겨우 신수身修의 효험이지 가제家齊의 효험에까지 설명이 미치지 않는다. 그렇다면 이 장은 본래 가제국치家齊國治의 절차를 말하는 것인데 가제家齊에 대한 한 단락은 전부 빠지고, 지나치게 수신의 효험만 말하고 곧 백성이 법 받는다는 것으로 국치國治의 효험을 말하였으니 올바른 것이라 할 수 없다고 분석한다.[101]

둘째 설, '그 父子兄弟의게 足히 法도온 후에 云云'

이에 대해 퇴계는 이 해석에서 부자형제를 한 집안의 사람으로 여긴 점은 맞으나 '족법足法'은 내가 의법儀法이 된다는 뜻이니 만일 이 설대로라면 윗글의 토를 마땅히 '其爲父子兄弟예 足法云云'이라고 해야 한다고 본

101) 『전서』 3, 192쪽 상우. "此言我之爲父子爲兄弟之道, 皆足以爲法然後民法之. 此說雖新巧, 其實不然. 蓋父子兄弟足法言家齊之效, 民法之言國治之效, 今如或說, 則是其父子兄弟皆屬之一身, 未說到一家之人. 足法二字又才是身修之效, 未說及家齊之效. 然則此本言家齊國治之節, 而全脫却家齊一段, 只剩說身修之效, 而徑以民法言國治之效, 其可乎?"

다. 그렇게 볼 경우에는 문세가 치우치고 서로 안 맞아 평순平順하지 않으니 아마도 바른 뜻이 아닐 것이라고 파악한다.[102)]

셋째 설, '그 父子兄弟도읜이 足히 示法ᄒᆞ얌즉 ᄒᆞᆫ후에 云云'

이 설에 대해 퇴계는 다음과 같이 설명한다. 즉 이 말은 나의 부자형제가 모두 착한 일을 하여 남에게 모범을 보일 만한 뒤에야 백성이 본받는다는 뜻이다. 이렇게 본다면 이는 신안진씨新安陳氏가 주장한 시법설示法說(모범을 보인다)[103)]과 합치되는 듯하다. 그러나 이 절의 본뜻을 자세히 따져보면 나라를 다스리는 자를 주로 한 것이고 법 받는 자는 백성이니 이는 빈주賓主의 형세를 말한 것으로 당연한 것이다. 그러므로 노씨盧氏가 이르기를 '부자형제가 족히 법 받을 만하다는 것은 행동이 어긋나지 않은 것이고, 백성이 법 받는다는 것은 사국四國이 바르게 되는 것이다(父子兄弟足法, 儀之不忒也, 民法之, 四國之正也)'고 하였으니 이 설이 깊이 바른 뜻을 얻었다. 이제 혹설과 같이 해석한다면 이는 집안에서 집안을 잘 다스린 사람은 말하지 않고 도리어 주의를 바꾸어 다스림을 받은 집안사람을 중시하는 것이니, 노씨가 '행동이 어긋나지 않다'고 한 설과 차이가 있고 문법과 의리에도 자연스럽지 못하다. 그러므로 진씨의 시법설에 구애받을 것이 없고 마땅히 직절하고 명백한 노씨설을 따라야 한다고 주장한다.[104)]

따라서 이 문장에 대한 퇴계의 해석은 다음과 같다.

그 父子兄弟ㅣ 足히 法바ᄃᆞᆫ 後에 民이 法반ᄂᆞ니라

---

102) 위와 같음.
103) 小注."新安陳氏曰, 足法, 家齊而可以示法於人也. 民法之, 國人取法於己也."
104) 『전서』 3, 192쪽 상단.

또는

法ᄒᆞᆫ후에 民이 法ᄒᆞᄂᆞ니라

퇴계에 의하면 상기의 문장에서 '위爲'자는 어사語辭이며 이 두 가지 설은 한 가지 뜻이니, 한 집안에 있어서 부자와 형제가 모두 나를 본받은 뒤에야 한 나라 안에 있는 백성도 또한 나를 본받을 것이라는 것이다. 이는 집안이 가지런한 이후에 나라가 다스려지는 효과를 말한 것으로 평순적확平順的確하여 의심할 것이 없다고 평가한다. 이에 주자가 혹인或人이 물어본 것[105]에 대하여 대답한 것을 그 증거로 들고 있다.[106]

한편 이 구절에 대해 관본에서는 '그 父子와 兄弟ㅣ 되온이 足히 法ᄒᆞᆫ후에 民이 法ᄒᆞᄂᆞ니라'[107]라 하여 퇴계설을 취하고 있고, 율곡도 '그 父子兄弟되엿ᄂᆞᆫ니 足히 法ᄒᆞᆫ후제 民이 法ᄒᆞᄂᆞ니라'[108] 하여 동일하게 해석하고 있다.

(5) 장국가長國家에 대한 해석

〈원문〉 長國家而務財用者, 必自小人矣.(전 10장)

이 구절에 대해 퇴계는

'國家애 長ᄒᆞ야'

105) "堯舜不能化其子, 周公不能和兄弟."
106) 『전서』 3, 192쪽 상우.
107) 『대학언해』, 21전.
108) 『율곡대학언해』, 20전후.

라고 보고 이는

'長이 도의야'

와 같다고 해설한다. 이에 『문헌통고』에서 오계자吳季子가 "경대부와 사士는 한 집안의 장長이고 천자와 제후는 한 나라의 장이니, 작게는 한 집안의 장이고 크게는 한 나라의 장이다"[109]라고 한 말을 예로 들고 이 설이 옳다고 본다. 또 일설에는 '국가를 장익長益호려ᄒᆞ야'라고 하였는데 이 설은 틀린 것으로 주장한다. 그러나 퇴계가 일찍이 한 고서를 본 적이 있는데 '장국가長國家'라는 세 글자의 해석을 바로 '장익長益'으로 해석하였는바 마침 어떤 책인지 잊어버렸지만 우선 여기에 기록하여 다시 자세히 살펴보기를 기다린다고 하여 일설一說에서의 해설에 대해서는 유보하는 신중한 입장을 보여주고 있다.[110]

한편 이 구절에 대해 관본에서는 '國家에 長ᄒᆞ야'[111]라 하여 퇴계의 해석을 따르고 있고 율곡도 '國家의 長ᄒᆞ야'[112]라 하여 동일한 입장을 보여주고 있다.

(6) 국불이리위리國不以利爲利에 대한 해석

〈원문〉 孟獻子曰: "畜馬乘不察於鷄豚, 伐氷之家不畜牛羊, 百乘之家不畜聚斂之臣, 與其有聚斂之臣, 寧有盜臣." 此謂國不以利爲利, 以義爲利也. 長國家而務財用者, 必自小人矣. 彼爲善之,

109) "卿大夫士, 一家之長也, 天子諸侯, 一國之長也, 細而長一家, 大而長一國."
110) 『전서』 3, 192쪽 하우.
111) 『대학언해』, 32전.
112) 『율곡대학언해』, 31전.

小人之使爲國家, 災害並至. 雖有善者, 亦無如之何矣! 此謂國不以利爲利, 以義爲利也. (전 10장)

먼저 퇴계는 상장上章에 대해서는

'國은 利로(써) 利를 삼디 아니ᄒᆞ고 義로(써) 利를 사므미니라'

의 해석을[113], 하장下章에 대해서는

'國은 利로써 利를 삼고 의로써 이를 삼디 아니호미니라'

의 해석을 제시한다. 이 양장의 설을 살펴보면 상장은 의義를 위주로 말하여 '의로써 이익을 삼는다'는 뜻으로 순결順結하였고, 하장은 이익으로 삼는 데서 오는 해를 주로 말하여 '반드시 의로써 이利를 삼아야 한다'는 뜻으로 반결反結하였는데 말에 순결과 반결의 차이는 있지만 그 뜻은 같다고 파악한다. 그런데 해석하는 사람이 아래 장에서 말한 '의로 이利를 삼지 않는다'는 뜻만을 보고 그 결어가 같지 않을 것이라고 의심하고 억견을 내어 위 구절의 '불不'자를 가져다가 아래의 '의로써 이를 삼는다'는 뜻에다 합하여 그렇게 해석한 것이라고 본다. 만일 이 말대로라면 그 글은 당연히 '이를 일러 나라는 이利로써 이利를 삼고 의로써 이利를 삼지 않는다(此謂國以利爲利, 不以義爲利也)'고 할 것이지 어찌하여 '불不'자를 '이리以利' 위에 썼겠는가고 반문하고 이는 전혀 문리가 되지 않으니 가소롭다고 비판하면서 이제 마땅히 위장에서 해석한 것과 같이 해야 한다고 주장한다.[114]

---

113) 이 조목의 앞부분에 上章의 해석이 따로 더 있음. ( )부분만 더 첨부되었음.

한편 관본은 이 문장에 대해 '이 닐온 나라흔 利로써 利를 삼디 아니ᄒᆞ고 義로써 利를 삼오미니라'(상장, 하장 동일)[115]라고 하여 퇴계의 설을 수용하였으며, 율곡은 '이 닐온 國은 利로써 利를 삼디 아니코 義로써 利를 삼오미니라'(상장)[116]와 '이 닐온 國은 利로써 利를 삼디 아니코 義로써 利를 사믈거시라 호미니라'(하장)[117]라고 하여 거의 동일하게 해석하였다.

2) 『중용』에 대한 견해

퇴계의 『중용석의』에서는 『중용』의 전체 33장에 대해서 모두 기술하였으며 그중 총 209조에 대해 자신의 견해를 밝히고 있다. 이 중 대표적으로 네 구절(12장, 20장, 21장, 25장)에 대한 퇴계의 견해를 살펴보기로 한다.

(1) 비은費隱에 대한 해석

〈원문〉 君子之道費而隱.(12장)

퇴계는 이에 대해

---

114) 『전서』 3, 192쪽 하단. "按此兩章之說, 上章主言義而順結所以以義爲利之意, 下章主言爲利之害而反結必須以義爲利之意. 語有順反, 意則一也. 釋者徒見下章上文所言非以義爲利之意, 逆疑其結語不類, 乃曲生臆見, 挾取上句不字下合於以義爲利之意釋曰云云. 苟如此說其文當曰, 此謂國以利爲利, 不以義爲利也. 何故不字在於以利之上乎? 此全不成文理可笑, 今當依上章所釋."

115) 『대학언해』, 31후~32전.

116) 『율곡대학언해』, 30후~31전.

117) 같은 책, 31후.

'費ᄒᆞ고 隱ᄒᆞ니라'와 '費호대'[118]

의 두 가지 해석을 하고 있으며, 관본에서도 '費호대 隱ᄒᆞ니라'라 하여[119] 퇴계와 같은 입장을 보이고 있다. 그러나 율곡은 '費코 隱ᄒᆞ니라'라 하여[120] 퇴계와 관본이 비費와 은隱을 이원적二元的으로 보는 경향이 있는 데 비하여 율곡은 비費와 은隱의 일원성一元性을 주장하는 철학적 배경을 엿볼 수 있다.

퇴계는 이기설에 있어서 "이理자는 알기 어려운 것이다…… 음양오행과 만물만사의 근본이 되나 음양오행과 만물만사의 가운데 얽매이지 않으니 어찌 기氣와 섞여서 일체가 됨이 있겠는가"[121]에서 보는 바와 같이 이理의 초월성을 강조하나, 율곡은 "원기元氣는 어디에서 비롯되는가. 무형無形은 유형有形에 있네"[122]라 하며 또한 비와 은을 해명하여 "이理가 사물에 산재散在하여 그 당연한 것은 아비에 있어서는 자慈가 되고…… 신하에 있어서는 충이 되는 유이니 이른바 비費이며 용用이다. 그 소이연所以然인즉 지극히 은밀한 것이 존재하니 이것은 그 체이다. 이理는 물물物物로써 말하고 도는 유행으로써 말하는 것이니 그 실은 하나일 뿐이다"[123]라 하여 이理 또는 은隱의 내재성을 강조하고 있는 것이다. 이것은 다만 경서의 훈해상訓解上의 차이만이 아니라 경학사상사의 중요한 면모를 보여주고 있는 것이라고 하겠다.[124]

---

118) 『퇴계전서』 3책(『중용석의』), 194쪽 상좌.

119) 『중용언해』, 9후.

120) 『중용율곡언해』, 9후.

121) 『퇴계집』 권16, 46후. "所謂理字難知者.……能爲陰陽五行萬物萬事之本, 而不囿於陰陽五行萬物萬事之中, 安有雜氣而認爲一體看作一物耶?"

122) 『율곡전서』 권10, 22전('理氣詠呈牛溪道兄'). "元氣何端始. 無形在有形."

123) 『율곡전서』 권20(『성학집요』 2). "理之散在事物, 其所當然者, 在父爲慈…在臣爲忠之類, 所謂費也用也. 其所以然者則至隱存焉, 是其體也. 理以物物而言, 道以流行而言, 其實一而已矣."

(2) 수도이인修道以仁에 대한 해석

〈원문〉 故爲政在人, 取人以身, 修身以道, 修道以仁.(20장)

먼저 퇴계는 이 구절에 대해 두 가지 설을 제시하고 있다.

> 道를 修호대 仁으로써 홀디니라
> 道를 修ᄒᆞ야 써곰 仁에 홀디니라

이 두 가지 설 중 퇴계는 마땅히 전설前說을 따라야 한다고 주장한다. 이에 대한 퇴계의 해설은 다음과 같다. 즉 후설後說은 '위정이덕爲政以德'[125]의 해석에서 '덕德에'라고 하는 것과 동일한 설이라는 것이다. 이 설을 주장하는 사람은 『중용장구中庸章句』에서 '인仁'자를 해석하여 말하기를 "천지가 만물을 낳는 마음으로서 사람이 얻어서 사는 것이니 이른바 원元은 선善의 장長이다(天地生物之心, 而人得以生者, 所謂元者善之長也)"라는 것을 보고 생각하기를, 이 인仁자는 곧 오로지 전체의 인을 말한 것이니 만일 '인으로써'라고 해석하면 공부工夫와 계교計較에 관계되어서 전체 자연의 인을 해칠까 두려우므로, 이에 이 설을 천착하여 인체仁體의 혼전渾全함이 힘으로 할 수 없는 것을 보고 글이 거슬리고 뜻이 어그러지는 것을 돌아보지 않은 것이라고 설명한다. 이에 퇴계는 소주에서 주자가 '도道는 의리공공義理公共의 명칭이며, 인仁은 인심人心의 친절親切한 묘妙(道是義理公共之名, 仁是人心親切之妙)'라 하고, 진씨眞氏가 '도에 뜻을 두고 다른 것에 마음이 가지 않으면 향할 바를 아는 것이니 인仁은

124) 유승국, 『사서율곡언해』 해제, 11~12쪽.
125) 『논어』, 「위정」.

귀숙歸宿하는 곳이요 용공用功의 친절한 곳'[126]이라 한 말을 들고, 만일 다만 수도修道라고 말하면 공공公共의 의리는 넓어서 끝이 없어 머무를 데가 없으므로 '인으로써(以仁)'라고 말하면 이는 인심의 친절한 묘와 용공用功의 귀숙하는 곳을 곧 가리켜서 수도의 경우를 삼는 것이니, 인은 수도의 효과가 아니고 도는 인을 행함으로 얻는 것이 분명하다고 한다. 이렇다면 '인으로써'의 설도 불가함이 없다는 것이다. 이에 진씨가 장구의 '인기신仁其身' 세 글자가 정묘함을 찬탄하고 '수신이도, 수도이인修身以道, 修道以仁' 여덟 자를 포괄하였다고 한 뜻을 알 수 있다고 하였다.[127]

한편 관본에서도 '道를 닷고대 仁으로써 홀디니라'[128]라고 하여 퇴계설과 같이 해석하였고, 율곡본에서도 '道를 修호대 仁으로써 홀디니이다'[129]라 하여 같은 견해를 보이고 있다. 다만 애공哀公이 정사를 물은 것에 대해 퇴계와 관본은 평어체로 하였으나 율곡본은 존대어로 서술한 것이 차이점이나 내용에는 다른 점이 없다.

(3) 자성명自誠明에 대한 해석

〈원문〉 自誠明, 謂之性, 自明誠, 謂之敎. 誠則明矣, 明則誠矣.(21장)

이에 대해 퇴계는 여러 각도에서 다양하게 해석하고 있다. 제설을 들면 다음과 같다. 먼저 퇴계는 '誠으로 自ᄒᆞ야 明호믈 性이라 니ᄅᆞ고 明으로 自ᄒᆞ야 誠ᄒᆞ요믈 敎ㅣ라 니ᄅᆞᄂᆞ니 誠ᄒᆞ면 곧 明ᄒᆞ고 明ᄒᆞ면 곧 誠

126) "志乎道而弗他, 知所向矣. 仁則其歸宿之地, 而用功之親切處也."
127) 『중용석의』 195쪽 상우.
128) 『중용언해』, 26후.
129) 『율곡중용언해』, 26전후.

ᄒᆞᄂᆞ니라'를 제시하고 다시

'誠ᄒᆞ리라'

를 옳다고 보고 있다. 그리고 혹설로서 '誠을 自ᄒᆞ야'와 '誠인즉'을 들고 이들 혹설은 공부의 혐의를 피하기 위하여 말한 것인데 비록 큰 해는 없지만 매우 구애되었다고 평가한다. 또 '誠ᄒᆞᆫ거ᄉᆞᆯ 사마 明ᄒᆞᆯᄉᆞᆯ 닐온 性이오, 明ᄒᆞ요므로 사마 誠ᄒᆞᄂᆞ니'를 들고 퇴계는 제설이 모두 온당하지 않은 것 같다고 하고 마땅히,

'誠으로 自ᄒᆞ야'

라고 해야 한다고 주장한다.130)

한편 관본은 이에 대해 '誠으로 말매아마 明홈을 性이라 닐ᄋᆞ고 明으로 말매아마 誠홈을 教ㅣ라 닐ᄋᆞᄂᆞ니 誠ᄒᆞ면 明ᄒᆞ고 明ᄒᆞ면 誠ᄒᆞᄂᆞ니라'131)하여 퇴계설을 따른 반면 율곡은 '誠으로브터 明ᄒᆞ니를 性이라 니ᄅᆞ고 明으로브터 誠ᄒᆞ니를 教ㅣ라 니ᄅᆞᄂᆞ니 誠ᄒᆞ면 明ᄒᆞ고 明ᄒᆞ면 誠ᄒᆞᆯ디니라'132) 하여 '자自'자를 퇴계는 주자설에 따라 '유由'의 뜻으로 보고 있으나 율곡은 '~으로부터'의 뜻으로 다르게 해석하고 있다.

(4) 합내외合內外에 대한 해석

130)『전서』3, 195쪽 상좌~하우.
131)『중용언해』, 37후~38전.
132)『율곡중용언해』, 37후~38전.

〈원문〉 誠者非自成己而已也, 所以成物也. 成己, 仁也, 成物, 知也. 性之德也, 合內外之道也, 故時措之宜也.(25장)

이 구절에 대해 먼저 퇴계는 '內外ㅣ合한 道ㅣ니'의 해석을 들고 다음과 같이 설명하고 있다. 즉 이 설의 뜻은 성기成己와 성물成物의 극치는 수위修爲를 빌리지 않으므로 '內外ㅣ合한'이라고 하였고 『장구』의 '오성지고유, 이무내외지수吾性之固有, 而無內外之殊'의 말에 근거하더라도 성誠을 드러내는 설로 여긴다면 이 설이 합당한 것 같으나 소주小注에서 주자가 '능히 내외를 합한 도(能合內外之道)'라고 하였고, 쌍봉요씨雙峰饒氏도 '내외를 합하여 하나가 되는 도리(合內外而爲一底道理)'라고 하였으며 신안진씨도 '내외를 합한다(合內與外)'고 하였으니 이런 여러 가지 설들을 종합해 볼 때 닦아서 하는 것을 빌리지 않고 내외가 저절로 합한다고는 말할 수 없다는 것이다. 그리고 하물며 이 장은 사람의 도는 명明으로부터 성誠하는 자의 일을 말한 것이니 '내외합內外合'이라 말하지 않고 '합내외合內外'라고 하였겠느냐고 반문한 뒤 이 구절은 마땅히,

'內外를 합훈 道ㅣ라'

라고 해야 한다고 주장한다.[133]

이에 대해 관본은 '內外를 합한 道ㅣ니'[134]라고 하여 퇴계설을 따르고 있으며, 율곡본은 '內外의 道를 合호미니'[135]라고 하여 퇴계와 관본이

133) 『전서』 3, 195쪽 하우. "今按此說之意, 以謂成己成物之極致不假修爲, 故曰內外ㅣ合훈. 據章句無內外之殊之言, 亦似作見誠說, 則此說似當. 然小註朱子有能合內外之道之云, 饒雙峯有合內外而爲一底道理之言, 陳新安亦曰, 合內與外. 幷是數說而觀之, 豈都不假修爲而內外自合之謂乎? 況此章言人道固是自明而誠者之事, 且不曰內外合而合內外耶? 當云內外를合훈道ㅣ라, 復何疑乎?"

134) 『중용언해』, 41후.

'내외內外'를 목적어로 본 것과 달리 '내외지도內外之道'를 목적어로 보고 있다.

이 밖에 『중용』의 작자에 대해서 주자는 자사라고 주장했으나[136] 작자 문제에 대해서는 역대로 논란이 많다. 특히 『중용』 본문에 실려 있는 구절을 가지고 자사가 살던 시기에 저술된 것이 아니라는 주장이 있는 바 그들이 예로 드는 대표적인 구절이 '거동궤車同軌'이다. 이를 토대로 중용은 진시황이 천하를 통일한 이후의 작이라고 주장하는 것이다. 그러나 퇴계는 자사의 때는 전국시대로서 분열하는 때인데 '거동궤'라고 한 것은 반드시 대강으로써 주나라의 혼일천하混一天下를 말한 것이라고 설명한다.[137]

3) 『논어』에 대한 견해

퇴계는 『논어석의』에서는 총 173장에 대해서 자신의 의견을 개진하고 있다. 그 중 문제시될 만한 몇 장을 퇴계의 설을 중심으로 고찰해보기로 한다.

퇴계의 경서 관련 언급 중에서는 제 경서 중에서도 특히 『논어』에 대한 언급이 많다.[138] 퇴계의 『논어』에 대한 관심은 12세에 비롯되었는데 그는 이때에 숙부 송재 이우로부터 논어를 처음으로 배우게 된다.[139]

---

135) 『중용율곡언해』, 41후.
136) 주자, '중용장구서' 1전.
137) 『전서』 3(『중용석의』), 196쪽 상우.
138) 『퇴계언행록』에는 『논어』에 관한 것이 '학문'편(권1)에 2조(이안도: 1전, 김성일록: 1전), '독서'편에 1조(이덕홍록: 4후)가 수록되어 있으며 '講辨'편(권2)에 이덕홍록 1조(2전~3전), 논어강록 14조(3전~6전)가 실려 있다.
139) 『퇴계언행록』(類編) 권1, 1전('학문', 김성일록), 4후('독서', 이덕홍록). 이 밖에 『퇴도선생언행통록』('연보' 상)권6, 2후~3전 및 같은 책, 권2, 1전 참조.

그래서 『논어』의 '이理'자를 모든 일의 옳은 것이냐고 송재에게 물어 이미 글 뜻을 안다고 칭찬을 받기도 한다.[140]

이하에서는 『논어』에 대한 퇴계의 견해를 살펴보도록 한다.

(1) 위정이덕爲政以德에 대한 해석

〈원문〉 子曰: "爲政以德, 譬如北辰居其所而衆星共之."(「위정爲政」)

이 장에 대해 퇴계는 세 가지의 해석을 들고 있다.

> 政을 호대 德으로써 호미
> 政을 쓰대 德에 홈이
> 政을 호대 써곰 德에 호미

이 세 가지 해석에 대하여 특히 소주小註의 '이以자에 구애될 필요가 없다(不必泥以字)'는 말로 인하여 마음을 두는 데 관계될까 두려우므로 아래 2조의 설(2, 3조)이 있게 되었다고 퇴계는 설명한다. 그러나 비록 위의 1조설에 의거하더라도 만일 본뜻을 융통성 있게 파악한다면 유심有心한 데에 관계하지 않을 것이라고 본다. 주자의 뜻은 사람이 '이以'자에 크게 구애되어 오인하여 '용지用之'하는 실자實字로 볼까 두려워하였으므로 '반드시 구애될 것은 아니다(不必泥)'라고 말하였을 뿐 마침내 '이以'자의 어세를 폐하려는 것은 아니라는 것이다. 대개 '이以'자는 스스로 허실이 같지 않음이 있는데, 이 '이以'자를 쓸데없이 드러내어 글을 만들었으나 그 어법은 저절로 완성되어 바꿀 수 없는 것이 있는 것으로 파악된

140) 『퇴계언행록』 권1, 1전('학문', 이안도록).

다.[141]

관본에서는 '政을 호대 德으로써 홈이'[142]라 하여 퇴계의 설을 수용하고 있다. 그러나 율곡의 언해에서는 '政ᄒᆞᄂᆞᆫ이 덕을 써 호미'[143]라 하여 위정爲政을 정사를 하는 사람으로 보아 다르게 해석하고 있다.

(2) 능양能養에 대한 해석

〈원문〉 子游問孝. 子曰: "今之孝者, 是謂能養. 至於犬馬, 皆能有養; 不敬, 何以別乎?"(「위정」)

능양能養에 대한 퇴계의 견해를 살펴보면 다음과 같다. 먼저 퇴계는 1) '能養을 니ᄅᆞᄂᆞ니'와 2) '能養ᄒᆞ야아 ᄒᆞ리라 니ᄅᆞᄂᆞ니'의 두 가지 해석에 대해 하설下說은 크게 이치에 어긋나 변론할 필요가 없으며 상설上說도 또한 만족할 만한 해석은 아니라고 평가하고, 이 구절의 해석은 마땅히,

'是를 닐온 능히 養하요미니'

로 해야 한다고 주장한다. 즉 그 뜻은 '지금의 이른바 효孝라는 것은 능양能養의 효라고 이를 수 있을 뿐이지 진효眞孝는 아니라는 것'이다. 특히 상설에 대해서는 그 해석 그대로 한다면 문법상 당연히 '지금 잘 봉

141) 『전서』 3, 197쪽 상좌. "今按此因小註不必泥以字之言畏涉有心, 故有下二條之說. 然雖依上一條說若活看, 則豈涉於有心乎? 朱子之意恐人太拘以字, 誤認爲用之之實字看, 故云不必泥耳. 非欲遂廢以字語勢也. 蓋以字自有虛實不同, 此以字虛著爲文, 而其語法自有見成不易者. 今人不顧文理而曲爲鑿說每如此, 非小病也."
142) 『논어언해』 권1, 9後.
143) 『율곡논어언해』 권1, 9後.

양하는 것을 사람들이 효라고 여긴다(今之能養者, 人以爲孝也)'라고 해야 하며 '지금의 효라는 것은 잘 봉양함을 이른다(今之孝者, 是謂能養)'라고 말할 리 없다고 설명한다. 이에 퇴계는 '뜻(意)이 비록 그다지 서로 멀지 않더라도 말은 호리毫釐의 차이가 있다'고 해석의 엄정성에 대해 강조하고 있다. 따라서 이 장에서는 '자者'자와 '시위是謂'자를 자세히 완미하면 바른 뜻을 안다는 것이다.[144)]

한편 관본에서는 '이 닐온 能히 養홈이니'[145)]라 하여 퇴계설을 충실히 수용하였고, 율곡은 '이 能히 養호믈 니ᄅᆞᄂᆞ니'[146)]라 하여 퇴계가 취하지 않는 설로써 해석하고 있다.

(3) 퇴이성기사退而省其私에 대한 해석

〈원문〉 子曰: "吾與回言終日, 不違如愚. 退而省其私, 亦足以發. 回也不愚."(「위정」)

이에 대해 퇴계는 두 가지 설을 들고 있다. 즉 1) '退커늘 其私를 省호니'(前說), 2) '退ᄒᆞ야 그 私애 省ᄒᆞ야'(後說)이다. 주자는 소주小註에서 '夫子가 물러가 顔子의 사생활을 살펴본 것이다'(주자 전설)고 하였는데 그렇다면 마땅히,

'退ᄒᆞ야 그 私를 省호니'

144) 『전서』 3, 197쪽 상좌~하우.
145) 『논어언해』 권1, 13전.
146) 『율곡논어언해』 권1, 12후.

로 해석해야 한다고 퇴계는 주장한다. 그리고 또 주자는 '물러난다는 것은 부자가 물러난다는 것이 아니라 바로 안자가 물러간다는 것이다'(주자 후설)라고도 하였는데 그렇다면 마땅히

'退커든 그 私를 省혼댄'

이라 해야 한다고 퇴계는 본다. 즉 이 구절에는 주자의 양설이 있는 바 퇴退자에 대하여는 전후설의 차이는 있지만 성省자는 모두 부자가 살핀다는 것이다. 그런데 상기의 두 설은 전후가 도치될 뿐만 아니라 후설의 '私애 省ᄒᆞ야'는 곧 성省자를 안자가 성찰하는 것으로 본 것이니 모두 틀린 것이라고 해석한다.[147]

한편 관본에서는 '退커든 그 私를 省혼대'[148]라고 하고 율곡본에서는 '退ᄒᆞ야 그 私를 省혼댄'[149]이라 하여 퇴계의 양설을 각각 취하고 있다.

(4) 불이기도득지不以其道得之에 대한 해석

〈원문〉 子曰 : "富與貴是人之所欲也, 不以其道得之, 不處也 ; 貧與賤是人之所惡也, 不以其道得之, 不去也."(里仁)

위 문장에서는 아래 구절의 '불이기도득지불거不以其道得之不去'에서 '得之라도'라고 토를 다는 것이 일반적인 견해이다. 그러나 퇴계는 여기서 '라도'라는 토는 매우 이치에 해로우니 마땅히 '得之어든'이라고 해야 한

147) 『전서』 3, 197쪽 하우.
148) 『논어언해』 권1, 13후~14전.
149) 『율곡논어언해』 권1, 13후.

다고 주장한다. 즉 여기의 두 도道자는 선악善惡의 차이가 있으니 부귀의 도는 선도善道이므로 '그 도로써 얻은 것이 아니면 머무르지 않으니' 이는 반드시 선도善道로 얻으면 머무를 수 있다는 것을 말한 것이며, 빈천의 도는 악도惡道이므로 '그 도로써 얻은 것이 아니면 떠나지 않으니' 이는 만일 악도로써 얻으면 반드시 떠난다는 것을 말한 것이다.

이에 퇴계는 다음과 같이 예를 들어가며 자세히 설명하고 있다. 군자는 몸을 닦고 도를 지켜 대인大人의 덕이 갖추어지는 것이니 천작天爵이 따르는 것이 마땅하다. 그러나 불행하게도 빈천하게 되면 이는 나에게는 빈천해야 할 도가 없는데도 빈천한 것이니 이와 같은 경우에는 마땅히 편안히 여겨 떠나지 않는다. 안연과 원헌이 그런 경우이니 이른바 '不以其道得之어든 不去'이다.[150)]

만일 '不以其道得之라두'라고 읽는다면 이는 군자가 빈천에 대하여 그 도로써 얻지 않은 것이라도 떠나지 않을 뿐만 아니라 비록 내가 도박, 사치, 싸움, 음란 등 빈천을 취할 만한 도를 하여 빈천해도 떠나지 않고 핑계대기를 '나는 빈천을 편안히 여기고자 한다'고 한다면 되겠는가고 반문한다. 이 구절을 해설하는 자가 『집주』의 '군자지심부귀, 이안빈천야여차(君子之)審富貴, (而)安貧賤(也如此)'이라는 말만을 보고서 군자는 빈천에 대해서 그것을 얻게 된 이유에 대하여는 따지지 않고 모두 편안히 여기는 것이라는 설을 함부로 하여 사람들을 그르친 것이라는 것이다. 이에 퇴계는 진실로 이와 같다면 세상의 집안을 망하게 하고 몸을 잃기까지 하는 무뢰배가 모두 빈천을 편안히 여기는 군자냐고 반문하고

---

150) 『전서』 3(『論語釋義』) 198쪽 상좌~하우. "今按라두之吐甚害理, 當云得之어든. 蓋此兩道字有善惡之異. 富貴之道是善道, 故不以其道得之不處也. 言必以善道得之方可處也. 貧賤之道是惡道, 故不以其道得之不去也. 言若以惡道得之, 在所必去也. 君子修身守道, 大人之德備, 是宜天爵從之, 不幸而貧賤焉, 是我無貧賤之道而得貧賤, 如此者當安之而不去, 顏淵原憲是也. 所謂不以其道得之어든不去也."

있다.151)

여기서 참고로 본 구절에 대한 다산 정약용의 견해를 살펴보도록 한다. 먼저 고주古注인 하안何晏의 견해를 보면 "시時에는 비태否泰가 있으므로 군자가 도를 행하더라도 도리어 빈천한 경우가 있다. 이것은 그 도로써 얻은 것이 아니다. 비록 사람이 싫어하는 바이지만 어기어 버려서는 안 된다"152)라고 하였고 주자도 이에 동조하여 "불이기도득지不以其道得之는 마땅히 얻지 않아야 할 것인데 얻은 것을 말한다. 그러나 부귀에는 처하지 않고, 빈천에는 버리지 않으니 군자가 부귀에 살피고 빈천에 편안함이 이와 같다"153)라고 하여 빈천은 정당한 방법으로 얻은 것이 아닐지라도 버리지 않는 것으로 해석하였다. 이에 대해 이 문장에서의 두 번째 구절의 해석에 다산은 이의를 제기한다. 다산은 진실로 이와 같다면 군자는 마침내 빈천을 떠날 날이 없을 것이라고 하면서, 한번 빈천하여지면 오직 떠나지 않는 것으로 법을 삼아 도인지 도가 아닌지를 묻지 않으니 어찌 군자의 시중지도時中之道이겠는가고 반문한다. 이에 다산은 이 문장을 기존의 해석과는 전혀 다른 새로운 각도에서 해석한다. 즉,

> 부귀는 사람이 바라는 바이나 그 도로써 처하지 않으면 처하지 아니하며, 빈천은 사람이 싫어하는 바이나 그 도로써 버리지 않으면 버리지 않는다. 득得은 성사成事의 뜻이니 빈천을 버린다는 것도 또한 성사成事이다.154)

---

151) 위와 같음.

152) 『論語古今注』 권2, 14전. "何曰, 時有否泰, 故君子履道而反貧賤. 此則不以其道而得之, 雖是人之所惡, 不可違而去之"

153) 『四書集注』 70쪽(중화서국본). "不以其道得之, 謂不當得而得之. 然於富貴則不處, 於貧賤則不去, 君子之審富貴而安貧賤也如此"

154) 『古今注』 권2, 13후~14전. "補曰, 富貴人所欲也, 然不以其道得處之, 則弗處也. 貧賤,

라 하여 오직 정당한 방법으로 버리는 것이 아니라면 버리지 않는다고 해석했다. 즉 다산은 부귀는 득처지도得處之道로 빈천은 득거지도得去之道로 본 반면 주자는 둘 다 득지지도得之之道로 보아 그 해석이 크게 달라졌다. 따라서 다산설을 뒤바꿔 해석한다면 부귀는 정당한 방법으로 얻으면 처하고 빈천도 정당한 방법으로 버린다면 버린다는 것이 된다. 종래에는 정당한 방법으로 얻지 않았더라도 버리지 않는다고 해석하여 빈천에 안주하는 경향이 있게 되었는데 다산은 정당한 방법으로 버릴 수 있으면 버린다고 하여 다산의 진취적인 사상을 여기에서도 간취할 수 있다.

이 문장에 대한 제구결諸口訣을 비교해 보면 다음과 같다.

○ 官本諺解: 不以其道로 得之라도 不去也이니라[155]
○ 退溪釋義: 不以其道得之어든 不去也이니라[156]
○ 栗谷諺解: 不以其道得之라도 不去也이니라[157]
○ 茶山: 不以其道得之면 不去也이니라

이상에서 살펴보면 관본과 율곡언해는 동일하게 해석하였으나 퇴계는 이들과 다르게 해석하였음을 알 수 있다.

(5) 언성여천도言性與天道에 대한 해석

人所惡也, 然不以其道得去之, 則弗去也. 得者, 成事之意, 去貧賤亦成事也" 또 같은 책, 권2, 14후에서는 得字에 대해 "得者, 成事之意, 不必有所獲而後謂之得"이라 하고 그 예로 "居位曰得居其位, 去疾曰得去其疾, 宜如是看"을 들고 있다.

155) 『논어언해』 권1, 34전후(경진신간 내각장판본).

156) 『전서』 3(『論語釋義』), 198쪽.

157) 『사서율곡언해』 33쪽(『논어언해』 권1, 33전후)(서울: 成均館大學校 養賢齋, 1976).

〈원문〉 子貢曰: "夫子之文章, 可得而聞也, 夫子之言性與天道, 不可得而聞也."(「공야장」)

이 장에 대해 퇴계는 '子의 言ᄒᆞ신 性과 다ᄆᆞᆺ 道ᄂᆞᆫ 可히 시러곰 듣디 몯ᄒᆞ얏ᄯᅡᆼ이다'는 해석에 대해 이는 원의에 가까운 것 같지만 아직 온당하지 못한 것이 있다고 전제한다. 즉 이는 대개 자공이 비로소 듣고 탄식하기를 '문장은 진실로 학자가 들을 수 있지만 성性과 천도天道는 학자가 들을 수 없는 것이 있다'고 하였으니 여기서 들을 수 있는 것과 들을 수 없는 것은 모두 자공의 듣고 듣지 못함이 아니라 바로 다른 학자의 듣고 듣지 못함이라는 것이다. 자공은 오직 이미 들을 수 있었으므로 학자가 쉽게 들을 수 없는 것을 알아서 이 탄성을 발한 것일 뿐이니, 만일 자기가 일찍이 듣지 않았다면 어떻게 들을 수 있고 들을 수 없는 것을 알겠느냐고 반문하고 있다. 퇴계가 생각하기에 상기의 해석은 두 개의 '문聞'자를 모두 자공의 '문聞'자로 여긴 것 같고 또 '가可'자의 뜻을 이해하지 못한 것이니 이 설은 잘못된 것이라고 파악한다.158)

따라서 퇴계에 의하면 본 문장의 해석은 다음과 같다.

子의 性과 다ᄆᆞᆺ 道를 言ᄒᆞ샤믄 可히 시러곰 聞티 몯ᄒᆞ리라.

이에 주자가 여백공呂伯恭에게 답한 편지를 예로 들어159) 문聞은 자공의 문聞이 아님을 거듭 밝히고 있다.

---

158) 『전서』 3(『논어석의』), 198쪽 하단좌. "子의言ᄒᆞ신性과다ᄆᆞᆺ道ᄂᆞᆫ可히시러곰듣디몯ᄒᆞ얏ᄯᅡᆼ이다. 今按此說近之而有未穩. 蓋子貢始得聞之而歎曰, 文章固學者所可聞, 性與天道學者有不可得而聞者. 是可得聞不可得聞, 皆非子貢之聞不聞, 乃他學者之聞不聞. 子貢惟能已得聞之, 故能知學者之未易得聞而發此歎耳. 若已未曾聞之, 何以知學者之可聞與不可聞邪? 說者之意似以兩聞字, 皆爲子貢之聞, 又不會可字意爲此誤說."

159) "性與天道不可得聞, 而但是聞者未易解耳. 聖賢之言固無所不盡云云"

한편 관본에서는 '夫子의 性과 다뭇 天道를 닐ᄋᆞ샤믄 可히 시러곰 드디 몯홀이니라'[160] 하였고, 율곡본에서는 '夫子의 性과 다뭇 天道言ᄒᆞ샤믄 可히 시러곰 듯디 몯홀디니라'[161]하여 퇴계의 해석과 동일하게 해석하고 있다.

(6) 동용모動容貌에 대한 해석

〈원문〉 曾子言曰: "……君子所貴乎道者三, 動容貌, 斯遠暴慢矣……"(태백)

이에 대해 퇴계는 먼저 세 가지의 설을 들고 있다. 즉 존양할 때와 성찰할 때, 평시함양平時涵養의 설로 나누어 보는 것인데 첫 번째 설에 의하면 '貌를 動애 慢이 遠ᄒᆞ리며'로, 두 번째 설에 의하면 '貌를 動ᄒᆞ면 慢이 遠ᄒᆞ리며'로 해석되며, 세 번째 설에 의하면 '慢을 이에 멀리ᄒᆞ며'로 해석된다. 그러나 퇴계는 평시의 함양은 곧 존양이어서 두 가지 일이 아니므로 세 가지 설은 두 가지 설일 뿐인데, 다만 이 장에서는 공부의 효험으로써 각각 주註의 뜻을 따라 말할 수 있을 뿐 존양할 때라든가 성찰할 때로 나누어서 두 가지 설로 하는 것은 불가하다는 입장을 표명하고 있다. 대개 존양은 정靜에 속하고 성찰은 동動에 속하는 것인데 이 세 조는 모두 움직일 때의 일로서 고요할 때의 일을 포함하여 그 가운데에 있을 뿐이라고 본다. 이에 김인산金仁山이 동動(容貌), 정正(顔色), 출出(辭氣)하는 사이가 존양하는 머리가 된다고 한 것이 다름이 아니라 동, 정, 출할 때 이미 동하여 존양할 때가 아니므로 혹은 동하고 혹은 정하고 혹

160) 『논어언해』 권1, 49전.
161) 『율곡논어언해』 권1, 47후.

은 출하는 사이가 정靜하는 때가 된다고 말한 것이라고 한다. 그렇다면 어찌하여 존양을 따로 실마리로 삼아 삼언三言에 붙여서 성찰과 대립하여 말하였는가. 대개 공부설로 하면 말이 성찰을 주로 하여 존양의 공이 그 사이에 번갈아 들어 마땅히,

'貌를 動ᄒᆞ욤애 이애 慢을 멀리ᄒᆞ며'

라고 해석함이 옳으며, 만일 효험설로 하면 존양과 성찰이 모두 삼언三言의 앞에 있고 이것은 특히 그 이루어진 효험이니 진씨陳氏의 '삼언三言의 밖에 뜻을 일으킨다(三言之外起意)'는 것이 이것이므로 마땅히,

'貌를 動호매 이에 慢이 遠ᄒᆞ며'

라 해도 가하다고 주장한다.162)

관본에서는 '容貌를 動ᄒᆞ욤애 이예 暴慢을 멀리ᄒᆞ며'163)라 하고 율곡본에서도 '容貌를 動호매 이에 暴慢을 멀리ᄒᆞ며'164)라 하여 퇴계의 양설을 각각 수용하고 있다.

(7) 질부사왈욕지疾夫舍曰欲之에 대한 해석

〈원문〉 孔子曰: "求! 君子疾夫舍曰欲之, 而必爲之辭……"(계씨)

---

162) 『전서』 3, 200쪽 상단.
163) 『논어언해』 권2, 33전.
164) 『율곡논어언해』 권2, 32후.

이에 대해 퇴계는 먼저 두 가지 설을 제시한다. 즉 1) '버서닐오ᄃᆡ 子ㅣ 欲ᄒᆞᄂᆞ니라ᄒᆞ고 반ᄃᆞ시 호려ᄒᆞᄂᆞᆫ 辭를 疾ᄒᆞᄂᆞ니라'와 2) '欲디 아니ᄒᆞ노라ᄒᆞ고 반ᄃᆞ시 호려ᄒᆞᄂᆞᆫ 辭를 疾ᄒᆞᄂᆞ니라'인바 이에 퇴계는 이 두 설은 천착이 너무 심하여 문리에 맞지 않으니 마땅히,

子ᄂᆞᆫ 欲ᄒᆞ노라 니르디 아니코 반ᄃᆞ시 辭ᄒᆞᄂᆞ니를 疾ᄒᆞᄂᆞ니라

라고 해야 한다고 주장한다. 여기서 '사왈舍日'은 '불왈不日'과 같고 '욕지欲之'는 자기가 하고자 하는 것이며 '필위지사必爲之辭'는 반드시 말을 꾸며대어 스스로를 면하려는 것이라고 설명한다. 즉 사람이 자기가 하고 싶은 일에 대해서 자기가 하고자 한다고 말하지 않고 반드시 꾸며대어 책임을 면하려는 자를 군자는 미워한다는 것이다. 대개 그 뜻은 자기가 하고 싶어 하는 것을 숨기는 염구冉求를 깊이 책망하는 것이지만 말의 뜻이 혼후渾厚하여 마치 군자가 그런 사람을 미워함이 이와 같다는 것을 범연泛然히 말한 것 같다.

이제 만일 이 설을 해석하는 자가 이는 공자가 바로 염구를 꾸짖기를 '군자는 네가 자기의 죄를 벗어나려고 계씨가 하고자 하는 것이라고 하면서, 실은 네가 반드시 이 일을 하고 싶어서 이 말을 하는 것을 미워한다'고 한다면, 이는 성인의 말투는 결코 이와 같지는 않은 것으로 지나치게 문리에 맞지 않고 사리에도 어긋난 것이라고 한다. 1번 설을 주장하는 사람의 의도를 살펴보면 위 문장의 '부자夫子가 하고자 한다欲之'는 말을 보고서 드디어 여기의 '욕지欲之'도 위 문장의 '욕지欲之'와 같이 계씨를 가리켜서 말한 것으로 보고 이런 잘못된 견해를 주장한 것이라고 파악한다.165)

그리고 2번 설은 '욕지欲之'의 '욕欲'이 계씨의 욕欲이 아니라는 것을 알

기는 하였으나 '필위지必爲之'의 '위爲'자를 염구가 반드시 전유를 정벌하는 일을 한다는 '위爲'로 여겼다. 또 '사辭'자를 위 문장의 염구가 응대한 말로 여겼으니 이는 '위지사爲之辭'라는 세 글자가 다만 말을 꾸민다는 뜻임을 모른 것이니 1번 설과 같이 잘못된 해석이라고 규정한다.[166]

한편 관본에서는 '君子ᄂᆞᆫ 欲ᄒᆞ노라 닐으디 아니코 반ᄃᆞ시 辭ᄒᆞ욤을 疾ᄒᆞᄂᆞ니라'[167]라 하고, 율곡본에서는 '君子ᄂᆞᆫ 欲ᄒᆞ노라 니ᄅᆞ디 아니코 구태여 辭호믈 아쳐ᄒᆞᄂᆞ니라'[168]라고 하여 퇴계가 '辭ᄒᆞᄂᆞ니'라 하여 사람으로 보았으나 두 가지 본은 '辭ᄒᆞ욤(홈)'으로 해석한 차이는 있으나 동일하게 해석하고 있다.

(8) 도청도설道聽塗說에 대한 해석

〈원문〉 子曰: "道聽而塗說, 德之棄也."(양화)

이에 대해서도 퇴계는 먼저 다음과 같은 두 가지 설을 제시하고 있다. 즉 '道를 聽ᄒᆞ고 塗애서 說ᄒᆞ면'과 '道애 聽하고 說에 ᄇᆞᄅᆞ면'으로서, 양설에 대해 퇴계는 모두 그르다고 파악하고 마땅히,

'道애 聽하고 塗애셔 說ᄒᆞ면'

165) 『전서』 3, 202쪽 상좌. "今如此說者, 是孔子直數冉求曰, 君子疾汝自脫己罪, 推托曰, 季氏之所欲, 實則汝必欲爲此事而爲此事也. 是其氣息第然, 意像迫促, 言辭切蹙, 正如勃然鬪狼者之爲. 聖人辭氣之間決不如此, 其文理缺漏側僻亦已甚矣. 竊詳爲前說者, 緣見上文有夫子欲之之語, 遂謂此欲之亦與上文欲之, 同指季氏而言, 所以生此謬曲之說."

166) 『전서』 3, 202쪽 상좌~하우.

167) 『논어언해』 권4, 20후.

168) 『율곡논어언해』 권4, 19후~20전.

이라고 해야 한다고 주장한다. 이는 본래는 길에서 듣고 길에서 말해버려 행하는 데는 뜻이 없는 자니 스스로 그 덕을 버리는 것이라고 설명한다. 그리고 이 네 글자는 반드시 당시의 속어로서 공자가 인용하고 덕을 버리는 것이라는 한마디 말로 단정함으로써 격언이 되었을 것이라고 추정한다.

또 예를 들면 지금 세속사람이 보통 이 네 글자를 말하는 것도 그 본래의 뜻에 의해 말하는 것으로 전혀 오류가 없다. 상기와 같은 잘못된 해석이 생겨난 것에 대한 퇴계의 견해는 다음과 같다. 즉 아마도 이는 『집주』에 '선언善言'이라는 글자가 있는 것으로 인하여 마침내 '도道'자를 '도리道理'의 '도道'로 인정하고, 또 도塗에서 말한다는 것을 사리에 마땅하지 않은 듯하다고 의심하여, 선을 듣고도 행하지 않는 것을 다만 공언空言하는 뜻으로만 해석하고 마침내 '도塗'자를 부회附會하여 호도糊塗한다는 도塗로 해석하여 언설言說에 붙여 『집주』의 '자기의 것으로 하지 않는다'는 뜻에다 연결시켰을 것이라고 추측한다.[169)]

퇴계는 이 두 가지 설 중 상설上說은 도道자를 잘못 해석하고 하설下說은 도 塗자를 잘못 해석하였다고 설명한다. 이에 주자가 조연도趙然道에게 답하는 편지 중 '세상에서 불노佛老의 여습餘習을 도청도설하는 것을 보고서 스스로 얻음이 있다고 한다(視世之道聽塗說於佛老之餘, 而自謂有得者)'와 또 유자징劉子澄에게 답하는 편지 중 '집사가 길에서 어떤 사람에게서 듣고(執事道聽於人)', 그리고 의서醫書 중 '오늘날 침법針法이 전해오지 않았는데 용의庸醫가 도청도설로 시험하는데 용감하다(今世針法不傳, 庸醫道聽塗說, 勇於嘗試)'는 것을 들고 이와 같은 인용처를 볼 때 '도道'를

169) 『전서』 3, 202쪽 하우. "且如今世俗人尋常說此四字, 亦依其本意而稱之了無差誤. 不知自何先儒鑿成怪說. 因註文有善言字, 遂貼認道字爲道理之道, 又疑卽塗而說之似非其事宜, 乃以聞善不行只付之空言之意, 遂附會塗字爲糊塗之塗解作, 只糊付於言說, 以就註文不爲己有之云."

도리로 '도塗'를 도부塗付하는 뜻으로 사용한 곳이 한 곳도 없다고 설명한다.[170]

한편 관본에서는 '道에셔 聽ᄒᆞ고 塗에셔 說ᄒᆞ면 德을 棄홈이니라'[171]라 하여 퇴계설을 충실히 수용하였고, 율곡본에서도 '道애 듣고 塗애 說ᄒᆞ면 德을 棄호미니라'[172]라고 하여 동일하게 해석하고 있다.

4) 『맹자』에 대한 견해

퇴계의 『맹자석의』에서는 총 108장에 대해 자신의 견해를 밝히고 있다. 이 중 일곱 구절(「공손추」 상 2, 「등문공」 하 1, 「이루」 하 2, 「고자」 상 1, 하 1)에 대한 퇴계의 견해를 살펴보기로 한다.

(1) 문왕하가당야文王何可當也에 대한 해석

〈원문〉 (公孫丑)曰: "……且以文王之德, 百年而後崩, 猶未洽於天下, 武王周公繼之, 然後大行. 今言王若易然, 則文王不足法與?" 曰: "文王何可當也?……"(「공손추」 상)

먼저 퇴계는 '文王을 엇뎨 가히 當ᄒᆞ리오'의 해석을 제시하고 이 해석보다는

'文王은 엇뎨 가히 當ᄒᆞ시리오'

170) 『전서』 3, 202쪽 하단.
171) 『논어언해』 권4, 42전.
172) 『율곡논어언해』 권4, 40후.

라고 해석해야 한다고 주장한다. 왜냐하면 이는 맹자가 상商나라 선왕의 후덕이 길이 흘리 문왕이 비록 성덕聖德을 지녔지만 천하에 왕 노릇 할 수 없었다는 뜻을 말하려고 했다는 것이다. 그러므로 먼저 '문왕文王은 어떻게 당하겠는가?'라는 한마디 말을 한 것인데 이는 바로 도치법을 사용한 것으로 『집주』에서 '당當'은 '적敵'과 같다고 하였으니 뜻이 분명하다고 설명한다. 만일 해석한 뜻과 같다면 공손추가 본래 '문왕은 충분히 법할 만한가 어떤가'를 질문했는데 맹자가 어찌하여 갑자기 '적敵', '부적不敵'으로 대답했겠는가고 퇴계는 반문하고 있다. 더구나 공손추의 뜻은 '왕도王道가 만일 그렇게 쉽다면 문왕 같은 성덕으로 어찌 왕 노릇 하지 못할 이치가 있겠는가'라는 것이었고, 맹자는 '문왕이 비록 성덕을 지녔지만 그때는 상商의 천명이 아직 바뀌지 않았으니 문왕이 어떻게 천하를 소유할 수 있었겠는가'라는 뜻으로 대답을 하였다는 것이다. 그래서 '하가당야何可當也'라고 말을 한 것이고 '이래서 어려웠다(是以難也)'고 맺은 것이니 이는 어세가 문답의 시작과 끝맺음의 사이에 관통하고 상응한다. 만일 이 해석과 같이 한다면 이는 맹자가 공손추에 대답하지 않고 갑자기 한 구절로써 문왕의 덕을 찬양한 것이 되니 이는 군더더기일 뿐이라고 파악한다.[173)]

한편 관본에서는 '文王은 엇디 可히 當ᄒᆞ시리오'[174)]라 하여 퇴계설을 충실히 따른 반면 율곡본에서는 '文王을 엇디 可히 當ᄒᆞ리오'[175)]로 해석

---

173) 『전서』 3, 204쪽 하단. "蓋孟子將言商先王德厚流長, 文王雖以聖德不能王天下之意. 故先以文王何可當一句發之, 正所謂倒句法也. 集註當猶敵也, 義亦曉然矣. 若如釋意, 則丑本問文王足法與否, 孟子何遽以敵不敵答之. 況丑意王道若易, 則文王聖德豈有不王之理? 孟子答以文王雖聖德, 彼時商命未替, 文王何得以有天下乎? 故以何可當發之而結之曰, 是以難也. 是其語勢問答起結之間, 通貫相應, 若如此釋是孟子不答丑意, 而遽以一句贊文王之德, 不亦贅乎?"

174) 『맹자언해』 권3, 5전.

175) 『맹자율곡언해』 권2, 5전.

하여 퇴계가 수용하지 않은 다른 입장을 취하고 있다.

(2) 이여관어부자以予觀於夫子에 대한 해석

〈원문〉 宰我曰: "以予觀於夫子, 賢於堯舜遠矣."(「공손추」 상)

퇴계는 이 구절에 대해 '予로 子끠 보ᅀᆞᆸ건댄 堯舜에서 賢홈이 遠ᄒᆞ샤ᄉᆞ이다'라 해석한 것에 대해서는 잘못된 해석으로 보고, 이는 마땅히,

'予ㅣ夫子를 觀ᄒᆞ욤으로써 ᄒᆞ건댄 堯舜두곤 賢홈이 遠ᄒᆞ샷다'

라고 해석해야 한다고 주장한다. 즉 그 뜻은 '내가 부자夫子를 본 것으로써 말하면 이와 같다.……'라는 것일 뿐이라는 것이다. 만일 상기한 바와 같이 해석한다면 이것은 재아宰我가 스스로 자기의 현명함으로써 공자의 성스러움을 비교하여 보아 더욱 공자의 성스러움이 멀리 요순보다 우월하다고 말한 것이다. 만일 이것이 직접 공자를 대하여 찬탄한 말이라면 재아가 비록 겸후한 덕이 적지만 어찌 자기를 가져다가 성사聖師를 이끌어 장단을 비교하며, 성덕聖德이 하늘과 같은데 자기가 비교하여 보기를 기다린 연후에 요순보다 지나침을 알겠느냐고 반문하고 있다. 그리고 이는 스스로 부자의 덕을 찬탄한 것일 뿐이지 공자를 대하여서 말한 것은 아니라고 파악한다.176)

---

176) 『전서』 3(『맹자석의』), 205쪽 상단우. "其意猶曰, 以予所觀於夫子者言之, 則如此云云耳. 若如釋意, 則是宰我自以己之賢, 比方於夫子之聖而觀之, 益知夫子之聖遠過於堯舜云. 又若親對夫子而贊歎之辭, 宰我雖少謙厚之德, 豈容遽以己而仰援聖師而較長短? 又聖德如天, 豈待自己比觀然後知過於堯舜乎? 此必無之理也. 且此自是贊夫子之德耳, 未畢對夫子言也."

한편 관본은 '내 夫子를 觀ᄒᆞ욤으로써 ᄒᆞ건댄 요순두곤 賢홈이 遠ᄒᆞ샷다'[177]라 하여 퇴계설을 따르고 있고 율곡은 '써 予의 夫子보오모론 堯舜두곤 賢ᄒᆞ샤미 머르샷다'[178]라 하여 다르게 해석하고 있다.

(3) 왕척이직심枉尺而直尋에 대한 해석

〈원문〉 (孟子曰): "……且夫枉尺而直尋者, 以利言也. 如以利, 則枉尋直尺而利, 亦可爲與?"(「등문공」 하)

이에 대해 퇴계는 먼저 1) '枉이 尺만ᄒᆞ고 直이 尋만타하니(또는 尋만타 호믄)', 2) '枉이 尋만ᄒᆞ고 直이 尺만하야두 利어든'의 두 가지 해석을 제시하고 있다. 이 두 해석은 『집주』에 '굽힌 것은 작고 편 것은 크다(所屈者小, 所伸者大)'라는 말이 있어서 이렇게 해석한 것이라고 파악한다. 그렇지만 이는 나아가 시행하는 것을 말한 것이지 이미 이루어진 효과를 말하는 것이 아니므로 마땅히,

'尺을 枉ᄒᆞ야 尋을 直ᄒᆞ다'

라고 해야 한다고 주장한다. 여기서 중간에 있는 '이而'자는 힘써 한다는 말이며 이미 그렇다는 것을 말함이 아니라는 것이다. 다만 이 구절 아래에 나오는 '왕심직척枉尋直尺'에는[179] 중간에 '이而'자가 없으니 이 해석을 따라도 무방하지만 두 군데의 '만'이라는 말은 빼야 한다고 한다. 이

177) 『맹자언해』 권3, 24후.
178) 『율곡맹자언해』 권2, 24전.
179) "枉尋直尺而利, 亦可爲與"

에 왕기직인枉己直人이라는 글을 왕枉이 기己이고 직直이 인人이라고는 해석할 수 없으니 이 설이 잘못되었다는 것을 알 수 있다고 설명한다.[180]

이에 대해서 관본은 '尺을 枉ᄒᆞ야 尋을 直ᄒᆞ다 하욤은'[181]이라 하여 퇴계설을 충실히 따르고 있으며 율곡본은 '尺을 枉ᄒᆞ고 尋을 直호믄'[182]이라 하여 퇴계의 '枉ᄒᆞ야'를 '枉ᄒᆞ고'로 해석하고 있는 점이 다를 뿐이다.

(4) 유인의행由仁義行에 대한 해석

〈원문〉 孟子曰: "……舜明於庶物, 察於人倫, 由仁義行, 非行仁義也."(「이루」 하)

이에 대해서는 '仁義 由ᄒᆞ야 行ᄒᆞᄂᆞᆫ디라 義를 행ᄒᆞᄂᆞᆫ 주리 아니라'고 해석하는 경우도 있으나 이 또한 힘써 공부하는 것과 연관될까 해서 이와 같이 해석하여 자연스런 뜻으로 함으로써 문세가 도치되고 의리가 어긋나는 것을 생각하지 않았다고 설명한다. 이에 퇴계는 마땅히,

'仁義로 由ᄒᆞ야 行ᄒᆞ신디라'

로 해야 한다고 주장한다. 『집주』에서 '인의仁義가 마음에 뿌리 내리고 있다(仁義已根於心)'고 한 것은 바로 먼저 성인의 마음에 인의가 본래 갖

180) 『전서』3, 205쪽 하좌.
181) 『맹자언해』 권6, 2후.
182) 『율곡맹자언해』 권3, 41전.

추어졌다는 뜻을 말하고 이어서 행하는 것이 모두 이로 말미암아 나온다고 하였다. '이로 말미암는다(由此)'에서 차此자는 바로 인의를 가리켜 말한 것으로 오직 인의가 본래 마음에 갖추어져 있으므로 행하는 것이 모두 인의로 말미암아 나오는 것이니, 마치 이목이 본래 몸에 갖추어져 있으므로 접하는 것이 모두 이목으로 말미암아 보고 듣게 되는 것과 같다. 그러므로 만일 '유이목이시청由耳目而視聽'이라는 말을 해설한다면 마땅히 '耳目으로 말매아마 視聽한다'라고 해야지 '耳目이 말매아마 視聽한다'라고 할 수는 없으며, '유인의이출由仁義而出'을 말하려면 '인의로 말미암아 출出한다'고 해야지 '仁義ㅣ 말매아마 出한다'고 할 수는 없다고 주장한다. 만일 '耳目이 由之'라고 한다면 말미암아서 보고 듣는 것은 따로 다른 물건이 있는 것이지 이목이 아니며, '仁義ㅣ 由之'라 한다면 이는 말미암아 행하는 것은 따로 다른 물건이 있는 것이지 인의가 아니다. 그렇다면 이 설을 주장하는 자가 본래 마음을 두는(有心) 공부의 혐의를 힘써 피하고자 하여 도리어 인의를 버리고 성인이 행하는 것을 말하니 옳다고 하겠는가고 반문하고 있다.[183)]

이에 대해 관본에서는 '仁義로 由ᄒᆞ야 行ᄒᆞ신디라 仁義를 行ᄒᆞ시논 줄이 아니시니라'[184)]라 하여 퇴계설을 따르고 있으며, 율곡본에서는 '仁義를 由ᄒᆞ야 行호미라 仁義를 行호미 아니시니라'[185)]라 하여 '인의仁義를'이라고 목적어로 해석하여 퇴계와 다른 입장을 보여주고 있다.

---

183) 『전서』 3, 206쪽 상좌~하우. "蓋集註仁義根於心云者, 乃先言聖人之心仁義本具之意, 而係之曰, 所行皆由此出. 是由此之此字, 正指仁義而言. 惟其仁義本具於心, 故所行皆由仁義而出, 猶耳目本具於身, 故所接皆由耳目而視聽也. 故如說由耳目而視聽, 當曰耳目으로말매아마視聽矣, 豈可曰, 耳目이말매아마視聽乎? 如說由仁義而出, 當曰, 仁義로말매아마出矣, 豈可曰, 仁義ㅣ말매아마出乎? 若曰耳目이由之, 則所由以視聽者, 別有他物而非耳目也. 曰仁義ㅣ由之, 則是所由以行者, 別有他物而非仁義也. 然則爲此說者, 本欲務避有心工夫之嫌, 而反去仁義, 而言聖人之所行, 其可乎?"

184) 『맹자언해』 권8, 13후.

185) 『율곡맹자언해』 권4, 52후.

(5) 이기존심以其存心에 대한 해석

〈원문〉 孟子曰: "君子所以異於人者, 以其存心也. 君子以仁存心, 以禮存心."(「이루」 하)

이에 대해 먼저 퇴계는

'써곰 그 心에 存ᄒᆞ야홈이니 子ᄂᆞᆫ 仁으로써 心에 存ᄒᆞ며 禮로써 心에 存ᄒᆞ야 ᄒᆞᄂᆞ니라'

의 해석을 들고

'存홈이니 存ᄒᆞᄂᆞ니라'

라고 하는 것도 아마도 모두 무방할 것 같다고 파악하나, 이에 대해서는 좀 더 자세히 살펴야 할 것이라고 유보하는 입장을 보이고 있다. 이에 퇴계는 주자가 감길보甘吉甫에게 답한 편지에서 말한바 '존심存心이란 것은 처심處心이니 또한 모름지기 마음을 가져다가 인仁과 예禮의 위에 있게 하는 것이 아니고, 또한 인과 예를 가져다가 마음속에 있게 하는 것이 아니라는 것을 알아야 한다'[186]를 예로 들고, 이에 의하면 존심存心은 당시 속어의 'ᄆᆞᄋᆞᆷ가지다'의 뜻이니 아마도 마땅히 '心을 存홈이니 存ᄒᆞᄂᆞ니라'라고 해야 할 것이라고 주장한다.[187]

---

186) 『주자대전』 권62, 11전. "存心者, 處心也, 又須知不是將心去存在仁禮上, 亦不是將仁禮存在心裏."(보경문화사간본)

187) 『전서』3, 206쪽 하우.

한편 관본에서는 '君子의 써 人애 異ᄒᆞᆫ받者ᄂᆞᆫ 그 心을 存홈으로쎄니 君子ᄂᆞᆫ 仁으로써 心을 存ᄒᆞ며 禮로써 心을 存ᄒᆞᄂᆞ니라'[188]라 하여 '心을 存ᄒᆞ며'로써 해석하여 퇴계설을 수용하지 않은 반면 율곡은 '君子ㅣ 써 人의게 다ᄅᆞᆫ바ᄂᆞᆫ 그 心의 存호ᄆᆞᆯ쎄니 君子ᄂᆞᆫ 仁으로써 心의 存ᄒᆞ며 禮로써 心의 存ᄒᆞᄂᆞ니라'[189]라 하여 퇴계와 동일하게 해석하고 있다.

(6) 백마지백白馬之白에 대한 해석

〈원문〉 (孟子)曰: "異於白馬之白也, 無以異於白人之白也, 不識長馬之長也, 無以異於長人之長與? 且謂長者義乎? 長之者義乎?" (「고자」 상)

퇴계는 이 구절에 대해 '白馬의 白홈이 써 白人의 白홈에 異홈이 업거니와 長馬를 長이라 홈이 써 長人을 長이라 홈애 異홈이 업ᄉᆞ녀'라고 해석하는 것에 대해서는 불가하다는 입장을 표명한다. 즉 이는 마땅히,

> '馬의 白ᄒᆞ니를 白다홈이 人의 白ᄒᆞ니를 白다홈애 다ᄅᆞ디 아니커니와 馬의 長ᄒᆞ니를 長이라홈이 써 人의 長ᄒᆞ니를 長이라홈애 다ᄅᆞ디 아니냐'

라고 해석해야 한다고 주장한다. 왜냐하면 『집주』에서 '백마白馬와 백인白人은 저가 희어서 내가 희다고 하는 것이고 장마장인長馬長人은 저가 나이 들어서 내가 나이 들었다고 하는 것'이라고 하였으니, 위의(백마지백의 첫 번째 백자, 백인지백의 첫 번째 백자) 두 백白자는 희다고 하는

188) 『맹자언해』 권8, 24후.
189) 『율곡맹자언해』 권4, 63전.

뜻이고 아래의(백마지백의 두 번째 백자, 백인지백의 두 번째 백자) 두 백白자는 사물의 흰 것이며, 위의(장마지장의 첫 번째 장자, 장인지장의 첫 번째 장자) 두 장長자는 어른으로 여긴다는 뜻이고 아래의(장마지장의 두 번째 장자, 장인지장의 두 번째 장자) 두 장長자는 어른이 되는 것이 되니 앞장의 '백우지백白羽之白'과는 문세가 같지 않다고 설명한다. 그리고 이 설의 백마백인白馬白人은 앞장과 같은 설이어서 이미 잘못되었고, 장마장인長馬長人도 또한 위의 장長을 사물의 어른으로 하고 아래의 장長을 어른으로 여긴다는 뜻으로 하였으니 또한 잘못되었다고 파악한다.[190]

한편 관본에서는 '馬의 白호이를 白다홈은 써 人의 白호이를 白다홈애 다룸이 업거니와 아디 몯게라 馬의 長호이를 長이라홈은 써 人의 長호 이를 長이라홈애 다룸이 업스냐'[191]라 하여 퇴계와 동일하게 해석하였으나 율곡은 '馬의 白을 白이라홈은 人의 白을 白이라홈과 ᄀᆞᆺ거니와 아디 몯게라 馬의 長을 長이라홈이 人의 長을 長이라홈과 써 다룸이 업스냐'[192]라 하여 약간 다르게 해석하고 있다.

(7) 불가기不可磯에 대한 해석

〈원문〉 (孟子)曰: "凱風, 親之過小者也, 小弁, 親之過大者也. 親之過大而不怨, 是愈疏也, 親之過小而怨, 是不可磯也. 愈疏, 不孝

---

190) 『전서』 3(『맹자석의』), 207쪽 상좌. "今按集註白馬白人, 所謂彼白而我白之也, 長馬長人, 所謂彼長而我長之也, 則上兩白字是白之之義, 而下兩白字爲物之白也. 上兩長字, 是長之之義, 而下兩長字, 是爲物之長也. 與上章白羽之白等文勢不同. 今此說白馬白人與上章同說, 旣失之, 長馬長人亦以上長爲物之長, 而下長爲長之之義亦非."

191) 『맹자언해』 권11, 6전후.

192) 『율곡맹자언해』 권6, 5전후.

也, 不可磯, 亦不孝也."(「고자」 하)

퇴계는 이 구절의 해석에 대해 '不可혼 磯ㅣ니(라)'라고 해석하는 설에 내해서는 더욱 그르다고 평가한다. 왜냐하면 이는 기磯를 자식으로 여겨서 물이 도리어 기磯를 격激하고 어버이가 도리어 자식을 원망하는 것이니 이런 의리는 없다는 것이다. 이에 이 구절은 마땅히,

'可히 磯티 몯홈이니'

라고 해석해야 한다고 주장한다. 대개 격激하는 것은 기磯이고 노怒하는 것은 물(水)이며 지나친 것은 어버이이고 원망하는 것은 자식이니, 기磯가 조금 격激하여 물이 급히 성내는 것으로써 어버이의 조그만 잘못에 자식이 문득 성내는 것을 비유한 것이라고 설명한다. 즉 퇴계는 기磯는 어버이를 가리키고 물은 자식을 가리킨 것으로 보는 것이다.[193)]

한편 관본에서는 '可히 磯티 몯홈이니'[194)]라 하고 율곡본에서도 '可히 磯티 몯홈이니'[195)]라 하여 퇴계와 동일한 의견을 보이고 있다.

퇴계는 다산의 경의시經義詩[196)]처럼 경서에 관해 읊은 본격적인 시는 문집에 보이지 않는다. 다만 조카인 교의 시에 대해 화답하여 읊은 『가례』, 『소학』, 『대학혹문』에 관한 다음과 같은 시가 있을 뿐이다. 참고로 이 시의 전문을 들어둔다.

---

193) 『전서』3, 207쪽 하단우.
194) 『맹자언해』 권12, 10전.
195) 『율곡맹자언해』 권6, 40전.
196) 『여유당전서』(『시문집』), 권7, 46전~47후. 『시』, 『서』, 『예』, 『악』, 『역』, 『춘추』에 대하여 각각 5수가 실려 있다.

사람의 도리와 가문의 규범이 환하게 밝혀 있건만
늙어가니 학문도 뜻 같지 않구나
네가 젊은 나이에 능히 감발함을 기뻐하노니
어른이 되면 응당 가문의 명예를 떨어뜨리지 않으리
民彝家範揭昭明, 學到殘齡未慊情.
喜汝少年能感發, 成人應不墜家聲. -『家禮』

어려서 바르게 키우지 않으면 자라서 어찌 통달하겠나
물욕을 좇아 천성을 해치면 새 짐승과 같으리
지나치게 보호하는 말세의 풍속은 참으로 스스로를 내버리는 것이니
이제부터는 맘속 깊이 뚜렷이 새겨두어라
養蒙非正長奚通, 逐物戕天鳥獸同.
末俗過防眞自棄, 從今銘刻在深衷. -『小學』

격물치지의 공이 깊으면 온갖 이치에 통하니
자신을 닦는 것이나 만물에 혜택을 주는 것이 근본은 같다네
진리를 밝혀준 전현의 공력이 없었던들
우리들이 어떻게 성인의 속마음을 알겠나
格致功深萬理通, 誠身澤物本因同.
若非啓發前賢力, 我輩何由識聖衷. -『大學或問』[197]

5. 퇴계 경학사상의 특징 및 경학사상사적 의의

퇴계 경학의 특성을 살피기에 앞서 먼저 한국 경학의 전반적인 특성

197) 『퇴계집』 속집, 권2, 23전후.(喬姪近讀家禮小學大學或問, 以詩三首來, 其言若有所感者, 用其韻示意云. 辛酉)

에 대해 살펴보도록 한다.

한국 경학의 첫째 특성은 경서를 연구함에 있어서 주로 사서 특히 『대학』과 『중용』 중심으로 이루어져 있다는 점이다. 이것은 성리학이 주로 『대학』, 『중용』을 기반으로 하여 성립된 것과도 무관하지 않다.

둘째는 어느 하나의 경서 전체를 주석하는 경우가 드물고 수기隨記나 차록箚錄의 형식을 빌려서 자신의 경서에 대한 의견을 표출하고 있는 경우가 대부분이라는 것이다.[198] 특히 사서 및 삼경의 전체를 주해한 경우는 극소하다.[199]

이하에서는 퇴계 경학사상의 특징에 대하여 구조적 특징과 내용적 특징 및 경학사상사적 의의로 나누어 서술하고자 한다.

1) 구조적 특징

첫째, 해석하고자 하는 원문 전체를 표출하지 않고[200] 직접 관련 있는 글자나 부분만 해석하였으며 단어의 첫 부분을 생략하고 있다.

둘째, 해석내용이 원의에 통하면 양설을 병존竝存하거나[201] 다양한 설을 제시하였다.[202] 독자에게 선택을 맡겨 제설諸說만 제시하는 경우도 있고 퇴계 자신이 단안을 내리는 경우도 있다. 여러 가지 해석이 있을 경우에는 근접한 순서대로 차례로 서술하였다.[203]

---

198) 이는 성균관대학교 대동문화연구원에서 간행된 『한국경학자료집성』 시리즈에서 잘 알 수 있다.

199) 전저를 남긴 대표적인 사람으로 퇴계, 성호, 다산을 들 수 있다.

200) 『전서』 3(『논어석의』), 200쪽 하좌, '異'조.

201) 『전서』 3(맹자석의』), 204쪽 상우, '惡在其爲民父母'조 및 같은 책, 203쪽 상좌, '居肆成事'조 참조.

202) 『전서』 3(『맹자석의』), 207쪽 상우, '見可行'조.

203) 『전서』 3(『논어석의』), 200쪽 상좌, '篤信好學'조.

셋째, 한문과 한글을 병용하여 해설하거나 본문과 주를 나누어 해설하였다.

넷째, 직역방식을 택하였으며, 해설형식에 있어서는 '공불수여차설恐不須如此說', '당운當云', '갱상지更詳之' 등 다양한 형식을 사용하였다.[204] 이 밖에 음音에도 주의하였다.[205]

2) 내용적 특징

첫째, 언해 부분에 있어서 일언一言 일자一字도 함부로 방과放過하지 않는 치밀한 분석력이 특히 돋보인다.

둘째, 주자주朱子注의 원의에 충실하고자 하였고 주자의 혹설或說도 채용하였으며, 『집주』의 의심스러운 부분까지도 해석하였다. 소주까지도 참고 해설하였으나 주로 주자주의 부연, 해설 및 미비점을 보완하고 있다.

셋째, 지나치게 성리학적 관점에서 해석하였으나 철저한 주자 신봉은 아니다.(주자설보다 문장의 어세語勢를 강조하기도 함[206])

넷째, 현토에 있어서 일자一字 일토一吐의 미묘한 차이까지 분석하여[207] 현토(한글)를 중시하였다. 현토는 이론전개의 갈림길이기 때문이다.

다섯째, 해석하기 어려운 곳, 문제가 많은 곳을 주로 해석하였으며 번역에 정확성을 추구하였고 반번역에 가깝다.

---

204) 자세한 해석유형에 대하여는 박소동, 앞의 책, 29~31쪽 참조.

205) 『전서』 3(『논어석의』), 200쪽 하좌, '踧踖'조. 같은 책, 203쪽 상좌, '不弛'조. 같은 책, 195쪽(『중용석의』) 하좌, '撮'조.

206) 『전서』 3(『맹자석의』), 206쪽 상우, '上無道揆'조. "然此等處不可太拘註文."

207) 『전서』 3, 200쪽 상우, '動容貌'조.

여섯째, 문리文理의 지나친 천착을 경계하였으며[208] 소주小注보다는 본문의 어세를 더 중요시하였고[209] 내용파악에 중점을 두었다.

일곱째, 미완성의 저작이며,[210] 관본언해와 다른 점도 많고, 시제에도 유의하였으며,[211] 문법에도 주의를 기울였다.[212]

여덟째, 우리나라 학자의 경전에 관한 제설을 아울러 소개하고 반박하기도 하였다.[213]

이 밖에 학자의 겸허한 자세, 다문궐의多聞闕疑의 신중한 태도를 보여주었으며[214] 부드러운 표현을 썼다.[215] 한계점으로는 서계 박세당이나 백호 윤휴처럼 새로운 주석의 시도로까지 발전하지 못한 점이다.

3) 경학사상사적 의의

경서언해에 대하여는 세종 이후 꾸준히 관심을 기울여왔으나 선조대인 1588년에 경서언해 교정청에서 사서삼경의 언해를 완성하여 간행하였다.

첫째, 사서의 경서해석으로서는 최초이며[216] 칠서七書 전체를 해석한

---

208) 『전서』 3(『맹자석의』), 206쪽 하우, '由仁義行'조. "近世諸公欲精訓說者, 每如此, 不可不察."

209) 『전서』 3(『맹자석의』), 하우, '仁義忠信'조. "小註說則如此, 然本文語勢只是仁義며忠信ᄒᆞ야云云耳."

210) '以俟更詳之'라는 표현에서 이를 잘 알 수 있다.

211) 『전서』 3(『맹자석의』), 204쪽 상우, '離散'조. "按此說已然之事, 兩處皆當云, ᄒᆞ야."

212) 『전서』 3(『맹자석의』), 205쪽 하좌, '枉尺而直尋'조.

213) 『전서』 3(『논어석의』), 200쪽 하우. '不問馬'조. "不或云, 音否, 不字問之之辭, 陽村之說可笑."

214) 『전서』 3(『맹자석의』), 204쪽 상우, '王之塗'조. "此說更詳之."

215) 『전서』 3(『중용석의』), 194쪽 하우, '宜爾'조. "又曰, 宜케, 不穩."

216) 퇴계를 전후하여 사서, 삼경, 『예기』의 口訣類(개인 및 官撰) 및 유희춘의 『大學釋義』, 『論語釋疏』를 비롯한 趙穆의 『尙書疑義』 등이 있긴 하지만 그 내용을 해석한 것이 아니고, 현재 대부분 전해지지 않고 있으며 또 그 양이 극소하거나 일부 경서만 풀이한

것으로도 최초이다. 권근의 천견록 시리즈(『시천견록』, 『서천견록』, 『역천견록』, 『춘추천견록』, 『예기천견록』) 이후 처음이며 (성리학의 기반 하에) 경학 연구의 초석이 되었다.

둘째, 우리말로써 해설한 것은 최초이다. 이전에는 한문으로 해실하였다.

셋째, 언해에 직접 영향을 끼쳤으며 이후 관본언해에 채택되어 후세에 지대한 영향을 끼쳤다.[교정청의 경서언해 작업에 조목趙穆, 정구鄭逑를 비롯한 퇴계 제자들이 다수(14명) 참여하여 퇴계의 학설 및 독법이 대폭 수용됨]

넷째, 경서해석의 기준을 제시하여 후세의 전범이 되어 경서의 정확한 이해에 지대한 영향을 끼쳤다.

다섯째, 중설衆說의 이동異同을 바로잡았다. 통일되지 못한 종래 해석의 여러 이설異說을 모아 비교 검토하고 해석을 가하여 절충 종합하고 그 단점은 버리고 장점은 취하되 한결같이 주자의 성리학적 해석을 근거로 통일된 해석과 정확성을 기하고자 하였다.[217] 해석의 기준을 주자설을 위주로 하여 주자학적 경학의 틀을 마련하였다.

여섯째, 이후 퇴계후학들(유희춘, 조목, 윤근수, 이덕홍, 정구)이 경서에 대해 좀 더 깊은 관심을 가지게 되는 계기 역할을 하였다.

일곱째, 퇴계의 석의는 그의 학자적 위상으로 말미암은 질적 우수성과 함께 양적 다양성의 양 측면에서 독보적인 것이라고 할 수 있다.[218]

여덟째, 송유宋儒의 성과를 중시하면서 또한 한당漢唐 때 주소들의 합

것이다.

217) 송병선, 『사서석의』序, 1전후(山淸長溪逑古精舍新板本, 1899). "肆我東有諺解, 以方言釋聖訓, 諸家互有異同. 至退溪先生, 聚衆說而折短取長, 一從朱子之解, 而析其句讀, 解其旨意. 其爲學者之便捷, 不翅指掌, 然猶未克大備而至於小註有不暇及矣."

218) 이충구, 앞의 글, 86쪽.

리적인 것도 받아들일 수 있었다. 송유, 한, 당의 주소를 기초로 한 위에 또한 스스로의 견해를 갖고 있다.219)

여기서 우리나라의 대표적 경학자로 손꼽을 수 있는 퇴계와 다산의 경전주석 성향을 비교해 보면 다산은 그의 방대한 경학 주석 작업에도 불구하고 토(또는 언해)를 단 주석서가 없음을 볼 때 경서의 한국화 및 대중화에는 퇴계에 못 미치는 것으로 생각된다.220)

퇴계와 다산의 경학적 특성을 비교하면 다음과 같다.

■ 퇴계와 다산의 경학적 특성 비교

	경서의 범위	해석관점	주석의 범위	주석의 양	한글관련 有無
퇴계	사서삼경	성리학	일부만 해석	소량	한글토석 있음
다산	사서오경*	漢宋兼採	전체를 해석**	다량	한글토석 없음

* 『춘추고징』 및 기타의 예서禮書를 포함한 것임.

** 다만 『맹자』의 경우에는(『맹자요의』) 선별해서 해석하였으며, 『춘추』(『춘추고징』), 『예』(『상례사전』)의 경우에도 일부 분야의 해석에 그쳤다.

16세기의 사서에 대한 해석은 이황에 의해 사서삼경석의로 정리되었다. 이황은 많은 학자들과 경서의 해석을 문답하며 주자성리학에 입각한 경서해석의 기준을 제시하였는데, 그가 학자들과 문답한 경서의 해석은 1550년대에 사서삼경석의로 만들어졌다. 사서삼경석의는 구결口訣과 언해諺解를 통해 경서의 주자성리학적인 해석을 제시해주었다.221)

---

219) 賈順先, 「이퇴계의 유가 경학에 대한 계승과 발전」, 10~17쪽(「퇴계학보』 90집, 1996, 퇴계학연구원).

220) 실제로 다산의 저술은 그 당시에 간행되지 못하고 1936년에 『여유당전서』라는 제하에 간행되어 다산 생존 당시에는 그 영향이 극히 미미하였다.

221) 김항수, 앞의 글, 231쪽.

6. 결론

이상에서 퇴계의 경학사상에 대해서 『사서석의』를 중심으로 고찰해 보았다. 이하에서는 위에서 서술한 내용을 요약하여 결론에 대하고자 한다.

석의釋義는 경서의 본문(주 일부 포함)의 일부분을 적취摘取하여 한문 또는 한글로써 설명을 하였으며, 석의가 다른 주석의 해석방법과 가장 눈에 띄게 차이나는 점은 우리말로 그 난해한 곳을 풀이하였다는 점이다. 즉 석의는 언해諺解의 전단계로서 파악할 수 있으며 '경문 및 전주傳註의 음音, 의義에 대한 한글, 한문의 독해(독음讀音과 해석解釋)'라고 정의할 수 있다. 퇴계는 자신의 경서석의에 대해 우리나라 학자들의 설이 분분한 것을 보고서 망령되이 여러 설들을 모아 비교하고 검토를 거쳐 취사선택하여 대략 본지를 얻어 동일한 뜻으로 귀결시키고자 한 것으로 저술동기를 밝히고 있다. 그러나 자신의 소견이 분명하지 못하므로 혹은 여러 설을 보존하기만 했을 뿐 취사를 결정짓지 못했고, 더러 논변한 바는 있으나 판단을 내리지 못한 것으로, 모두 번잡하고 보잘 것 없으며 문리를 이루지 못한 것으로서 볼 만한 것이 못 된다고 설명하고 있다.

퇴계의 제자인 금응훈의 발문을 통해서 경서석의의 성립 및 간행경과에 대하여 다음과 같은 것을 알 수 있다. 첫째, 『경서석의』는 퇴계가 제가의 훈석을 모아 증정하고, 문인들이 묻고 변론한 것을 연구하여 직접 정리한 것이라는 점, 둘째, 임진왜란 때에 퇴계의 수고본을 분실하여 정본이 전해지지 않았다는 점, 셋째, 감사 최관에 의해 사우 간의 전사본을 수집하여 교정하여 1609년에 간행하였다는 점이다.

『경서석의』의 구성 및 체계에 대하여 살펴보면 『경서석의』는 『사서석의』와 『삼경석의』의 통칭으로 『사서석의』는 『논어석의』 총 27면, 『맹자석의』 총 17면, 『대학석의』 총 10면, 『중용석의』 총 12면으로 구성되어 있다. 『사서석의』의 경서별 수록내용을 살펴보면 『논어』 173장, 『맹자』 108장, 『대학』 경 1장, 전 10장, 『중용』 33장이 각각 수록되어 있다.

퇴계의 학문방법 및 경전해석 태도를 보면 먼저 퇴계는 문면文面에 드러난 그대로를 탐구하였을 뿐 지나치게 천착하거나 자신의 독단적인 견해를 개진하는 것을 신중하게 하였음을 볼 수 있다. 다음으로 퇴계의 학문방법은 '사思'와 '학學'의 호발互發, 호익互益이었다. 그래서 '사'와 '학'의 상호보완적인 관계에서 '성학聖學'은 완성되는 것이었다. 특히 '사'를 강조한 데서 퇴계 학문방법의 한 특성을 보게 된다. 이 '사'와 '학'의 근저에는 필수적으로 '지경持敬'이 깔려 있다. 그래서 퇴계는 "지경은 사와 학을 겸하고 동정을 꿰뚫으며 내외를 합하고 현미顯微를 하나로 하는 것"이라고 강조하였다. 그리고 퇴계는 독서하는 방법에 있어서는 숙독을 강조한다. 경서를 볼 때는 활간하여야 하며 문장의 어세를 고려하여야 하며, 뜻이 비록 그리 서로 멀지는 않더라도 말에는 호리의 차이가 있다고도 하였다. 아울러 각 경전의 대지大旨를 한두 글자로 제시하는 것은 견강부회에 가까운 것이라 하여 받아들이지 말 것을 강조하였다. 한편 퇴계는 자의字義에도 주의를 기울이고 있다.

퇴계는 젊었을 때부터 사서오경에 힘을 썼고, 그중에서도 사서와 『역경』에 더욱 마음을 썼다. 퇴계는 "경서의 해석에 있어서 너무 잘게 팜으로써 잘못이 많아 도리어 경서의 본뜻을 잃었기 때문에 뒤에 오는 학자들을 그르침이 많다" 하고 이에 그 잘게 따지는 것을 바르게 하고 틀린 것을 고치어 경서의 본래의 뜻으로 돌아가고 성현의 본뜻을 다시 찾을 뿐 아니라 또한 그로 말미암아 학자들로 하여금 속된 선비들의 잘못된 학설에 미혹되지 않게 하였다.

퇴계의 경서 관련 언급 중에서는 제 경서 중에서도 특히 『논어』에 대한 언급이 많다. 이미 12세에 『논어』의 '이理'자를 모든 일의 옳은 것이냐고 숙부 송재 이우에게 물어 글 뜻을 안다고 칭찬을 받기도 한다. 퇴계의 경서 습득의 순서에 대한 견해를 보면, 퇴계는 제자를 가르침에 있어서 반드시 『소학』으로써 먼저 하고 다음으로 『대학』, 『심경』, 『논어』, 『맹자』, 『주자서』를 차례로 읽고 제 경서에 미쳤다. 이에 의해서 보면 성리서를 제외하고 경서만을 살펴보면 (『소학』)-『대학』-『논어』-『맹자』 순으로 하여 정통적인 성리학의 독서과정을 견지하고 있다. 퇴계는 성현의 도는 사서四書가 아니면 천하와 후세에 가르침을 드리울 수 없다고 하여 사서의 중요성에 대해 특히 강조하고 있으며, 사서의 말이 비록 같지 않은 것 같지만 사서의 이치는 일찍이 다른 점이 없다고 한다.

퇴계의 『사서석의』의 경학사상사적 의의로는 다음과 같은 것을 들 수 있다. 먼저 사서의 경서해석으로서는 최초이며 칠서 전체를 해석한 것으로도 최초이다. 이는 권근의 천견록 시리즈 이후 처음이며 (성리학의 기반 하에) 경학 연구의 초석이 되었다. 다음으로 우리말로써 해설한 것도 최초이다. 『석의』는 언해에 직접 영향을 끼쳤으며 이후 관본언해에 채택되어 후세에 지대한 영향을 끼쳤다. 그리고 경서해석의 기준을 제시하여 후세의 전범이 되어 경서의 정확한 이해에 지대한 영향을 끼쳤다. 아울러 중설의 이동을 바로잡았다. 통일되지 못한 종래 해석의 여러 이설을 모아 비교 검토하고 해석을 가하여 절충 종합하고 그 단점은 버리고 장점은 취하되 한결같이 주자의 성리학적 해석을 근거로 통일된 해석과 정확성을 기하고자 하였다. 또 이후 퇴계후학들이 경서에 대해 좀 더 깊은 관심을 가지게 되는 계기 역할을 하였다. 이 밖에 퇴계의 『석의』는 그의 학자적 위상으로 말미암은 질적 우수성과 함께 양적 다양

성의 양 측면에서 독보적인 것이라고 할 수 있다.

이상에서 퇴계의 『사서석의』를 중심으로 퇴계의 경학사상에 대해 고찰해 보았다. 다만 『석의』에 실린 내용이 단편적인 것이 대부분이어서 퇴계의 의도를 정확히 파악하기 어려웠다. 그리고 언해 부분에 있어서 국어학적인 미묘한 어감의 차이까지는 탐구하지 못한 점이 아쉬움으로 남는다. 또한 퇴계의 경학사상을 연구함에 있어서 원래는 『삼경석의』는 물론 서 부분에 산견되어 있는 경설까지도 분석 조명해야 퇴계 경학사상의 전모가 제대로 드러날 수 있음을 감안할 때 이번 연구에서는 거기까지 미치지 못함에 후일을 기약한다.

성호星湖 이익李瀷의 논어論語 해석

1. 서론

성호星湖 이익李瀷(1681~1763)은 경세치용학파에 속하는 학자로 널리 알려져 있지만[1] 실은 경학 방면에 있어서도 탁월한 업적을 남긴 학자이다. 그는 소시에 글을 읽다가 문득 문득 떠오르는 내용을 곧바로 기록해 두고 이것을 나중에 종합하여 『질서』라는 제하에 명명하였는데,[2] 『대학질서』, 『논어질서』, 『맹자질서』, 『중용질서』, 『가례질서』, 『근사록질

---

1) 이우성, 「실학연구서설」, 14, 20쪽, 『한국의 역사상』(1983, 창작과 비평사).

2) 이는 원래 주자의 六君子贊 중의 횡거선생찬의 '妙契疾書'라는 말에 보인다. 원문은 다음과 같다. "早脫孫吳, 晩逃佛老. 勇撤皐比, 一變至道. 精思力踐, 妙契疾書. 訂頑之訓, 示我廣居"(『增刪濂洛風雅』, 목판본, 권1, 10후).

『성호전서』 6(『성호사설』), 1110쪽 상단의 「묘계질서조」에서는 '묘계질서'에 대해 자세히 설명하고 있다. 그리고 『전서』 1, 608쪽의 「孟子疾書序」에서는 "疾書者何? 思起便書, 蓋恐其旋忘也. 不熟則忘, 忘則思不復起, 是以熟之爲貴, 疾書其次也, 亦所以待乎熟也." 라고 하였다. 이하에서 『성호전서』는 여강출판사(1984 간행)의 『성호전서』를 뜻하며 『전서』로 약칭함. 하우는 하단 우측을 나타냄.

서』, 『심경질서』, 『소학질서』, 『시경질서』, 『서경질서』, 『역경질서』가 바로 그런 과정 중에서 나온 산물이다. 이는 사서삼경을 비롯해 성리학의 근간서인 『심경』, 『근사록』, 『가례』, 『소학』 등에까지 미친 광범위한 것으로 비록 체계적이며 완정된 상태로 저술된 것은 아닐지라도 성호의 경학사상을 살펴볼 수 있음은 물론 한 걸음 더 나아가 당시 실학파의 경학사상의 일면을 살펴보는 데도 충분한 자료를 제공하고 있다.

그동안 성호 경학에 대한 성과가 일부 있지만 부분적인 것이었을 뿐만 아니라[3] 경학사상을 연구함에 있어서도 논지 전개가 사변적으로 흐른 감도 없지 않아 경학적인 연구 작업, 즉 해석상의 문제를 검토하는 작업이 필요하다고 생각된다. 다시 말해 원전을 분석, 검토, 정리하는 일도 필요하다는 것인데, 이는 이러한 작업을 통해서 성호의 경전해석과 다른 해석과의 차이점을 발견해 낼 수 있고 나아가 그의 해석상의 특징도 아울러 간취할 수 있기 때문이다.

성호의 경학사상을 고찰하려면 제 경서의 『질서』를 두루 섭렵하여야 하겠으나 본고에서는 편의상 우선 논어 해석을 중심으로 성호 경학사상의 일단을 고찰하고자 한다. 따라서 먼저 학문방법 및 경전해석 태도를 살펴본 다음 논어 해석의 내용분석을 하고자 한다. 자료는 『논어질서』를 중심으로 하고 기타 경서 및 문집도 적의하게 참고하였다. 아울러 『성호사설』, 『성호사설유선』의 경학 관련 및 『논어』 관련 부분도 보조 자료로 활용하였다.

여기서 『논어질서』의 판본에 대하여 잠깐 언급하고자 한다. 현재 『논어질서』의 성호 친필본은 구할 수 없는 실정이고 조선시대나 일제시대

---

3) 대표적인 것으로 송갑준의 「성호 이익 철학 연구」(고려대학교 대학원 박사학위논문, 1991), 권문봉의 「성호 이익의 경학과 사서질서」(성균관대학교 대학원 박사학위 청구논문, 1993), 최석기의 「성호 이익의 시경학」(위와 같음)을 들 수 있다.

에도 간행된 적이 없다. 다만 일부 전사본轉寫本이 각 도서관에 흩어져 소장되어 있을 뿐이다. 비교적 쉽게 구할 수 있는 『논어질서』 판본으로는 여강본과 성대본이 있는데 전자는 필사본으로 여강출판사에서 1984년에 『성호전서』라는 제하의 네 번째 책으로 간행되었다. 후자도 역시 필사본으로서 성균관대학교 대동문화연구원에서 1990년에 『한국경학자료집성』 시리즈의 『논어』편 4책에 실려 있다.(원본 소장처는 두 가지 본 모두 국립중앙도서관으로서 동일서의 이본異本이다) 두 판본을 비교할 때 성대본이 여강본에 비해 각 편의 해석한 장의 번호가 빠져 있는데 심지어는 한 단락 전체가 삭제되어 있는 경우도 있다.[4] 따라서 일견 여강본이 선본善本인 것처럼 생각될 수 있지만 간행된 『성호선생문집』(목판본)에 실린 『논어질서』 서문을 두 판본과 비교 대조해 볼 때 비록 장 표시나 일부 탈락된 곳이 있을지라도 성대본이 오히려 여강본에 비해서 더 선본이며[5](여강본은 오자가 많음[6]) 원본에 가까운 이본임을 감지하게 된다.

따라서 본고에서는 원본에 가까운 선본인 성대 대동본을 활용하여야 하겠으나 장표시가 되어 있고 비교적 널리 유포된 여강본 판본을 사용하되 성대 대동본과 비교 교감하여 활용하기로 한다. 그리고 「논어질서 서」는 두 판본과 목판본 문집을 아울러 비교 교감하였고, 기타 『논어질서』의 문장은 성대본을 참고하여 교감하였다.

---

4) 예를 들면 「학이」 首章의 다섯 번째 단락 전체(총 67자)와 5장의 첫 번째 단락(총 13자)이 탈락된 것, 그리고 「헌문」의 11장(총 59자)이 탈락된 것을 들 수 있다.

5) 「이인」의 13장은 성대본이 오히려 35자를 더 싣고 있다.

6) 서문에서 모두 여덟 글자의 誤字가 나옴.

2. 학문방법 및 경전해석 태도

먼저 성호의 학통을 살펴보기로 한다. 『전고대방』[7] 및 「조선유현연원도」에 의하면 성호 이전에 대해서는 언급이 없고 다만 성호 이후에 대해서만

이익 – 안정복 – 황덕길 – 허전

으로만 되어 있으며[8] 「동방성학원류도」에는 성호에 대한 언급이 없고 다만 「동방유림연원록」에 성호에 대한 간략한 약력이 소개되어 있을 뿐이다.[9]

그리고 성호 이전의 학통관계에 대하여는 영남학파와 근기近畿학파로 나누어 보고 영남학파에 속하는 정구로부터 근기학파에 속하는 허목을 거쳐 이익에 이른 것으로 보기도 한다. 즉,

이황 – 정구 – 허목 – 이익 – 안정복 – 황덕길 – 허전

으로 보는 것이다.[10] 그런데 성호는 그 마음은 주자를 배우고, 도달하는 곳은 성인이기를 바랐으며,[11] 주자의 학문은 대중지정大中至正한 것으로

---

7) 강효석, 『전고대방』, 「유현연원도」, 권3, 3전(명문당 1993년 간본, 248쪽).

8) 윤영선, 『조선유현연원도』 권하 37후(명문당 1995년 간본 414쪽).

9) 『續修聖蹟圖後學錄』, 「동방유림연원록」 보유, 12전(대정 6년 간행, 명문당 간본 103쪽). 기술된 내용을 살펴보면 다음과 같다. "字子新, 號星湖, 孤山夏鎭子. 痛兄潛號剡溪罹禍, 絶意擧業隱居, 博覽群書, 深精經傳, 有經世之才, 天文律曆無不洞曉. 著僿說三十六卷, 道東錄等書. 英廟除監役, 不就."

10) 이우성, 『한국의 역사상』, 「한국 유학사상 퇴계학파의 형성과 그 전개」, 92쪽 참조(창작과비평, 1983). 권철신은 이황 – 윤휴 – 이익으로 보았다.(『여유당전서』, 『시문집』 권15, 35후, 「녹암권철신묘지명」, 신조선사본)

파악하였다.[12] 그리고 퇴계를 '동방유학대성지조東方儒學大成之祖'[13]라 하고 "동방에 퇴계가 있는 것은 중국에 공자가 있는 것과 같다"[14]라고 하여 퇴계를 극찬하였다. 그리고 『도동록道東錄』(후에 『이자수어李子粹語』로 개칭), 『이선생예설』, 『사칠신편四七新編』 등을 편찬한 것을 볼 때 성호가 퇴계를 사숙하였음을 짐작할 수 있다. 또 성호 이후의 학통을 우파와 좌파로 나누어 우파는 안정복 - 황덕길 - 허전으로 좌파는 권철신 - 정약전, 정약용으로 보기도 한다.[15]

한편 성호는 퇴계 이외에는 율곡과 반계 유형원[16]을 시무에 가장 밝은 학자로 높이 평가하였다.[17]

1) 학문방법

성호는 학문을 함에 있어서 사색을 강조하고[18] 문채를 버리고 실질에 힘썼는데,[19] 선현이 정한 바를 따라 독서 순서는 경서를 우선으로 하고 『사기』와 제자백가를 모두 연구하였다. 독서할 때는 자字는 그 훈訓을 구하고 구句는 그 뜻을 찾아 생각하고 또 생각하여 깊이 연구하고 스스

---

11) 『전서』 2, 975쪽 하우(「家狀」, 秉休撰). 성호는 자신의 魂夢이 洙泗 사이에서 떠나지 않았음을 강조하여 원시유학에 대한 귀의와 동경을 나타내고 있다.(『전서』 1, 670쪽 상우. 「耕魯齋序」)

12) 『전서』 6(『사설』), 626쪽 상좌(「朱子問學」).

13) 『전서』 1, 165쪽 상우(「答權台仲」).

14) 『전서』 2, 725쪽 상우(「퇴계선생필후」).

15) 이우성, 같은 책, 94쪽. 『성호전서』 해제 8쪽(『전서』 1책 소수).

16) 특히 유형원에 대해서는 「반계수록서」(『전서』 1책, 621쪽), 「반계유선생유집서」(『전서』 1책, 628~629쪽), 「반계유선생전」(『전서』 2책, 956~957쪽) 등의 서술을 통해 반계에 대한 존모의 염을 표시하고 있다.

17) 『전서』 5, 402쪽 하단(「變法」). 같은 내용이 『전서』 2책, 973쪽 하우(「家狀」, 秉休撰)에도 보인다.

18) 『전서』 2, 975쪽 상우(「가장」).

19) 『전서』 2, 984쪽 하우(「묘갈명」, 채제공).

로 체득하기를 기약하였다.[20] 이에 성호는

> 학문은 자득自得을 귀하게 여기니 반드시 이 일이 귀한 줄 알아서 마음에 스스로 얻은 뒤에 억지로 힘써서 잘못을 교정하는 습관이 없어야 날로 진정한 경역에 나아간다.[21]

라 하고, 학문은 오직 뜻을 겸손히 하는 데 있으니 뜻을 겸손히 하여 학습하기를 오래하면 의리가 저절로 익숙하여지고 마음이 평안하고 기운이 조화롭게 되니 그 요점은 모두 자기의 신상에 있는 것이라고도 하였다.[22]

그리고 성호는 모방하는 것을 기뻐하지 아니하여 스스로 터득하는 것을 위주로 하였다. 따라서 경문과 주설註說의 사이에 의심이 있으면 반드시 생각하고, 생각하여 얻으면 빨리 기록해 두고, 얻지 못하면 뒤에 다시 생각하여 반드시 얻은 뒤에야 그만두었으므로 『질서』 가운데 전유前儒들이 발명하지 못한 뜻이 많았다.[23]

또한 학문은 실행에 중점을 두어야 하며,[24] 안다는 것은 장차 그것을 행하려는 것이며,[25] 어려서 배우는 것은 커서 행하려는 것으로 내가 알려질 수 있도록 반드시 재구材具의 준비를 갖추어야 하니 이것이 바로 실학이라고 파악한다.[26] 성호는 진학進學의 방법에 있어서는 행함에 반

---

20) 『전서』 2, 978쪽 하우(「행장」).

21) 『순암집』 권16, 8후(「函丈錄」)(353쪽, 『순암전서』본). "然學貴自得, 必也眞知此事之貴而自得于心, 然後無勉强矯僞之習, 而日趨眞正之域."

22) 위와 같음.

23) 『전서』 2, 969쪽 상우(「家狀」). 다산도 성호는 독실히 배우고 힘써 행하여 洛閩을 따라 洙泗까지 거슬러 올라가 聖學의 오묘한 뜻을 개발하여 후학들에게 보여주었다고 하였다.(『시문집』 권15, 33전, 「녹암권철신묘지명」)

24) 『순암집』 권16, 12전. "先生曰, 士當致知爲學, 貴重于實行."

25) 『전서』 6(『사설』), 698쪽 하좌(「儒學」).

드시 지知로써 먼저 하였으므로 치지致知로써 역행力行의 근본을 삼았고, 알면 장차 행하려고 하였으므로 역행으로써 치지의 실實을 삼았다.[27]

아울러 성호는 주자의 "적게 의심하면 적게 진보하고 크게 의심하면 크게 진보한다(少疑則少進, 大疑則大進)"는 말을 들어 많이 의심하는 것도 해롭지 않을 것이라고 이해했다. 즉 의심이 없는 곳도 의심을 두어 보라고 강조하고,[28] 의심이 있는 데서 의심이 없는 데에 이르는 것이 곧 군자가 공부하는 차례라고 설명한다.[29]

또 성호는 고증이 없는 곳에는 의문이 없을 수 없음을 말하여 고증의 중요성에 대해서도 관심을 촉구하고 있다.[30]

2) 경서에 대한 관심과 경전해석 태도

먼저 성호의 경서에 대한 관심에 대하여 살펴본다. 성호는 중형仲兄 잠潛의 죽음으로 인해 과거에 대한 미련을 끊고 오로지 육경과 정주程朱의 서書에 힘을 쏟았다. 그는 정밀히 궁구하고 깊이 생각하여 성인의 심오한 이치를 다 캐내고 의심나는 뜻은 판단하고 분변하여 선유의 빠뜨린 것을 보완하고자 하였다.[31] 그리고 마땅히 공증사맹孔曾思孟의 글에 먼저 힘을 쓴 후 방증傍證을 박채博采하고 의리의 취지를 더해야 한다고 하였다.[32]

성호는 제 경서 중에서도 특히 『맹자』를 중시했다. 학문에 뜻을 둔

---

26) 『전서』 2, 1096쪽 상우좌(「答趙正叔」).
27) 『전서』 2, 982쪽 하좌(「묘갈명」, 채제공).
28) 『전서』 5(『사설』), 479쪽 상좌(「尹彦明質魯」).
29) 『전서』 1, 278쪽 하우(「答安百順」). "有疑而至於無疑, 固君子之階級次第."
30) 『성호사설유선』 권6상, 6쪽(「不知爲不知 小注」). "其無考證處, 安保其一一無疑乎?"
31) 『전서』 2, 982쪽 상우, 「묘지」(병휴찬).
32) 『전서』 1, 344쪽 상좌(「與李景祖」).

그가 제일 먼저 읽은 것도 『맹자』였을 뿐만 아니라 뒷날 그가 남긴 제경질서 중에서도 『맹자질서』를 가장 먼저 저술하였다. 그는 맹자가 시대로 보면 뒤이나 뜻으로 보면 상세하고, 뒤이니 가깝고, 상세하니 뜻이 분명하다고 하여 성인의 뜻을 알고자 하면 반드시 『맹자』에서 시작해야 한다고 주장하였다.[33]

한편 성호는 경서가 여섯 종류나 있지만 하나의 '교敎'자로 포괄할 수 있으니 '교'는 악을 제거하고 선으로 나아감을 말한다고 정의하고 있다.[34]

다음으로 성호의 경전해석 태도에 대하여 살펴본다. 성호는 경서를 읽을 때는 모름지기 주된 뜻이 있는 곳을 보아야 한다고 강조하고,[35] 단순한 훈고의 방식으로써 경서를 해석하는 것에 대해서는 비판하는 태도를 취하고 있다. 성인의 뜻을 마음으로써 터득하는 것이 가장 중요하다고 강조한[36] 성호는 경서의 주석에 대해서는 전주箋註는 노맥路脈을 인도하고 지시하는 것에 불과할 뿐이며, 그 경지에 도달하고 마음으로 통하는 것은 전적으로 읽는 사람에게 달려 있다고 한다.[37] 경서를 연구하는 자는 반드시 본지를 추구하고 방증旁證을 철저히 하여 수기안인修己安人의 기본이 되게 해야 하니 한 구절이라도 밝지 못하면 한 가지 일에 결함이 있게 된다고 하였다.[38]

다음으로 경전연구에 대해 성호는 다음과 같이 주장한다.

---

33) 『전서』 1, 608쪽 하우(「맹자질서서」).
34) 『전서』 6(『사설』), 872쪽 상좌(「經解」).
35) 『전서』 4(『논어질서』), 477쪽(「헌문」 11장). "凡讀經須看主意所存."
36) 『전서』 4(『논어질서』), 433쪽 하우단. "以此知謹(여강본에는 訓)守訓詁之非心得者也."
37) 『전서』 6(『사설』), 1009쪽 상우(「窮經」).
38) 『전서』 6(『사설』), 1008쪽 하좌(「窮經」).

경전을 궁구함은 장차 치용致用하기 위해서이다.[39] 그런데 경전을 말하면서 천하만사에 쓰임이 없다면 이것은 한갓 책을 읽는 데 능할 뿐이다.[40]

즉 성호의 경학연구 태도는 경학 그 자체에다 목적을 두기보다는 경세치용을 지향해야 한다고 강조하고 있어, 경학을 경세치용의 보조적 수단으로 파악한 점에 그 독특성이 있다고 할 수 있다.

그리고 성호는 어맥語脈과 필세를 살피지 않고 한결같이 의리로 판단하는 것은 글 쓴 사람의 뜻이 아니며 문세文勢에 따라 뜻을 궁구하여야 하며,[41] 자신의 설은 오로지 문세와 자의를 주로 하여 해석한다고 주장하였다.[42] 또한 성호는 경서해석에 있어서 자유로운 입장을 취할 것도 아울러 강조하고 있다.[43]

성호는 경서를 해석함에 있어서는 『집주』를 통해 육경의 본지로 거슬러 올라갔는데 간혹 선유들이 드러내지 못한 것이 많았으니 모두 깊이 생각하고 자득한 데서 나온 것이었다.[44]

이상에서 살펴본 바와 같이 성호의 학문의 기본성격은 어디까지나 수사학적인 수기치인의 학으로 주자를 존숭하면서도 주자학을 넘어서 본원의 학, 즉 수사학으로의 복귀를 의미하고 경의經義의 심득과 세무世務에의 깊은 관심이 요구되는 것이었다.[45]

---

39) 이는 원래 정자의 말이다. 『하남정씨유서』 상, 제4, 77쪽, 游定夫所錄(대만상무인서관, 민국67).

40) 『성호전서』 6(『사설』), 735쪽 상우(「誦詩」). "窮經, 將以致用也. 說經而不措於天下萬事, 是徒能讀耳."

41) 『전서』 1, 614쪽 하우(「書經疾書序」).

42) 『전서』 1, 268쪽 하좌(「答愼耳老問目」).

43) 『전서』 4(『논어질서』), 433쪽 상좌단.

44) 『전서』 2, 967쪽 상우(「가장」).

45) 한우근, 『성호이익연구』, 46쪽(서울대학교 출판부, 1990).

3. 『논어』에 대한 견해

먼저 성호의 제 경서 저술의 경과를 살펴보기로 한다. 성호는 경학에 있어서는 학문에 뜻을 둔 처음에[46] 먼저 『맹자』를 읽었으며 특히 그 해에 아들이 태어나자 맹휴라고 이름 지을 정도로 『맹자』에 대해 깊은 관심을 두었다(이때가 1713년임). 그래서 33세에 『맹자』를 읽은 것을 시작으로 38세에 『맹자질서』를 저술하고[47] 이어 『대학』, 『소학』, 『논어』, 『중용』, 『근사록』, 『심경』, 『주역』, 『서경』, 『시경』을 차례로 읽고 각각 『질서』를 찬하였다. 특히 『주역』과 『시경』은 만년에 이전 본本을 버리고 개찬改撰하였고 『가례질서』는 열람함에 따라 곧 기록하였다(제 질서가 모두 서문에 저술 연대가 없는 데 비하여 오직 『역경질서』(정묘년, 1747)와 『가례질서』(신해년, 1731)에 연도가 표기되어 있음). 이 질서류를 완성하는 데는 십수 년이 소요되었는데[48] 이는 성호 경학의 진수라고 할 수 있다.

이상 성호의 제 경서에 관한 질서 시리즈를 살펴볼 때 사서삼경 이외에 주자학의 필독서인 『소학』, 『가례』, 『심경부주』,[49] 『근사록』에 대한 질서를 저술하였음을 볼 수 있어 성호가 주자학 관련 저술에도 유의하였음을 알 수 있다. 이 밖에 경학과 관련 있는 저술로는[50] 「중용질서후설」,[51] 「독시전」,[52] 「독서전」,[53] 「독의례」,[54] 「독대대례」[55] 등이 있

46) 이는 겸사로 보인다.

47) 권문봉은 장서각본 「맹자질서서」의 '戊戌星湖撰'이라는 기술에 의거하여 성호의 『맹자질서』의 저작 연대를 38세로 추정하였는바(앞의 글, 130쪽) 이는 맹휴의 생년과 비교할 때 일치한다.

48) 『전서』 2, 968쪽 하좌~969쪽 상우(이병휴찬 「家狀」).

49) 諸經疾書에 대해서는 모두 문집에 서문이 실려 있으나 유독 「심경질서서」는 보이지 않는다.

50) 직접적으로 경서를 지칭해서 서술한 것에 한정함.

51) 『전서』 2, 704~706쪽.

고,[56] 문집의 서書 부분에 산견되며 『성호사설』에도 부분적으로 일정한 주제 아래 실려 있다. 다만 다산의 경의시經義詩[57]나 자의시류字義詩類[58] 같은 경서에 관련된 시는 보이지 않는다.[59]

1) 『논어질서』의 구성 및 체계

먼저 『논어질서』의 구성에 대해 살펴보기로 한다. 『논어』는 상론과 하론으로 나누어지며 각각 10편씩 총 20편 도합 498장(주자 『논어집주』 기준)으로 구성되어 있다.

이하에서 『논어』 각 편의 전체 장수, 성호가 『논어질서』에서 해석한 장과 그 수, 해석비율을 정리하여 도표로 나타내면 다음과 같다.

■ 『논어질서』의 구성

편명	전체장수(『집주』)	해석한 장	해석장수	해석비율
학이	16	1, 2, 3, 4, 5, 7, 8, 9, 10, 13, 14, 16	12	75

52) 『전서』 1, 405쪽.

53) 『전서』 1, 405~406쪽.

54) 위와 같음, 406쪽.

55) 위와 같음, 406~407쪽.

56) 잡저 부분(권23-9, 『성호집』, 『전서』 1책, 445~571)에서는 예에 관한 설이 대부분을 차지하고 있다.

57) 다산은 『시』, 『서』, 『예』, 『악』, 『역』, 『춘추』에 대해서 經義詩로서 각각 다섯 수의 시를 통하여 자신의 경서에 대한 관점을 집약적으로 표출하고 있다.(『여유당전서』(신조선사본), 『시문집』 권7, 46전~47후)

58) 다산은 字義詩라는 제하에 仁, 恕, 敬(각각 二首), 性(四首) 등 유학에서의 중요개념에 대해 자신의 견해를 표명하고 있다.(『여유당전서』, 『시문집』 권7, 45후~46전)

59) 다만 경해에서 육경의 가르침에 대해 간략하게 그 특징을 서술한 것이 있을 뿐이다.(『전서』 6(『사설』), 872쪽, 「經解」)

위정	24	1, 2, 4, 5, 7, 8, 11, 15, 16, 18, 20, 21, 22, 23, 24	16	66.7
팔일	26	1, 2, 3, 4, 5, 6, 7, 8, 9, 10, 11, 12, 13, 17, 18, 21, 22, 25, 26	19	73.1
이인	26	2, 5, 6, 10, 12, 13, 15, 16, 25	9	34.6
공야장	27	1, 2, 3, 4, 5, 6, 7, 8, 9, 10, 12, 13, 14, 15, 17, 18, 19, 20, 21, 23, 25, 27	22	81.5
옹야	28	1, 3, 4, 5, 7, 10, 11, 12, 13, 15, 17, 19, 20, 26, 28	15	53.6
술이	37	1, 2, 5, 6, 7, 8, 10, 11, 15, 16, 17, 19, 21, 22, 23, 25, 27, 28, 32, 34, 35, 37	22	59.5
태백	21	2, 3, 4, 5, 10, 11, 14, 15, 16, 19, 20, 21	12	57.1
자한	30	2, 3, 4, 5, 6, 7, 8, 10, 11, 12, 13, 15, 17, 22, 23, 24, 27, 29, 30	19	62.3
향당	1(17절)	3, 5, 6, 8, 12, 16, 17(절)	7(절)	41.2
선진	25	2, 7, 8, 10, 12, 13, 16, 18, 19, 22, 23, 25	12	48
안연	24	1, 4, 8, 9, 11, 15, 19, 20, 21	9	37.5
자로	30	2, 3, 5, 14, 15, 22, 30	7	23.3
헌문	47	4, 8, 10, 11, 16, 17, 18, 19, 20, 22, 23, 24, 25, 31, 33, 37, 38, 39, 42, 46	20	42.6
위령공	41	4, 5, 11, 13, 16, 17, 21, 28, 33, 34, 36, 40	12	29.3
계씨	14	1, 3, 4, 5, 6, 8, 11, 13	8	57.1
양화	26	1, 4, 5, 6, 7, 8, 10, 11, 12, 14, 15, 19, 21, 22, 24, 26	16	61.5
미자	11	4, 6, 7, 8, 9	5	45.5
자장	25	20	1	4
요왈	3		0	0
계	482(498)		237(243)	49.2(48.8)

* 주자의 『논어집주』 장수를 기준으로 하였음

* 향당편에서 ( )로 표시한 부분은 절로 계산하였을 경우임.

이상의 도표에서 살펴본 바와 같이 성호는 논어 20편 498장(주자 『논어집주』 기준) 중에서 총 243장에 대해 자신의 견해를 피력하고 있는데 이는 전체의 약 50퍼센트에 해당된다. 특히 해석함에 있어서 소요된 면수를 고려할 때 상론에 해석이 집중되어 있는 점(70퍼센트 이상의 해석 비율을 보이고 있는 곳은 「학이」, 「팔일」, 「공야장」편으로 모두 상론에 집중되어 있다. 상론에 153장, 하론에 90장으로 상론이 전체의 약 2/3를 차지하고 있다), 하론에서는 장문長文을 거의 찾아보기 힘든 점도 또 하나의 특색으로 들 수 있겠다. 그리고 실제 해석에 있어서도 '일관장', '정명장' 등을 비롯한 중요한 장들에 대해서는 거의 빠짐없이 자신의 견해를 개진하고 있음을 볼 수 있다.

그러면 『논어』의 몇몇 중요한 장에 대한 성호의 견해를 고찰하기에 앞서 먼저 「논어질서서」를 중심으로 분석해보기로 한다.

성호에 의하면 성인의 도는 『논어』 한 책에 다 갖추어져 있다고 보았다.[60] 성호는 『논어』의 중요성에 대해서 가르침은 『논어』보다 더 잘 갖추어진 것이 없으니 천지 사이에 이 책이 없어서는 결코 안 될 것이라고 파악하고, 『논어』의 특성에 대해서는 의리가 가장 오묘하나 말은 가장 간단하다고 정의하는 한편, 성인의 말은 상하에 통하여 하나의 명칭으로써 꿰뚫을 수 있는 것은 아니라고 주장한다. 특히 질문한 것을 삭제하고 다만 공자의 결사結辭만을 보존하여 더욱 이해하기 어려워 의심이 없을 수 없다고 설명하고 있다.[61]

다음으로 성호는 『논어』를 연구하는 데 있어서 주의해야 할 점에 대해서는 다음과 같이 말한다.

---

60) 『전서』 6(『사설』), 829쪽 상우(「求仁」). 안정복도 聖人의 언행은 『논어』 한 책에 갖추어져 있는데, 그 말은 모두 下學卑近處요 易知, 易行한 일이지 甚高, 難行한 일은 없다고 파악한다.(안정복, 『순암전집』 1, 414쪽, 「題下學指南」)

61) 『전서』 4, 433쪽(「논어질서서」).

『논어』 20편은 모두 성인의 언행으로서 마땅히 털끝만큼도 의심할 만한 것이 없지만 혹 한때 무슨 일이 있어서 말한 것이 있다. 다 깨달을 수 없는 곳에 대해서는 당시에 무슨 일 때문에 이런 말을 하였는지를 상상해 반드시 그 일을 터득한 뒤에야 바야흐로 그 말뜻을 알게 된다.[62]

그리고 주자의 『집주』에 대해서는, 이설이 어지러이 얽혀 있는데 주자에게서 절충되어 하나로 정해졌으니 세교世教에 이 주해가 없어서는 안 될 것이라고 하여 제 주석서 중에서 『집주』를 최우선으로 강조하는 태도를 보이고 있다. 이에 성호는 『논어』를 보고자 하면 먼저 『집주』를 연구하여야 하고 『집주』를 연구하고자 하면 먼저 그 마음을 얻어야 한다고 하면서, 주자의 마음을 얻으면 공자의 마음은 거의 미루어 알 수 있을 것이라고 하여 주자의 유학사에서의 위치 및 정통성을 재확인하고 있다. 아울러 주자의 『집주』의 주석 태도에 대해서는 주자의 마음은 천지와 더불어 넓고 크며 고금과 한가지로 공평하여 조금도 자신의 견해를 고치는 데 인색함이 없이 오직 의로운 것만을 따랐다고 파악한다.[63] 그래서 뭇 장점을 모아 중도에 나아가 주자가 될 수 있었다는 것이다.[64]

결국 성호가 『논어』를 해석하는 의도는 감히 전석箋釋의 바깥에서 뜻을 구하는 것이 아니라 주자 문하의 여러 제자들의 문목問目과 동일한 것으로 다만 잠시 자신의 의견을 기록하여 밝은 스승을 기다려서 바른 데 나아감에 비기는 것이라고 명언하고 있다.[65]

---

62) 『전서』 6(『사설』), 734쪽 하우(「聖人之言」). "論語二十篇, 皆聖人之言行, 宜無一毫可疑. 其或有一時有爲而發者, 其於未盡曉處, 亦宜像想當時緣何等事端, 而發此言句乎? 必得其事然後方得其言也."

63) 이는 다산의 경전 주석 태도에 있어서 "惟是是求, 惟是是從, 惟是是執"의 태도를 상기하게 한다.[『시문집』 권19, 29전. 『여유당전서』(신조선사본)]

64) 『전서』 4(『논어질서』), 433쪽(「논어질서서」).

65) 위와 같음.

2) 성호 논어 해석의 전개

이하에서는 성호의 논어설 중 몇 가지 중요한 개념에 대해 고찰하고 다산설과의 대비를 통해 상호 영향 관계에 대해서도 살펴보고자 한다. 먼저 「학이」 수장에 대해 살펴보기로 한다. 지와 행의 관계에 대해 성호는 다음과 같이 파악한다. 즉,

> 행은 반드시 지로 말미암아 얻는 것이니 각覺은 지에 속하고 위爲는 행에 속한다. 그 행위를 본받고자 하면 모름지기 먼저 그 각을 본받아야 하니 이것이 지행을 겸해서 말하는 까닭이다.[66]

라 하여 학문은 지와 행을 겸해야 한다고 주장한다. 성호는 정자가 습習으로써 지에도 속하게 하고 행에도 속하게 하였는데, 학은 행에 속하지 않는 것이니 이는 주자의 뜻과 같지 않다고 하여 정주설을 비교함과 동시에 정자설보다는 주자설에 동조하는 견해를 보이고 있다. 성호에 의하면 행에는 두 가지 면이 있으니 생각하고 추구하여 속에 두루 미치는 것은 마음에 행하는 것이고, 배운 것이 나에게 있는 것은 몸에 행하는 것이니 모든 것이 행이라고 하여 행을 강조하고 있다.[67] 성호는 '지행호진知行互進'이라고도 표현하며,[68] '지행교양知行交養'이라고도 하여 지는 마음에 속하고 행은 마음과 몸에 속하여 속으로 하는 것은 마음의 행동이고 겉으로 하는 것은 몸의 행동이라고 파악하였다.[69] 그리고 학은 몸

---

66) 『전서』 4(『논어질서』), 434쪽(「학이」 1장). "行必由知而得, 覺者屬知, 爲者屬行. 欲效其爲, 須先效其覺, 此所以兼知覺說也."
67) 『전서』 4(『논어질서』), 434쪽(「학이」 1장).
68) 『전서』 4(『논어질서』), 447쪽 상좌(「이인」 5장). "取舍存養, 自是知行互進."
69) 『전서』 6(『사설』), 694쪽(「交養」).

으로 배우는 것도 있고 마음으로 배우는 것도 있으며 학은 모두 행이라고 할 수 있으며, 효제 같은 종류는 몸의 행이고 독서궁리 같은 종류는 마음의 행으로 보았다. 행으로 인하여 밝게 살피는 데까지 이르면 바로 지가 되는 것이니 행이 지보다 앞서는 것 같다[70]고 하여 행을 지보다 우선하였다.

아울러 정자의 '열재심, 낙주발산재외說在心, 樂主發散在外'에 대하여는 때로 익혀 기뻐하는 것은 마치 우물을 파서 물을 얻어 기뻐하는 것과 같으니 그 기쁨은 기대는 것이 있지만, 벗이 와서 즐거워하는 것은 많은 사람이 일제히 물을 얻어 함께 즐거워하는 것으로 피차의 구별이 없으므로 발산하여 바깥에 있다 하였다고 하여 열說과 낙樂의 차이를 대비하여 설명하고 있다. 주자는 '급인이락자, 순이이, 부비불온자, 역이난, 고유성덕자능지及人而樂者, 順而易, 不知不慍者, 逆而難, 故惟成德者能之.'라고 하였다. 이에 대해 성호는 '역이난逆而難은 중인衆人으로부터 말한 것이며 덕을 완성한 사람은 마음이 하고자 하는 바를 따르면 모두 순경順境이며, 또 어렵기 때문에 힘써서 이긴다면 어찌 원망을 품을 때가 있겠느냐고 반문하고 있다. 이에 성호는 '인부지이불온, 불역군자호人不知而不慍, 不亦君子乎?'의 문장에 있어서 아래의 '불不'자는 『주역』에서 이른바 번민이 없다는 것과는 동일하지 않은 것 같으니 다시 자세히 생각해 보아야겠다고 하여 본문의 글자에까지도 이의를 제기하고 있다.[71]

한편 도道와 학學의 관계에 대해 성호는 다음과 같이 설명한다.

> 무릇 일은 도를 따라 드러나고 도는 학을 따라 밝아지니 이것이 『논어』 첫머리의 첫 번째 뜻이다. 학은 지에 속하고 습은 행에 속하니 배우기만

70) 『전서』 6(『사설』), 627쪽(「知行合一」).
71) 『전서』 4(『논어질서』), 434쪽(「학이」 1장).

> 하고 익히지 않으면 오히려 기뻐하는 데까지 이르지 않는다. 이는 마치 추환芻豢이 비록 먹을 만하다는 것을 알지만 씹어 먹어 본 뒤에야 바야흐로 맛있는 줄 아는 것과 같다.[72]

이상에서 살펴본 바와 같이 성호는 선지후행先知後行을 강조하고 있는데[73] 이러한 생각은 주자의 견해와도 일치하는 것이며[74] 원시유학의 근본정신[75]과도 합치되는 것이다.[76]

결국 성호는 학문의 일차적 목적을 지知에 두었으며 지지리知之理의 선통先通을 주장하면서도 결국 행에 역점을 두었다는 점에서 성호의 실천중시의 입장을 확인할 수 있다.[77]

그런데 이런 이해는 다산 정약용에게서도 같은 견해로 나타난다. 다산은 학이란 지하는 것이고 습은 행하는 것이니 '학이시습'이란 것은 지행이 아울러 나아가는 것으로 파악하고 후세의 학은 배우기만 하고 익히지를 않으니 기뻐할 만한 것이 없다고 설명하였다.[78]

다음은 인仁에 대한 성호의 견해를 살펴보기로 한다.

성호는 인은 성性이니 성은 곧 이理라고 정의한다. 이理에는 네 가지가 있으니 인이 그중 하나를 차지하며 인이 드러난 것이 애愛니 애는 곧 정情이다. 이 인이 있는 것을 아는 것은 정으로 말미암아 추측한 것이므

---

72) 『전서』 6(『사설』), 751쪽 하좌(「論語首章」). "凡事因道著, 道因學明, 此開卷第一義. 學屬知, 習屬行, 學而未習, 猶未至於悅. 如蒭豢雖知可食, 至嚥嚼然後方得其悅口矣."
73) 『전서』 6(『사설』), 841쪽(「顔淵進止」). "所謂進者, 先知後行, 知不進則行不進可知."
74) 『주자어류』 권9, 「學三」(「論知行」)(1책, 148쪽, 중화서국본). "論先後, 知爲先, 論輕重, 行爲重."
75) 다산은 이를 '洙泗之古義'(『시문집』 권18, 6후), '洙泗之眞源'(위와 같음, 5후)이라고 표현한다.
76) 이러한 정신은 『논어』의 다음 문장에서 가장 극명하게 드러난다. "子曰, 弟子入則孝, 出則弟, 謹而信, 汎愛衆而親仁, 行有餘力, 則以學文."(「학이」 6장)
77) 송갑준, 『성호 이익 철학 연구』, 32쪽.
78) 『논어고금주』 권1, 8후(신조선사본).

로 인이란 애의 말미암아 생긴 것이라고 하고 이는 이理로써 말한 것이라고 파악한다. 심은 기로써 심이 성을 통괄하니 사덕四德은 심에 해당하며 인은 전덕全德이므로 마음의 덕이라고 하였으니 이는 기氣로써 말한 것이다. 기가 아니면 이는 의지할 데가 없기 때문이다.[79] 여기에서 성호는 인을 이기론의 관점에서 해석하는 특징을 보여주고 있다.

그런데 이러한 성호의 인에 대한 견해는 다산이 인을 실천적 의미로 해석하는 점과는 전혀 다른 입장을 보이고 있다. 즉 다산은 인을 치심양성治心養性과 행기수신行己修身의 근본으로 보고, 두 사람 사이에서 생기는 것이며(부자, 형제, 군신, 목민牧民), 다른 사람에게 향한 사랑이며 사람과 사람이 그 본분을 극진히 하는 것으로 보아 인륜의 완성된 덕으로 규정한다. 특히 인은 결코 심덕心德이나 천리가 아니고 인덕人德이며, 행사行事에서 이루어지는 것으로 파악하여 사단四端에서의 '단'을 시始로 해석하고 측은 등은 안에, 인의예지는 밖에 마치 열매처럼 있는 것으로 설명한다. 그런데 이 인에 관한 새로운 해석은 다산이 창시한 설은 아니다. 『여유당전서』, 『시문집』의 「녹암권철신묘지명」에서 권철신(1736~1801)의 사상을 서술하는 가운데 "그 사단을 논함에 있어서는 조기의 설처럼 '단端'을 '수首'로 해석하여 인의예지는 일을 행함에서 이룩된 말이라고 하였다"[80]라 하였고, 『맹자요의』에서는 "인의예지의 명칭은 일을 행한 뒤에 이루어진다.…… 내가 옛날에 사우에게서 들었다"[81]라 하였으며, 「시양아示兩兒」에서도 "인의예지는 행사行事에 베푼 다음에야 바야흐로 이 명칭이 있는 것이다.…… 옛날에 명례방에서 강학할 때 이미 이 설을 들었는데 이것은 고훈이다"[82]라 한 것으로 보아 다산이 인의

79) 『전서』 4(『논어질서』), 434쪽 상좌~하우(「학이」 제2장).
80) 『시문집』 권15, 34후. "其論四端, 以端爲首如趙岐之說, 而仁義禮智爲行事之成名."
81) 『孟子要義』 권1, 22전~23후. "仁義禮智之名, 成於行事之後 …… 余昔聞之於師友"
82) 『시문집』 권21, 19후. "仁義禮智者, 施諸行事而後方有是名…… [昔講學于明禮坊, 已聞

해석에 있어서 녹암설의 영향을 받은 것이 증명이 된다. 그런데 인에 대한 이러한 행사설은 당시 다산 주위의 인물들 사이에서(즉 성호학파 계통)는 일반적인 견해가 아니었던가 생각된다. 왜냐하면 「서암강학기西巖講學記」에서 오국진吳國鎭(1763~?)의 이삼환李森煥(1729~?, 木齋)에 대한 질문에서도 다산과 같은 견해가 나타나고 있기 때문이다.[83]

다음은 '일이관지一以貫之'에 대한 견해를 살펴보기로 한다.

먼저 충서忠恕에 대한 견해를 살펴본다. 성호는 충과 서에 대해 정의하기를 충에서 중은 치우치지 않은 것이니 이理로써 말한 것이고 서恕에서 여如는 대동大同이니 일로써 말한 것으로 본다. 어버이를 섬김은 사랑이 주가 되고 임금을 섬김엔 바름이 주가 되니 충은 반드시 임금을 섬기는 데 관계가 되어 중심이 충이 된다. 남을 사랑하되 덕으로써 하는 것은 인정이 모두 같아서 내가 사랑하고 미워하는 것은 남도 또한 사랑하고 미워하니 뭇사람과 같은 마음이 바로 서恕이다.[84]

그리고 성호는 일관의 뜻을 『중용』과 연계시켜 해석하고 있다. 『중용』에서는 오달도五達道와 삼달덕三達德을 말하고 이것을 행하는 것은 하나라고 하였다.[85] 이에 대해 성호는 하나는 성誠임을 확인하고 천하의 모든 일이 모두 하나의 성誠자로써 관통하고 이것이 바로 공자의 일관의 설이라고 하여 성을 강조한다. 그런데 『중용』에서는 그것을 행하는 것은 하나임을 거듭 말하였지만 하나라는 것이 무엇인지를 명확히 말하지는 않았다. 그러다가 뒤에 이르러서 성이라는 것은 하늘의 도요

此說, 此是古訓"

83) 같은 책, 권21, 25후~26전. "國鎭問, 惻隱羞惡等情是自內發者, 及達於外施於事然後, 方叫做仁叫做義. 今人却以仁義禮智四德有若伏在裏面, 放惻隱羞惡等情出去發見, 未知如何?" 이에 대해 李森煥도 원칙적으로는 동의한다. "木齋曰, 仁義禮智固就事爲上成就."

84) 『전서』 6(『사설』), 924쪽 하좌 ~ 925쪽 상우(「忠恕」).

85) 『중용』, 20장.

성실히 하려는 것은 사람의 도임을 말하였다. 이에 대해 성호는 성자誠者를 성인의 충서로 성지자誠之者를 학자의 충서로 파악한다.86) 이 장의 뜻에 대해 성호는 다음과 같이 이해한다.

> 이 장과 같은 것은 증자가 곧 깨달았으므로 다만 '성자, 천지도야誠者, 天之道也'라는 한 구절을 빼고 다만 일관만을 말하여 그로 하여금 자득하게 한 것이다. 이는 마치 『중용』에서 다만 먼저 하나를 말하고 성에 미치지 않은 것과 같으니 가르침의 도가 아님이 없다. 일관의 뜻을 알려고 하면 반드시 『중용』에서 구하여야 한다.87)

이에서 성호가 일관지의를 성으로 파악하고 『중용』과 연결시켜 해석하고 있음을 알 수 있다. 성호는 만사를 통괄하고 일관하는 것은 오직 성誠일 뿐이라고 거듭 강조하고 성이란 천도가 쉬지 않고 만물이 육성하는 것일 뿐이며 성인의 도道도 또한 쉼이 없으니 널리 응하여 구비 구비 합당한 것이 또한 성일 뿐이라고 주장하였다.88)

또 성호는 일리혼연一理渾然을 충으로 범응곡당汎應曲當을 서恕로 보고 이를 성인의 충서로 파악하고, 지성무식至誠無息을 충으로 만물각득기소萬物各得其所를 서恕로 보고 천지의 충서로 파악한다. 성호는 증자가 공자의 도라고 말한 것은 오로지 진기盡己와 추기推己의 조목만을 가리킨 것이 아니라고 주장한다. 정자는 일이관지의 충서가 『중용』의 충서위도불원忠恕違道不遠과는 다르다고 하였다. 앞에서 이미 추기급물推己及物은

---

86) 『전서』 4(『논어질서』), 448쪽 상좌(「이인」 15장).

87) 『전서』 4(『논어질서』), 448쪽 상좌(「이인」 15). "如此章者, 緣曾子便曉, 故只欠誠者天道一句, 而只言一貫使之自得. 如中庸之只先言一而不及誠也, 莫非敎誨之道也. 欲知一貫之義者, 必於中庸求之."

88) 위와 같음.

중용의 위도불원違道不遠이 이것이라고 말하였고 여기서 다시 이렇게 말하였으니 증자의 이른바 충서는 분명히 자연적으로 움직인 것이라는 것이다. 또 이르기를 『중용』에서 이른바 충서는 곧 하학상달의 뜻이라고 하였으니 진기와 추기가 비록 학자의 하학이지만 자연으로 움직이는 데 상달할 수 있다. 만일 진기 추기의 조목에 힘을 써서 얻음이 있다면 또한 장차 저절로 일리혼연 범응곡당하는 충서에 얻음이 있을 것이므로 학자의 일(충서)을 빌려서 성인의 충서를 드러내어 밝혀 그들로 하여금 이로(학자의 충서) 말미암아 저것을(성인의 충서) 깨닫게 하였다고 파악한다.[89]

이에 성과 충서의 관계에 대해 성호는 다음과 같이 보고 있다.

> 성이란 쉬지 않음이고 충서는 성의 경지를 이룩하는 방법이다. 진실로 충서가 아니면 성은 헛된 자리가 될 것이다. 무릇 일용윤상에 충서로써 행하여 지성무식하면 성인의 지극한 공이다. 이에 이르지 못한 자는 마땅히 힘쓰기를 충서로부터 시작할 것이다. 증자는 그 노맥路脈을 가르쳐준 데 불과하니 이르고 이르지 못하는 것은 그 사람에게 달려 있다.[90]

결국 충서가 인의 구현방법이고, 충서를 통해서 성의 경지에 도달할 수 있다고 한다면 성誠의 내용이 곧 인이라고 할 수 있다. 다시 말하면 인이 자연계와 인간세계에 드러난 상태가 성이며 행인行仁의 공부가 바로 성이다.[91]

---

89) 『전서』 4(『논어질서』), 448쪽(「이인」 15장). 이는 주자의 설을 부연한 것이다. 이에 대한 자세한 논의는 필자의 「논어 일이관지장 해석의 검토」, 337~342쪽(『동양철학연구』 13집, 1992, 동양철학연구회) 참조.

90) 『전서』 6(『사설』), 769쪽 하단(「一貫」). "誠者無息也, 忠恕所以誠之地也. 苟不忠恕, 誠爲虛位. 凡日用倫常, 行以忠恕, 而至誠無息, 卽聖人之極功. 未至於此者, 姑當着力自忠恕始. 曾子不過指其路脈, 其至不至則存乎其人也."

한편 성호의 후학들에 이르러서는 성호설과는 다른 양상으로 나타난다. 다산은 중심으로 남을 섬기는 것을 '충', 다른 사람의 마음을 내 마음처럼 헤아리는 것을 '서'라 하고 일이관지의 일은 바로 서이고 서는 근본이 되고 행하는 것은 충으로 이것은 내대적인 것이 아니고, 충을 실행할 때 서恕는 이미 오래 전부터 있는 것이라고 주장한다. 또 서를 해설함에 있어서도 상하, 전후, 좌우의 교제를 잘하는 것이라 하고 이를 혈구지도絜矩之道와 연결시키고 있다. 즉 오도吾道는 혈구지도이며 일이관지는 혈구지서絜矩之恕이다. 아울러 이 장은 전도지결傳道之訣이 아님도 밝히고 있다.

다산은 서를 추서推恕와 용서容恕로 구분한다. 즉 고경古經에는 추서만 있고 용서는 없는데, 주자가 말한 것은 용서라고 하면서 추서는 자수自修를 주로 하여 자기의 선을 행하는 것이고 용서는 치인治人을 주로 하여 남의 악에 너그러운 것이라고 설명한다.[92] 또 서와 인과의 관계에 대해서는 서가 인을 완성하는 방법임을 논하고 있다.

그런데 충서에 관한 이런 해석은 다산의 독창적인 것은 아니다. 이는 성호 이익의 종자從子인 정산貞山 이병휴李秉休(1710~1776)의 설에 힘입은 것이다.[93] 즉 정산은 "충하므로 능히 서하고 서하면 충이 그 가운데 있다. 혹 충서를 병칭하거나 서만을 단칭單稱하더라도 실제로는 하나이다"라 하였고[94] "그렇다면 부자가 사賜에게 일관을 고한 것이 그 뜻이 서에 있음을 이 또한 방증할 수 있다. 서는 성인의 요도要道이니…… 이

---

91) 서복관, 『서복관선생전집』 1, 149~150쪽(대만 학생서국, 1984). 송갑준, 앞의 논문에서 재인용.

92) 筆者는 推恕를 소극적인 면, 容恕를 적극적인 면으로도 분류할 수 있다고 본다.

93) 『經學資料集成』 23책의 「논어 일관설」, 「오도일관변」 참조.

94) 『經學資料集成』 23冊(『論語』 6, 성균관대학교 대동문화연구원, 29쪽). "忠故能恕, 恕則忠在其中, 或竝稱忠恕, 或單稱恕, 其實一也. 然則一貫蓋以恕言也."

를 일러 혈구지도라 하니 이는 서의 도를 말한 것이다."[95]라 한 것으로 보아 다산이 정산설의 영향을 받은 것임을 추측할 수 있다. 실제로 다산은 정산의 제자인 복암茯菴 이기양李基讓을 종유했고 무척 가까운 사이였다.[96] 따라서 다산이 정산의 일이관지설과 그 유저를 읽었을 것을 추측하기에 어렵지 않다.

4. 성호 논어 해석의 특징

이상의 고찰을 통해 성호 경학사상의 특징을 다음과 같이 간략히 정리해 본다.

먼저 형식면에서의 특징을 살펴보면,

첫째, 다산의 경우 『논어』를 521장으로 새롭게 분장분절하였는데 성호의 경우는 『논어집주』의 분장분절을 그대로 지켰다는 점이다.

둘째, 인용서의 다양함을 통해서[97] 광범위한 자료를 섭렵하였다는 것을 감지할 수 있다.[98]

---

95) 『集成』 23冊, 30~31쪽. "然則夫子之告賜一貫, 其旨在恕, 此亦可以旁證也. 夫恕者, 聖人之要道.…… 此之謂絜矩之道, 此言恕之道也."

96) 『시문집』 권15, 31후. 「복암이〔기양〕묘지명」

97) 실제로 『논어질서』에만 인용한 전적을 열거하면 다음과 같다. 주로 經部류와 子部류에 집중되어 있음을 알 수 있다. 『논어』, 『맹자』, 『대학』, 『중용』, 『시경』, 『서경』, 『주역』, 『한서』, 『설원』, 『춘추좌씨전』, 『춘추공양전』, 『대대례』, 『예기』, 『역림』, 『주례』, 『이아』, 『의례』, 『晋史』, 『공자가어』, 『관자』, 『순자』, 『노자』, 『장자』, 『한비자』, 『국어』, 『전국책』, 『법언』, 『가례』, 『소학』, 『문헌통고』, 『회남자』, 『신서』, 『설문해자』, 『상서대전』, 『효경』, 『사문류취』, 『통감강목』, 『주자어류』, 『십삼경주소』, 『捫蝨新話』, 『사기』, 『예문지』.(권문봉, 「성호 이익의 경학과 사서질서」, 62쪽, 성균관대학교대학원 박사학위청구논문, 1993)

98) 李夏鎭(성호 父)이 숙종 4년(1678)에 燕京 使行에서 귀국할 때 청나라 황제의 饋賜銀段으로 古書 수천 권을 구매하여 돌아왔다.(『성호전서』 2책, 916쪽 하좌단. 「선고사헌부대사헌부군행장」) 성호 자신도 집안에 수천 권의 장서가 있다고 하였다.(『전서』 1책, 114

셋째, 공자의 말로 간주되던 것을 고어라고 지적하고 있다.[99]

넷째, 원문 변경을 통한 원의의 이해를 추구하고 있다.[100]

다섯째, 자신이 확신할 수 없을 때는 유보하는 태도를 보이고 있다.[101]

여섯째, 좀 더 논의가 요구될 때는 별도로 집중적으로 논하는 태도를 보이고[102] 저자의 다른 저술과 긴밀한 유대관계를 보여주고 있다.[103]

일곱째, 사변적인 서술방식을 취하면서 논리적으로 추측하는 방식을 통해서 경문의 원의를 해석하고자 하였다.[104]

그리고 예설禮說 관련 장 해석이 다수 있는 점이라든가,[105] 착간 문제를 통한 경문 수정이라든가,[106] 고론古論에 대한 견해,[107] 성조에 대한 견해[108] 등을 통해서 성호의 경전해석에 대한 이해의 폭과 심도를 유추해 볼 수 있다.[109]

이 밖에 서술의 양에 있어서 불과 열 자만을 가지고 해설한 경우도 있

쪽 상좌. 「答息山李先生」)

99) 444쪽 하단(「팔일」 12장)에서 문장구성 형식과 관련하여 『논어』에서의 고어사용을 예시함. 예를 들면 "祭如祭, 祭神如神在"를 들 수 있다. 성호는 이에 대해 "凡此類皆因上句, 而立說則上句乃古語耳"라 하였다.

100) 성호는 한유의 『논어필해』에서의 원문 변경에 찬동하고 있다.(『전서』 6(『사설』), 1020쪽 하단, 「논어필해」)

101) 위와 같음, 461쪽, 「술이」 16장. 이를 "更詳之"라 표현함.

102) 위와 같음, 438쪽 상우(「위정」 2장)에서 "別有備論當考"라 함

103) 위와 같음, 474쪽 상우(「안연」 8장). "未見允合, 詳著孟子疾書"

104) 462쪽 상우(「술이」 21장). "或者夫子見此事, 引易文爲證耶?" 454쪽 상단(「공야장」 20장), 461쪽 하단(「술이」 17장).

105) 위와 같음, 465~466쪽. 황원구의 조선예학자 계보에 의하면 남인계에 이황 - 이익 - 안정복 - 황덕길 - 허전으로 계보가 이어지고 있다.(『동방학지』 6, 1967)

106) 『전서』 4(『논어질서』), 470쪽 상좌(「향당」 17장) 및 같은 책, 487쪽(「미자」, 6장) 참조.

107) 『전서』 4(『논어질서』), 469쪽 상좌~하(「향당」, 8절).

108) 『전서』 6(『사설』), 856쪽 상좌(「擧隅三反」).

109) 채제공은 성호가 경전을 이야기하는 데 고금을 꿰뚫고 이전에 듣지 못하던 것을 들을 수 있었다고 술회하고 있다.(『전서』 2, 985쪽 상좌, 「묘갈명」, 채제공찬)

지만[110] 여섯 면에 걸쳐서 해설하는 경우도 있어 다양한 해설 형태를 보여주고 있다.[111]

내용면에서의 특징을 살펴보면,

첫째, 경전연구를 치용致用에 중점을 두어 경세치용으로 연결하고 있음을 보여주고 있다. 즉 성호의 경학에 대한 관점을 극명하게 드러내는 단적인 실례가 바로 경세치용적 경학관인 것이다.[112]

둘째, 주자주의 내용에 대해서도 반대의견을 표시하기도 하고[113] 주자주를 보완하기도 하며[114] 주자주의 글자의 오류에 대해서도 지적하고 있다.[115]

셋째, 창의적인 해석도 적지 않음을 들 수 있다.[116]

넷째, 성에 관련된 절을 해석하지 않았다. 양화편의 2, 3장[117]은 성리설과 직접적인 관련이 있는 장인데도 성호는 해설하지 않았다(다산의 경우는 인, 서, 성의 세 가지 핵심사상 중의 하나로서 『논어고금주』에서 가장 많은 양인 20면을 할당하여 서술하고 있다). 『논어질서』에서는 일반적으로 성리설과 연계시켜서 해석하지 않는 특성을 보여주고 있다.

또한 경학사적 의의를 꼽아보면,

첫째, 한국경학사에서 퇴계 이후 경학사의 맥을 잇는 업적으로 평가

---

110) 『전서』 4(『논어질서』), 439쪽 상단.

111) 위와 같음, 440~441쪽.

112) 『성호전서』 6(『사설』), 735쪽 상우(「誦詩」). "窮經, 將以致用也. 說經而不措於天下萬事, 是徒能讀耳."

113) 위와 같음, 441쪽 상좌(「위정」 23장)에서 "然程朱之說似亦有考信, 姑識所疑以待更考"라 함. 또 462쪽 상단우(「술이」 21장)에서 "凡說易不必硬依本義"라 하기도 함.

114) 456쪽 상좌(「옹야」 4)에 "家語只云, 仲弓生於不肖之父, 可謂行惡矣. 集註添一賤字未知何考. 或者犁牛不中於用如人之可廢, 故推此云爾耶?"

115) 『질서』 6(『사설』), 763쪽 하우(「儒門禁網」).

116) 위와 같음, 437쪽(「위정」 2장)에서 '詩三百'에 대한 설명 및 461쪽(「술이」 19장)의 '生知'에 대한 설명 그리고 446쪽(「팔일」 22장)의 '三歸'에 대한 설명을 들 수 있다.

117) "子曰, 性相近也, 習相遠也."(2장), "子曰, 唯上知與下愚不移."(3장)

된다. 다른 학자는 각 경서에 대한 부분적인 서술이나 단독적인 저술은 있으나 『칠서』 전체에까지 미치지는 못하였는 데 반해 성호는 칠서 전체를 모두 주석하였다. 즉 『사서삼경』에 대한 전체적인 해석을 시도하였으니 성호 이전에 퇴계의 『사서석의』가 있으나 매우 간략하며 박세당의 경우 『사서』와 『시』, 『서』에 대한 『사변록』은 저술하였으나 『역경』에까지는 미처 손을 대지 못하였다. 그러나 성호는 비록 완전한 형태는 아니지만 양자에 비해 비교적 체계적인 저술형태를 취하고 있다. 그리고 이의 완성은 성호를 사숙한 후대의 다산 정약용을 기다려서야 이루어진다.[118] 성호의 해석이 비록 다산과 동일한 견해를 보인 것은 많지 않다 할지라도 후대의 다산에게 영향을 준 것은 거의 의심할 여지가 없다.

즉 필자는 한국경학사에 있어서의 맥을

퇴계 - 성호 - 다산

으로 파악하고자 하는 것이다.

둘째, 주자 『집주』에 대해서도 비판적인 견해를 가진 점이다.[119]

셋째, 실학파의 경학을 창시했다는 점도 상당한 의미를 갖는다.[120]

---

118) 다산의 경서 관련 저술은 약 232권이며(『시문집』 권16, 13전, 18전) 『사서』, 『삼경』은 물론 『춘추』, 『예』에까지 그 연구 영역이 미치고 있다. 다산은 16세에 처음으로 성호의 유고를 보았고 자신의 큰 꿈은 성호를 따라 사숙하는 가운데 깨달은 것이 많다고 하였으며(『사암선생연보』, 101~102쪽, 여강출판사, 1989), 천지가 큰 것과 해와 달이 밝음을 알게 된 것은 모두 성호의 힘으로 돌리고 있다(『여유당전서』, 『시문집』 권20, 22후, 「上仲氏」).

119) 대표적으로 『전서』 4(『논어질서』), 445쪽(「팔일」 13장)을 들 수 있다. "謹按集註, 有可疑者三."

120) 이에 대해서는 다음의 기술을 참고할 수 있다. "기존의 주자학도들과는 전혀 다르게 주희의 경학관을 묵수하지 않고 나름대로의 경학적 입장을 가지려 하였다. 이러한 그의 태도가 주희의 경학을 총체적으로 반성하는 실질적 성과를 거두지는 못하였으나 후세

다만 다산이 지적한 바와 같이 성호의 학문은 일생동안 주자를 존신하였으므로 제경諸經의 『질서』가 모두 주자의 전주傳註에 나아가 발휘하고 천양하여[121] 주자라는 큰 울타리 밖을 벗어나지 못함도 지적할 수 있겠다.

한편 『질서』는 일정한 목표를 가지고 집필한 완정되고 체계적인 저술이 아니며 성호의 생애에서 대체적으로 조기(50세 이전)에 속한다. 따라서 자기 사상의 심화라는 측면에서 볼 때 성호사상의 결정이라고 그대로 단정하기 어려운 면이 있다.

5. 결론

이상에서 성호의 경학사상을 논어 해석을 중심으로 고찰해 보았다. 위에서 살펴본 바에서 알 수 있듯이 성호가 부정한 것은 주자나 유학이라는 이름을 빌린 권위주의였으며 주자학이나 유학 그 자체는 아니었다.

성호의 경전연구에 대한 기본 입장은 성리학적 경학관을 극복하는 것이었다. 그렇다고 성호의 경학관이 반주자적인 것이었다고 단정하기는 어렵다. 그러나 성호는 근본적인 문제보다는 세부적인 면에서 주주극복朱註克服의 의지를 표출시키고 있다. 성호의 비판은 어디까지나 주자주

의 경세가들에게 커다란 영향을 주었다. 왜냐하면 새로운 경학관의 개진은 기존의 경학에 대한 문제 제기인 동시에 새로운 세계관의 제기일 수 있기 때문이다. 따라서 이익의 기존의 학문과 현실에 대한 치열한 반성을 토대로 경전을 재해석하고 그로부터 새로운 이상세계의 상을 찾아내고자 하는, 변화의 속도와 본질에 있어서는 보수적이지만 전망에 있어서는 체계적인, 주자학적 교양인들에게 세계 이해의 새로운 틀을 유산으로 물려주었다. 정약용은 그를 물려받아 경학 경세학을 수기치인에 짝 지워 체계화하게 된다."(김용걸, 「성호 이익」, 『한국인물유학사』 3, 1387~1388쪽, 한길사, 1996)

121) 『여유당전서』, 『시문집』 권19, 7전(「答李文達」).

의 권위하의 성리학의 말기적 폐단을 극복하려 한 것이지 주자의 성리학 자체를 전면적으로 비판의 대상으로 삼지는 않았던 것이다. 주자의 주석의 권위와 정통성은 인정하지만 주자주가 절대시될 수 없다는 것이다.[122] 바로 여기에 성호 경학사상의 한계가 드러난다.

성호의 제 경전에 대한 전반적인 견해와 그의 한국경학사에서의 위치를 명확하게 자리매김하기 위해서는 성호의 전체적인 경학사상, 제경질서는 물론 서한 등에 산견되는 경설에 관한 논의 및 『사설』에 부분적으로 보이는 경학에 관한 설도 아울러 종합적으로 비교 분석 검토 연구해야 하겠지만[123] 본고는 『논어질서』를 중심으로 성호의 논어 해석을 고찰하여 극히 일부분을 살펴보는 데 머물렀다.

지금까지 성호의 사상에 대해서는 주로 경세학 측면과 성리학 측면의 연구 위주로 진행되어 왔으나 성호에게는 엄연히 성호 경학의 진수인 제경질서 시리즈가 있는 만큼 이에 대한 적극적이고도 지속적인 연구가 필요할 것으로 보인다.[124]

---

122) 송갑준, 「성호 이익의 경학사상(1)」, 경남대 철학논집.

123) 성호의 경학관을 질서류를 토대로 한 성리학적 경학관과 성호사설을 바탕으로 한 치용적 경학관의 양면성으로 보고, 성리학적 이념을 토대로 한 질서적 경학관으로부터 경세치용을 중시하는 실학적 경학관으로 그의 경학적 세계를 발전시킨 유학자로 보는 견해도 있다.(송갑준, 「이익의 경학관」, 『실학의 철학』, 189~190쪽, 예문서원, 1996)

124) 질서의 세부적 내용도 주자학적 경학에서 볼 수 있는 바의 형이상학적 사변과 큰 차이가 없다고 보는 견해도 있다.(김용걸, 「성호 이익」, 『한국인물유학사』 3, 1383쪽, 한길사, 1996)

다산茶山 정약용丁若鏞의 논어論語 해석

1. 서론

한국유학에 대한 연구에 있어서 특히 조선시대 유학은 경학과 성리학이 학문의 양대 지주로 유학자의 필수적인 기본 교양이었다. 따라서 양자를 겸수兼修해야 함에도 불구하고 특히 경학의 경우는 대부분 과거와 사장詞章을 위한 구이지학口耳之學의 보조자료 내지는 도독徒讀일 뿐이어서 실제로 이 분야에 정심한 경지에 도달한 학자는 극히 드물었다.[1] 이

---

1) 이는 德溪 吳健(1521~1574)의 예를 보면 잘 알 수 있다. 『後自警編』(一名『國朝自警編』, 金昌集 著, 1冊 권1, 5전후(寫本). "常自念吾之用力雖勤, 而謏聞偏見恐不免爲差謬之歸, 每欲求質於有道之君子而未得也. 聞咸陽人梁君熹有時名, 隨與同榻辨問疑義, 則梁君所存只誦得文字而已, 不問意趣所在. 其後盧玉溪禛聞余素居窮經, 求與相見, 遂至傾倒, 論辨甚久. 凡吾所疑玉溪皆未之剖釋也, 玉溪所疑, 則或余所已曉解者, 私竊怪之. 遂遊京國, 出入太學, 遍聽多士及名大夫之論, 其於經學, 率從口耳說話, 不肯入思索, 所謂極其所至者, 亦不過玉溪而止, 然後知吾向日研索之功, 果不至於盡爲虛實也. 古人云, 讀書千遍, 其義自見, 經學不貴承師, 要在自己精思熟讀." 및 『德溪集』 권7, 12전~17후(「行錄」, 「遺事略」) 참조. 吳健은 曺植, 李滉, 金麟厚의 門人이다. 특히 經學에 精通하였으며 退溪도 그의 학

런 연유로 조선조 500년을 통람通覽할 때 경학에 관한 연구저술이 비록 여타 종류의 저술(文集類)에 비해 매우 적은 분량이기는 하나[2] 이를 통해서 선유들의 경전해석經典解釋[3] 세계를 살펴볼 수 있으며 나아가 그들의 사고방식은 물론 유학사가 공자의 "술이부작, 신이호고述而不作, 信而好古"(『논어』, 「술이」)의 정신에 따른 경전해석사라고 정의定義할 수 있는 만큼 조선조 유학자의 경전해석에 대한 탐구는 한국유학사를 정립하는 데 초석이 될 수 있을 것이다. 특히 본고에서 논하고자 하는 다산茶山 정약용丁若鏞(1762~1836)의 학문에 있어서 경세학이 차지하는 비중이 크기는 하지만 다산학에 있어서 경학은 경세학의 기반이 된다. 따라서 경학연구를 통한 경세학으로의 진입이 다산학연구의 올바른 순서인 것이다.

이에 필자는 유학에 있어서의 경학 및 『논어』의 중요성과 다산학에 있어서의 경학의 위치 및 『논어고금주論語古今注』(이하 『고금주古今注』라 약칭함)의 위치를 고려하여 다산의 『고금주』[4]를 중심으로 다산 『논어』 해석의 특성에 대해 고찰해보고자 한다. 물론 다산의 경학 관련 저술이 사서를 비롯하여 육경에까지 다양하고 광범위하게 펼쳐져 있지만

문이 精密하고 深奧함을 칭찬하였다. 『典故大方』(姜斅錫 編, 漢陽書院, 1925) 권3, 2후 '歷代儒學者系譜' 및 『續修聖蹟圖後學錄』(大正 6년) 1전 '東方聖學源流圖'에 曺植의 嫡統을 이은 것으로 나와 있다.

2) 이는 성균관대학교 대동문화연구원에서 간행한 『한국경학자료집성』 시리즈를 살펴보면 곧 알 수 있다. 동 연구원에서 편찬한 『한국경학자료집성』 시리즈(「대학중용」 17책(대학 8책, 중용 9책), 「논어」 17책, 「맹자」 14책, 「시경」 16책, 「서경」 상 11책, 「서경」 하 11책, 「역경」 상 23책, 「역경」 하 14책, 「춘추」 12책, 「예기」 10책) 총 145책에 수록된 저술 참고.

3) 이하에서 解釋이라는 용어는 分析 說明의 의미로 사용한다. 『後漢書』 권36, '陳元傳'上疏: "分明白黑, 建立左氏, 解釋先聖之積結, 洮汰學者之累惑."(『辭源』, 2869쪽; 『中文大辭典』 8冊, 857쪽)

4) 여기서 古今은 크게 나누어 볼 때 宋代 이전과 宋代 이후를 말한다. 즉 漢唐의 주석과 宋元明淸의 주석을 합하여 古今注라 표현한 것이다.

균이 본서를 택한 이유는 첫째, 『논어』는 공문孔門의 스승과 제자 사이의 문답을 주로 한 어록으로서 원시유학, 특히 공문의 원의[5]를 파악하기에 가장 적합한 문헌으로 유학에서 가히 수위首位의 위치를 점유하고 있고[6] 둘째, 비록 다산 자신이 자기 사상의 정수라고 말하지는 않았지만[7] "오직 『논어』는 평생 읽을 만하다"[8]고 하여 항상 안두案頭에서 떠나지 않았던 점, 셋째, 다른 경서의 주석과 달리 책의 모두冒頭에 원의총괄原義總括이라는 제하題下에 무려 175칙[9]이나 되는 독자적인 해석을 일목요연하게 서술해 놓음과 동시에 책 제목 그대로 고금의 제주諸注를 종

---

5) 이는 공자와 그 제자의 근본사상을 뜻하는 것으로 필자의 造語이다.

6) 『여유당전서』, 『論語古今注』(이하 『고금주』라 약칭함) 권10, 39전. "後學之尊信體行, 惟論語一部是已."

7) 茶山은 諸 著書 中 특히 『周易四箋』과 『喪禮四箋』을 得意의 力作으로 보고 있다. 『시문집』 권18, 5후. "周易四箋, 是吾得天助之文字, 萬萬非人力可通, 智慮所到. 有能潛心此書, 悉通奧妙者, 卽子孫朋友千載一遇, 愛之重之, 當倍常情. 喪禮四箋, 是吾篤信聖人之文字, 自以爲回狂瀾, 而障百川以反洙泗之眞源者, 有能精思密察, 得其奧妙者, 此肉骨生死, 千金不授, 感之德之, 如有受賜, 卽此二部得有傳襲之, 餘雖廢之可也.…… 誠恐易禮二書遂至泯晦而不彰也."

8) 『시문집』 권18, 1전. "六經諸聖書皆可讀, 唯論語可以終身讀."

9) 이는 『고금주』 전체분량(521장)의 약 1/3에 해당하는 것이며 실제 분량은 1/2이나 된다. 新朝鮮社本 『고금주』는 총 900여 페이지인데 이 중 원의총괄이 약 415페이지를 차지하고 있다. 다산이 『논어』 전체 521장(다산 분류 장수, 「鄕黨篇」 34절 포함) 중 실제 해석한 장수는 165장이다(13, 14, 53, 54, 87, 88, 113, 114, 116, 117, 124, 125, 126, 146, 147, 148, 155, 156, 160, 161, 172, 173, 174칙은 같은 장에 대해서 해석함).

* 現存의 新朝鮮社本 『고금주』에는 原義總括이 174칙밖에 실려 있지 않다. 그런데 茶山의 玄孫 丁奎榮이 편찬한 『俟菴先生年譜』에는 분명히 175칙으로 소개되어 있다(驪江本 『與猶堂全書』 21책, 276쪽. "其於論語異義益夥, 有原義總括, 自學而篇至堯曰篇, 原義總括爲一百七十五則, 特擧槪耳." 그리고 대정 11년에 간행한 유교경전언역총서 중의 하나인 『언역논어』에서도 175조임을 명백하게 언급하고 있다. 10쪽, 유교경전강구소 발행). 그래서 『연보』의 175칙을 174칙의 오류로 보거나, 기존의 156칙을 2칙으로 나누어 무리하게 175칙을 맞추려는 시도까지 있게 되었다. 이에 필자는 奎章閣所藏 筆寫本(이하 閣本이라 약칭함) 『與猶堂集』의 『고금주』와 新朝鮮社本(이하 鮮本이라 약칭함) 『고금주』를 면밀히 대조한 결과 閣本이 鮮本에 비해 훨씬 원본에 가까운 것을 알게 되었고(鮮本에는 誤, 脫字가 도처에 산견되며 심지어는 『논어』 본문까지도 오, 탈자가 있다) 아울러 鮮本에 누락된 1칙을 발견하였다. 새로 나타난 1칙은 선본의 112칙과 113칙 사이에 누락된 것으로 '辨如其仁如其仁, 謂管仲之功足以當召忽之仁'인데 이는 원래의 113칙인 것이다.

합 비판하여 자신의 새로운 견해를 도출해 놓고 있기 때문이다. 또한 그 분량 면에 있어서도 방대하여 무려 40권(13책)이나 되는데 이는 『논어』의 주석사상 획기적이고 고금에 없는 독보적인 것이다. 특히 사서의 주석 작업에 있어서 『고금주』가 가장 먼저 이루어진 사실을 보더라도 다산이 본서에 기울인 관심을 잘 알 수 있다.

이상의 여러 가지 면에서 살펴볼 때에 다산 경학에 있어서 『고금주』의 중요성을 인식하고 이에 『고금주』를 비롯한 다산의 『논어』 관련 제 서술을 분석, 정리, 검토할 필요성을 느낄 수 있다. 다만 원의총괄 175칙은 그 칙수則數 및 양이 방대하므로[10] 175칙을 15부류로 내용을 분류하고 그중 개념 재규정, 어구 재해석, 내용 재해석, 단어 재해석에 속한 원의총괄 중 대표적인 10여 칙을 분석, 정리, 검토하여 다산 논어설의 특성에 대해 고찰하고자 한다. 또한 다산설의 연원과 상호 영향 받은 학자들(정산 이병휴, 아암兒菴 등)에 대해서도 살펴보고 일본유학(특히 『논어』)에 대한 다산의 견해 및 대산臺山 김매순金邁淳의 견해에 대해서도 고찰해 보고자 한다.

2. 『논어』와 조선조 유학

『논어』가 우리나라에 전래된 시기는 명확하지 않다. 다만 일본 『고사기古事記』 응신왕대應神王代(270~310)의 기록에 의하면 늦어도 3세기 중엽 이전에는 『논어』가 우리나라에 전래된 것으로 보인다. 그리고 이때

---

10) 175칙 이외에도 『논어』에 대한 신견해가 있으나 175칙만을 논의의 대상으로 한 것은 다산이 직접 취사선택하여 원의총괄로 제시한 것이 다산 논어 해석에 있어서 가장 핵심이 되는 부분이라고 여겼기 때문이다.

의 『논어』 판본版本은 아마도 한석경본漢石經本(10권)이거나 하안집해본何晏集解本(10권)일 것으로 추측된다.[11)]

고려시대에는 예종睿宗이 동궁東宮으로 있을 때 『논어』를 강독했는데 문성공文成公 김인존金仁存(?~1127)이 『논어신의論語新義』를 찬술撰述하여 올렸다고 한다.[12)]

조선시대에 들어와서는 성리학 이념을 바탕으로 한 유학이 국교가 되어 특히 주자의 『논어집주』가 더욱 더 널리 읽히게 되었다.[13)] 특히 송대 경학의 집대성이라고 볼 수 있는 사서오경대전과 성리대전이 세종 원년 12월(明 成祖 永樂 17年, 1419년)에 입수되어[14)] 이후 주자의 『논어집주』에 송원宋元 제유諸儒의 설을 소주로 단 『논어집주대전』은 관의 주도에 의해 더욱 더 광범위하게 보급되었다.

이렇게 사서를 중시하는 성리학적 풍토에 힘입어 『논어』도 선비의 가장 기본적인 필독교양서가 되었다. 따라서 이에 대한 연구도 적지 않게 나왔으나, 조선시대의 학문 경향은 성리학을 바탕으로 한 것이었고 그래서 『논어』의 해석에 있어서도 『논어집주대전』이 가장 기본적이고 보편적인 교재 겸 참고서로 절대적인 권위를 가지고 있었다. 결국 주자설에 대한 반대나 회의는 '사문난적斯文亂賊'의 오명을 얻게 되므로 모든 『논어』 연구서도 『논어집주대전』의 범위를 거의 벗어나지 못했던 것이

---

11) 李丙燾, 『韓國儒學史略』(漢文本), 亞細亞文化社, 1986, 17쪽. 『日本書紀』, 『續日本紀』, 『古語拾遺』 등에도 비슷한 기록이 보이나 『論語』, 『千字文』에 관한 記錄은 오직 『古事記』에만 보인다.

12) 『고려사』 권96, 「列傳」 9, 4전. "轉吏部郎中兼東宮侍講學士, 時睿宗在東宮講論語, 仁存撰新義進講."; 『增補文獻備考』 권246, 「藝文考」 5, 3전; 『文獻備考』 권225, 「職官考」 12, 3전; 金烋의 『海東文獻總錄』, 學文閣, 1969, 326쪽에도 같은 내용이 보임.

13) 『문헌비고』 권220, 「직관고」 7, 21전. "而庸學論孟盡講章句集註."

14) 『세종실록』 권6, 元年己亥, 一二月 丁丑(七日). "敬寧君裶, 贊成鄭易, 刑曹參判洪汝方等回自北京, 皇帝…… 特賜御製序新修性理大全四書五經大全及黃金一百兩白金五百兩."

다.[15)]

이하에서는 조선시대의 『논어』 주석에 대하여 『증보문헌비고增補文獻備考』 「예문고藝文考」, 『고선책보古鮮冊譜』 · 『선책명제鮮冊名題』(이상 마에마 교사쿠前間恭作), 『해동문헌총록海東文獻總錄』(김휴金烋), 『동국통지東國通志』(박주종朴周鍾), 『규장각도서목록奎章閣圖書目錄』, 『한국경학자료집성韓國經學資料集成』(『논어』편), 『잡저기설류기사색인雜著記說類記事索引』, 제諸 고서 목록 등을 참고하여 전저專著를 중심으로 종합하여 정리해보도록 한다.

(1) 주석서注釋書(논어류論語類)

『논어신의論語新義』, 김인존(고려)(『고려사』 권96, 4전; 『문헌비고』 권246, 3전)

『논어상설論語詳說』, 필사본, 4권 4책, 김창협 저, 1719년

『논어질서論語疾書』, 2권 2책, 이익 저

『논어사변록論語思辨錄』, 박세당 저

『논어집주상설論語集注詳說』, 박문호朴文鎬

『논어찬요論語纂要』(『문헌비고』 권246, 3전; 『동국통지』 하, 권16, 28면)

『논어고금주論語古今注』, 40권 13책, 필사본, 정약용 저

15) 그런데 실제로 『論語集注大全』을 비롯한 『四書五經大全』은 본래부터 문제가 많은 著述이다. 즉 顧炎武의 說에 의하면 倪士毅의 『四書輯釋』을 표절한 것이라고 한다.(『日知錄』 권18, 11후~13전, 淸 乾隆 乙卯(1795) 木版本) "而定宇[陳櫟]之門人倪氏(士毅, 字仲弘, 號 道川先生)合二書[四書發明, 四書通]爲一, 頗有刪正, 名曰四書輯釋(有汪克寬序至正丙戌). 自永樂中命儒臣纂修四書大全, 頒之學官, 而諸書皆廢. 倪氏輯釋今見於劉用章(剡)所刻四書通議中, 永樂中所纂四書大全, 特小有增刪, 其詳其簡或多不如倪氏. 大學中庸或問, 則全不異, 而間有舛誤.…… 而僅取已成之書, 抄謄一過, 上欺朝廷, 下誑士子, 唐宋之時有是事乎?…… 嗚呼! 經學之廢實自此始, 後之君子欲掃而更之, 亦難乎其爲力矣."

『논어수차論語手箚』, 3권 1책, 필사본, 정약용 저

(2) 주석서注釋書(사서류四書類)

『사서석의四書釋義』, 1책, 이황 저(1609년)
『사서질의四書質疑』, 사본, 1책, 이덕홍 저, 1666년(『문헌비고』 권246, 4전)
『사서강설四書講說』, 사본, 4권 1책, 이재李縡 저
『사서답문四書答問』(권2, 3), 4권 4책, 이유태李惟泰 편
『경서변의經書辨疑』, 7권, 김장생金長生
『삼서집의三書輯義』, 2권, 권상하權尙夏(『선책명제』 권8, 11면)
『경서해의經書解義』, 홍여하洪汝河(『고선책보』, 388면)
『사서토석四書吐釋』, 윤근수尹根壽(『문헌비고』 권246, 4전; 『동국통지』 하, 권16, 25면)
『경서강의經書講義』, 42권(『문헌비고』 권246, 13후)
『사서곤득록四書困得錄』(『논맹천설論孟淺說』 6권, 『고선책보』, 2027면) 조익趙翼 찬(『문헌비고』 권246, 4전; 『동국통지』 하, 권16, 25면)
『사서찬주증보四書纂註增補』, 유장원柳長源
『동유사서해집평東儒四書解集評』, 유건휴柳健休
『육서부록六書附錄』, 2권, 유심춘柳尋春 저(『동국통지』 하, 권16, 25면)
『오서고금주소강의합찬五書古今註疏講義合纂』, 최좌해崔左海
『경서강해經書講解』(『문헌비고』 권246, 2후; 『동국통지』 하, 권16, 25면)
『교정경서훈해校正經書訓解』, 선조조명유신교정宣祖朝命儒臣校正(『동국통지』 하, 권16, 24면)
『경서음해經書音解』, 세종조설국유신찬차世宗朝設局儒臣撰次(『문헌비고』

권245, 15후; 『동국통지』 하, 권16, 24면)

(3) 편저編著

『논맹문의통고論孟問義通攷』, 14권 10책, 송시열宋時烈 편, 1600년(현종 1)

『논어혹문정의절약論語或問精義節約』, 4권, 박손경朴孫慶(『동국통지』 하, 권16, 29면)

『논맹인물유취論孟人物類聚』, 순조조유신純祖朝儒臣 찬

(4) 언해諺解

『논어언해論語諺解』, 4권 4책, 1588년(선조 18)

『논어율곡언해論語栗谷諺解』, 4권 4책, 1749년(영조 25)

『논어대문구결論語大文口訣』

『사서발범구결四書發凡口訣』, 홍여하 저(『동국통지』 하, 권6, 25면)

* 일반적인 서지사항과 쉽게 구할 수 있는 책의 출전은 생략함.

이 밖에 「논어」와 관계있는 저술은 『구인록求仁錄』(이언적李彦迪), 『수사언인록洙泗言仁錄』(정구鄭逑 저, 『문헌비고』 권246, 10후; 『동국통지』 하, 권16, 29면), 『공문언인록孔門言仁錄』(권춘란權春蘭 저, 『문헌비고』 권246, 11전; 『동국통지』 하, 권16, 29면), 『인지편仁智篇』(『문헌비고』 권246, 11전; 『동국통지』 하, 권16, 29면), 『학안록學顔錄』 1권(박길응朴吉應 저, 『문헌비고』 권246, 10전; 『동국통지』 하, 권16, 29면) 등이 있다.

이상의 서목에서 알 수 있듯이 『논어』는 조선조 500년 동안 수많은 선비들이 읽고 연구하였지만 정작 이에 대한 저서는 극히 희소하다. 그나마 기타 경서와 함께 주석한 것이 대부분이고 『논어』만의 전저專著는 더 더욱 적다. 그리고 비록 주석이 있다 하더라도 주자설이나 『논어집주대전』의 테두리를 벗어나지 못하는 것이 대부분이다(특히 『논어집주상설』이 대표적이다. 이에 비해 『오서고금주소강의합찬(논어편)』은 주자설을 그대로 묵수하지만은 않고 있다).

이에 대해서는 여러 가지 원인이 있겠으나 대략 다음과 같이 두 가지로 생각해 볼 수 있다. 첫째는 조선시대에는 선비의 실천을 크게 강조하였다는 점이다. 이는 바로 공문교학孔門教學의 원의이기도 하지만 선초鮮初의 유학자들에게서 특히 이러한 성향을 볼 수 있다(예를 들면 김굉필金宏弼이 평생 『소학』을 애독하면서 소학동자小學童子로 자처한 것 등). 둘째는 그 당시의 학문은 주자학 일변도여서 주자를 공자 이후의 대현인大賢人으로 추앙하여 그의 주석은 금과옥조처럼 되었다. 따라서 당시의 학문성향은 주자가 주석을 다 해놓았기 때문에 더 이상 주석할 필요를 느끼지 않았다는 점이다(다산의 처음 생각도 이와 동일했었다). 심지어는 당시에 사문난적으로까지 몰렸던 서계西溪 박세당朴世堂의 경우도 비록 해석은 주자와 차이가 있을지라도 분장분절分章分節은 주자의 『논어집주』를 그대로 답습하고 있다.

이런 시대상황에 비춰볼 때 고금의 주소를 비판적으로 취사선택하고 자신의 독자적인 설을 175칙의 원의총괄로 제시한 다산의 『논어고금주』는 실로 당시 조선사회에 있어서 전무후무한 대저라 할 것이다.

3. 다산의 『논어』 해석

1) 다산 경학에서 논어의 위치

(1) 다산의 경전해석 태도

다산학의 양대 산맥은 경학과 경세학이다. 따라서 두 가지 모두 중요하겠으나 경학은 경세학의 기초적 근거가 되는 데 그 의의가 있다고 하겠다. 그래서 다산은 "육경사서六經四書로써 수기修己하고, 일표이서一表二書로써 천하국가를 다스리니 본말이 갖추어진 것이다"[16]라고 정의 하였던 것이다. 실제로 다산 저술의 절반 가량은 경학 관련 저술(주로 주석)임을 저술목록을 통해서 쉽게 알 수 있다.[17] 이런 태도는 다산의 저술시기를 살펴볼 때, 1817년(다산 56세) 이전에는 주로 역학과 예학을 위시한 경학 관련 저술작업에 종사하였고 이후로는 『목민심서』를 비롯한 경세학에 치중하였음에서도 잘 나타난다. 이와 같이 여러 측면에서 볼 때 다산학에서 경학은 그 위치가 매우 중요하다.[18]

다산은 일생을 수사洙泗의 고의古義[19](또는 진원眞源[20]), 수사의 구관

---

16) 『시문집』 권16, 18전(「自撰墓誌銘」). "六經四書, 以之修己; 一表二書, 以之爲天下國家, 所以備本末也." 또 『孟子要義』 권2, 11전에서는 "樂有金聲玉振二節, 以爲始終, 學有致知成聖二節, 以爲始終."라 하고 같은 책, 권1, 44전에서는 "君子之學不出二者, 一曰:修己, 二曰:治人. 修己者, 所以善我也, 治人者, 所以愛人也, 善我爲義, 愛人爲仁, 仁義相用, 不可偏廢."라 하였다.

17) 『시문집』 권16, 13전, 18전, 「自撰墓誌銘」(集中本)에 의하면 經集이 232권, 文集이 260여 권, 合이 500餘 권이다.

18) 다산은 반드시 먼저 經學으로 學問의 基址를 닦아야 한다고 주장한다.(『시문집』, 「寄二兒」, 권21, 4후. "必先以經學立著基址, 然後涉獵前史, 知其得失理亂之源. 又須留心實用之學, 樂觀古人經濟文字.")

19) 『시문집』 권18, 6후, 「示二子家誡」(一).

20) 위의 책, 권18, 5후, 「示二子家誡」(一). 같은 책, 권8, 7전.

舊觀[21](구론舊論[22], 구로舊路[23])) 즉 공문孔門의 원의를 탐구하는 데 온 힘을 쏟았다. 이는 그의 '술지述志'시에서 "힘을 다하여 수사洙泗로 돌아가고, 시의時宜는 다시 묻지 않네(戮力返洙泗, 不復問時宜.)"[24]라 한 표현에서도 잘 알 수 있다. 따라서 그의 경서주석 작업도 이와 무관한 것은 결코 아니다. 다산은 경經의 뜻이 밝혀져야만 도체道體가 드러나고 도를 얻은 다음에 심술心術이 밝아지며, 심술이 바르게 된 뒤에야 덕을 이룰 수 있는 것이니 경학을 소홀히 할 수 없다고 주장한다.[25]

다산은 학學을 각覺으로 보고 각覺은 그 잘못을 깨닫는 것이라 정의하니[26] 결국 다산의 학문은 노불老佛의 이론으로 겹싸인 공맹의 원의를 깨닫는 것이었다. 일찍이 다산은 오학론五學論에서 훈고, 성리, 문장, 과거, 술수학을 비판하면서 이 모두는 요순과 주공의 문하에 함께 돌아갈 수 없는 학문이라 하였다.[27] 그러나 경전연구에 있어서 훈고학 · 성리학은 그중 어느 하나도 빠뜨릴 수 없는 것으로 파악된다.[28]

---

21) 『맹자요의』 권2, 38후. "斯豈洙泗之舊觀哉?"

22) 『중용강의』 권1, 2후. "蓋宋賢論性多犯此病, 雖其本意亦出於樂善求道之苦心, 而其與洙泗之舊論或相牴牾者, 不敢盡從."

23) 『시문집』(「與李汝弘」) 권19, 35후. "此是洙泗舊路, 世久榛莽."

24) 위의 책, 권1, 15후.

25) 『시문집』(「爲盤山丁修七贈言」) 권17, 40후. "經旨明而後道體顯, 得其道而後心術始正, 心術正而後可以成德, 故經學不可不力."

26) 『시문집』 권12, 39전(「雅言覺非序」). "學者何? 學也者, 覺也. 覺者何? 覺也者, 覺其非也."

27) 위의 책, 권11, 19전~24전(「五學論」).

28) 이는 臺山 金邁淳의 다음과 같은 기술을 그 좋은 증거로 들 수 있다. "朱子嘗曰:論語一書, 只爲漢儒一向尋求訓詁, 更不看聖人意思, 所以二程先生不得不發明道理, 開示學者, 使求聖人用心處, 故放得稍高. 今日學者乃捨近求遠, 處下窺高, 一向懸空說, 其爲害反甚於向者之未知尋求道理, 依舊只在大路上行. 要知與他古本相似者, 方是本分道理. 若不與古本相似, 盡是亂道. 觀於此說, 則朱子於漢儒訓詁, 初未嘗忽棄. 但就訓詁上看出聖人意思, 所以精明切實, 獨絶古今."(『臺山集』 권15, 23후, 「闕餘散筆」) 즉 朱子도 訓詁를 결코 소홀히 한 것은 아니며 訓詁에서 聖人의 意思를 보려고 하였으니 이것이 朱子의 훌륭한 점이라는 것이다.

이에 다산은 한송겸채漢宋兼采[29]의 학문태도를 견지하면서, 자신이 오랫동안 장구章句에 침잠하여 체험한 결과 고주古注라고 해서 반드시 다 옳은 것이 아니며, 후유後儒의 신론新論이라고 해서 반드시 다 그른 것은 아니라고 전제한 뒤 가장 중요한 것은 편견을 가지지 말고 공평하게 천군天君(心)이 명하는 바에 따라야 한다고 말한다.[30]

다산은 학문사변의 공功은 성誠이 아니면 설 수 없다고 확신한다. 따라서 경전주석에 있어서도 '오직 옳은 것[31]을 구하고, 오직 옳은 것을 따르고, 오직 옳은 것을 잡는(惟是是求, 惟是是從, 惟是是執)' 태도로 널리 고증하고 정밀히 연구하고, 거울과 저울처럼 마음을 공평하게 가지고 소송을 처리하듯이 뜻을 조사한 뒤에야 입설立說하는 것이요 결코 그럴듯한 의견으로 전체가 옳다고 하는 논의를 거스르기 위해서는 아니라고 변론한다.[32] 즉 다산 자신의 학설은 귀신에게 질정하여도 의심할 것이 없고 백세百世에 성인을 기다려도 미혹되지 않는 것으로 한때의 천박한 견해를 고수하여 고치지 않는 것은 아니라고 주장한다.[33]

---

29) 이는 張之洞(1837~1909)의 말에서 취한 것이다.(范希曾 編, 『書目答問補正』, 상해고적출판사, 1986, 348쪽)

30) 그러나 다산은 둘 다 중요하게 여기지만 漢學보다는 宋學을 더 중요시하고 있다. "淸儒之學, 長於考據, 考據之法, 精於詁訓而略於義理, 又積傷於理氣性情之說. 凡理氣性情之說, 欲一篲以淸掃之, 自以爲折衷漢宋, 而其實宗漢而已. 宋未必盡非, 而性命之理存而勿論, 漢未必盡是, 而迂僻之解信之不疑, 其護短匿疵之論, 倍嚴於俗儒之衛宋. 此之流弊將不知性命爲何物, 誠正爲何業, 其害可勝言哉. 宋之屈伸姑舍, 堯舜周公之道, 果可以字句詁訓之學繼之承之乎? 宋未必盡是, 而其欲體行於身與心則是矣. 豈若漢儒治章句述詁訓以冀博士之榮祿者哉?"(『梅氏書平』 권4, 22전)

31) 여기서 옳은 것(是)이란 孔門의 원의에 합당한 것을 말한다. 따라서 이는 한학 · 송학의 구분의 범위를 벗어난 것이다.

32) 『시문집』 권19, 29전, 「答李汝弘」. "竊以學問思辨之功, 非誠不立. 一有詐僞, 不可曰誠. 故鏞於經專之業, 惟是是求, 惟是是從, 惟是是執. 方其擇執之時, 未嘗不博考廣證, 硏精殫智. 持其心如鑑空衡平, 核其義如斷訟治獄, 然後乃敢立說. 其敢以疑似之見, 同聲吠影, 以違大同之論哉!"

33) 『시문집』 권19, 35후. "質諸鬼神而無疑, 百世俟聖人而不惑. 非敢以一時膚淺之見, 執迷守株而不改也."

다산은 경전해석에서 자의字義의 중요성을 인식하고[34] "경서를 해석하는 법은 자의가 가장 중요하다(解經之法, 最重字義)"[35]라 하기도 하고, 먼저 조자造字의 원의를 안 뒤에야 본지를 얻을 수 있다고도 하여[36] '선식원의先識原義'를 경전해석의 시발점이자 귀극처歸極處로 보았다.[37] 아울러 다산은 음운학에도 관심을 두었다.[38]

다산은 경서를 해석하는 데는 세 가지 방법이 있다고 한다. 즉 1) 전문傳聞, 2) 사승師承, 3) 의해意解가 바로 그것이다. 이 중 '의해'는 전문이나 사승에 의거하지 않고 자기의 뜻으로 결정하는 것으로 시세時世의 고금과는 관계가 없는 것이나, '전문'과 '사승'은 근고近古로써 종宗을 삼는 것이라고 설명한다. 가장 중요한 것은 '옛것으로써 옛것으로 돌아가고 지금으로써 지금으로 돌아가(以古還古, 以今還今)'라고 하여 옛것을 이끌어 지금의 것을 보호하거나 지금의 것에 연연하여 옛것을 비방하지 말라고 하였다.[39] 또한 '경서로써 경서를 증명하는' 것이 성인의 뜻을 온전히 파악하는 것이라 하여 '이경증경以經證經'의 태도를 강조하고 있다.[40]

---

34) 『周易四箋』 권1, 18전. "十七曰認字. 欲得經旨, 先認字義. 諸經皆然, 而易爲甚."

35) 『시문집』 권19, 40후.

36) 『시문집』 권19, 29후. "鏞之所言者, 仁義禮知四字皆有原義, 先識其原義然後諸經所言可得本旨. 若不問造字家之原義, 先取論理家之轉說曰理曰氣曰體曰用, 則古經本旨多不相合, 此必然之勢也."

37) 또 "余惟讀書之法, 必先明詁訓, 詁訓者, 字義也. 字義通而后句可解, 句義通而后章句析, 章義通而后篇之大義斯見. 諸經盡然, 而書爲甚. 余所以先致力於詁訓者此也. 後世談經之士, 字義未了, 議論先起, 微言愈長, 聖旨彌晦, 毫釐旣差, 燕越遂分, 此道術之大蔀也."(『尙書知遠錄』, 『與猶堂全書補遺』 5책, 1쪽)라 하였다.

38) 『주역사전』 권1, 18후~19전. "十八曰察韻. 易詞韻法最嚴最精, 而其格律多變最難尋索. …… 察韻苟精, 則絶句無錯, 絶句無錯, 則經旨以明. 此又學者所宜十分明目者也."
 * 다산은 특히 考字를 중시한다. "文字異者標曰考異, 義旨誤者標曰考誤, 援爲證者曰考證, 平相議者曰考訂, 交相訟者曰考辨."(「尙書古訓序例」, 3후)

39) 『시문집』 권19, 27전(「答鼎山」). "凡讀書解書, 以古還古, 以今還今, 勿牽古以護今, 勿戀今以誣古, 斯可矣."

따라서 다산의 제경전 주석 작업은 이를 통하여 원시유학의 근본정신 즉 공문의 원의를 회복하고, 성인의 마음을 천고千古에 밝히며 나라의 빛을 사방에 떨치고자 한 것이었다.[41] 결국 다산의 이상은 삼대三代의 정치를 사세斯世에 회복하여 이 군신을 삼대의 군신으로 만드는 것이었다.[42]

(2) 다산 경학에서 『논어』의 위치

다산은 공자의 언행에 관한 제서諸書(즉 『공자가어孔子家語』, 『공총자孔叢子』, 『예기禮記』)가 있으나 후학이 존신체행尊信體行할 책은 오직 『논어』 한 부일 뿐이라고 설명하면서 이에서 가장 중요한 것은 오직 실천임을 강조하였다.[43]

다산의 『논어』 관련 저술은(다산은 평생토록 『논어』의 고금제설古今諸說을 수집했다)[44] 『고금주』 이외에도 「논어대책」, 「십삼경책」 중 『논어』 부분, 「논어책」, 「자찬묘지명」(집중본) 중 『논어』 관련 서술, 『논어수차論語手箚』, 「발태재순논어고훈외전跋太宰純論語古訓外傳」 그리고 『시문집』 중 서 부분 등에서 산견되는 것 등이 있다. 이 중 「십삼경책」 중

---

40) 『시문집』 권12, 36전. "研精究索, 忘寢與食, 其有不當於心者, 博考古籍, 以經證經, 期得聖人之旨."

41) 『시문집』 권17, 12전. "精硏密磋, 不敢爲荒蕪雜說, 竊庶幾昭聖情於千古, 增國光於四方."

42) 이는 다음의 진술에서 잘 나타난다. 『시문집』 권20, 15후(「答仲氏」). "我若無病久生, 則欲全注周禮, 而朝露之命, 不知何時歸化, 不敢生意. 然心以爲三代之治苟欲復之, 非此書, 無可着手."

43) 『고금주』 권10, 39전. "臣聞物莫靈於人, 人莫尊於聖, 聖莫盛於孔子, 則孔子之片言隻字, 實足爲生民之模範, 持世之維綱. 然家語緯而多舛, 孔叢僞而難信, 禮紀諸篇亦雜出於門人掇拾之餘, 則後學之尊信體行, 惟論語一部是已."

44) 『시문집』 권20, 20전후. "平生蒐輯論語古今諸說, 不爲不多."

『논어』 부분은 『논어』의 종류에 관한 것으로 「논어대책」이나 『고금주』의 기술과 대동소이하며, 「논어책」은 「논어대책」의 두 번째 답과 같으나 다만 문자의 출입이 다소 있고, 『논어수차』는 『고금주』의 축약이고, 「발태재순논어고훈외전」과 『시문집』 중에 산견되는 것은 일부분에 국한되는 것이므로, 다산의 『논어』 관련 저술 중 가장 중요한 것은 1) 「논어대책」, 2) 『논어고금주』, 3) 「자찬묘지명」(집중본)의 『논어』 관련 서술이라 할 수 있다.

이 중 「논어대책」은 다산 초년의 논어설을 엿볼 수 있는 중요한 자료로서 가치가 있다. 이는 다산 『논어』 연구의 서장이라 할 수 있다.

『고금주』는 원의총괄이라 하여[45] 175개의 새로운 해석을 내리고 있는데, 총 40권이라는 분량으로 보아서도 가히 다산 『논어』 저술의 중추中樞이자 핵심이라 할 것이다. 이는 다산 『논어』 연구의 중장이라 할 수 있다.

「자찬묘지명」(집중본) 중의 『논어』 관련 서술은 『논어』 전체에서 다산이 특히 기존의 해석과 판이하게 다른 해석만을 특별히 엄선 수록한 것으로 보아 다산 『논어』 연구의 종장이라 할 수 있다.

2) 다산의 『논어』 해석

45) 다산의 여러 著書 중 오직 『고금주』와 『尙書知遠錄』에만 원의총괄(辨 …… 형식. 『知遠錄』은 目次括義 130칙)이 실려 있다(『고금주』는 冒頭에, 『知遠錄』은 後尾에 실려 있음). 『고금주』의 원의총괄 175칙에 관한 것이 「自撰墓誌銘」에 나타나지 않는 것으로 보아 원의총괄은 『고금주』 성립 후에 새롭게 추가한 것으로 보인다. 왜냐하면 본문 내용과 원의총괄의 표현이 정확하게 부합하지 않은 것도 있기 때문이다(예를 들면 157칙의 후반부 '以其人品而言'은 本章과는 직접적으로 관계가 없고 下章과 관계가 있는 것을 들 수 있다). 또 염약거의 『상서고문소증』의 冒頭에 128조의 집약된 내용이 있는 것으로 보아 다산의 원의총괄 형식은 홍석주에게서 빌려본 염씨의 『소증』에서 영향 받은 것으로 보인다.

(1) 『논어고금주』의 분석

전기한 바와 같이 다산은 육경제성서六經諸聖書는 다 읽어야 하나 특히 『논어』만은 종신토록 읽을 만하다고 생각하였다.[46] 그리고 다산은 사서 중 가장 먼저 『논어』를 읽을 것을 강조하고 있다.[47] 이 점에서 다산이 전통적인 유학자의 기본교양서로서는 물론이고 제 경서 중에서도 특히 『논어』를 애독하였을 뿐만 아니라 이에 대한 지속적인 관심을 가져왔을 것으로 추측된다.[48] 그러나 쉽게 『논어』에 대한 주석 작업에 손을 대지 않은 것은 송 이후 700여 년간 온 세상 사람들이 사서의 뜻을 연구하여 사서에는 특별한 유의遺義가 없을 것이라고 생각했기 때문이다.

그러다 이강회李綱會(자字 굉보紘父, 다산의 제자)에게 경학과 예학을 가르치다 도처에 훌륭하고 좋은 뜻들이 너무 많은 것을 보고 이에 본격적으로 『논어』의 주석 작업에 힘을 기울이게 되었다. 주석의 방식을 살펴보면, 한漢 · 위魏로부터 명 · 청에 이르기까지 경전에 도움이 되는 것은 널리 수집하고 고찰함으로써 좋은 것은 취하여 절록節錄하고 의견이 대립된 것은 논평하여 단정하였다.[49]

다산의 현손 정규영丁奎英이 편찬한 『사암선생연보俟菴先生年譜』에 의하면 『고금주』는 1813년(다산 52세) 겨울에 이루어졌다.[50] 특히 이 작

---

46) 『시문집』 권18, 1전(「爲尹惠冠贈言」). "六經諸聖書皆可讀, 唯論語可以終身讀."

47) 『시문집』 권17, 41후. "讀禮記諸篇了, 當讀國風論語, 次讀大學中庸, 次讀孟子禮記左傳等, 次讀雅頌易繇, 次讀尙書訖."(두 번째의 『예기』는 衍字로 보임.)

48) 위의 책, 권16, 18후에는 茶山이 庚戌年(1790) 尙衣院에 있을 때 『論語』를 읽고 講하는 내용이 나온다.(丁奎英 編, 『俟菴先生年譜』 庚戌條에도 같은 내용이 실려 있음.)

49) 위의 책, 권16, 12후. 같은 책, 권20, 29전후.

50) 그러나 日人 林泰輔의 『論語年譜』에는 "丁若鏞(茶山)論語古今注 十三卷, 論語手墨一卷을 撰하다", 1835(乙未), 憲宗元年, 淸宣宗 道光15로 되어 있어 1835년으로 보고 있다.(東京: 國書刊行會, 昭和 51年) 그러나 이는 오류로 보인다.

업에는 다산의 제자인 이강회, 윤동尹峒(자字 공목公牧)이 조력하여 40권이라는 대저를 저술한 것이다.51)

현존하는 『고금주』의 종류는 크게 세 가지로 나눌 수 있다. 첫째는 일제시대에 신소선사에서 간행한 연활자본鉛活字本 『여유당전서』(2집 7권에서 16권까지의 10권본), 규장각 소장 필사본 『여유당집』(58권에서 70권까지의 13권본52)), 그리고 오사카 부립도서관 소장 필사본이다.53)

각본閣本과 선본鮮本을 비교 검토할 때 우선 체제 면에서도 각본이 훨씬 더 『고금주』 원본에 가까운 것을 알 수 있으니, 이는 『사암선생연보』의 기술(40권, 이강회 · 윤동이 조력한 일), 「자찬묘지명」의 기술(40권)과 부합되기 때문이다. 그리고 세 번째의 오사카본도 『고선책보』와 오사카 도서관 목록에 따르면 그 서지사항이 '丁若鏞 輯, 李綱會 尹峒 共校, 寫本 13冊'으로 되어 있어54) 각본과 같은 체제로 서술된바 원본에 가까운 것으로 보인다. 선본에는 곳곳에 오자와 탈자가 산견되며 특히 원의총괄 1칙이 누락되었고(113칙), 심지어는 『논어』 원문에서도 오자가 자주 나오며 어떤 곳에서는 한 대문大文을 전부 누락시킨 경우(대표적인 것이 권5, 21후에서 인증 부분이 전부 빠진 것)까지 있다. 각본의 경우에도 문제점이 여러 가지 있다. 그 대표적인 경우를 보면 『고금주』 권6, 2후 '初若不欲, 何謂之物[句]'에서 이 '구句'자는 구두를 뜻하는

51) 『俟菴先生年譜』, 서울: 驪江出版社, 276쪽.

52) 『열수전서』본도 40권 13책이다.(최익한, 『실학파와 정다산』, 서울: 청년사, 1989, 454쪽)

53) 『韓國古書綜合目錄』(서울: 國會圖書館, 1968) 958쪽과 前間恭作의 『古鮮冊譜』, 2026쪽 및 『鮮冊名題』 권8, 10전에 의한 것임. 大阪府立圖書館에서 발행된(昭和 43년 3월 말 현재) 『大阪府立圖書館藏韓本目錄』 2쪽에도 '논어고금주, 사본13책, 조선 정약용 輯, 이강회 윤동 共校'로 되어 있다.(『日本所在韓國古文獻目錄』 1책, 서울: 驪江出版社, 1990)

54) 위의 책(『일본소재한국고문헌목록』)과 같음. 『古鮮冊譜』, 2026쪽에 의하면 佐藤六石氏藏書目錄과 大阪圖書館書目의 두 가지 本이(13冊) 실려 있는데 同一한 것인지 異本인지는 확실치 않으나 佐藤氏의 藏書가 大阪圖書館으로 寄贈된 것이 아닌가 생각된다.

것으로 선본에는 그대로 작은 글자로 기록되어 구두라는 뜻으로 읽게 된다. 그러나 뜻밖에도 각본에는 전후의 다른 글자와 같은 크기로 되어 구두가 아닌 것으로 읽혀 본문이 '何謂之勿句欲也者人心欲之也'로 되니 무슨 뜻인지 문리가 전혀 통하지 않게 된다. 따라서 각본도 그대로 온전히 믿고 이용하기에는 부족함을 알 수 있다.

그래서 이 장에서는 신조선사본 『여유당전서』의 영인본이 학계에 널리 보급되어 있는 점을 고려하여 선본을 기본 텍스트로 삼되 규장각 필사본 『고금주』와 철저하게 대조하는 한편 가능한 기타 원전과 비교를 통하여 오탈誤脫을 바로잡고 그 이동異同을 각주에 밝혀, 다산이 처음 『고금주』를 저술한 원래의 모습을 재현해내려고 노력하였다.

『여유당전서』의 『고금주』는 크게 세 부분으로 구성되어 있다. 첫 부분은 『고금주』 본문으로 모두冒頭에 원의총괄 175칙이 부가되어 있다. 다음은 부록격인 「논어대책」이 12개(실은 21개) 조목으로 정조와 다산의 문답형식으로 아주 간략하게 서술되어 있다. 그 뒤에 「춘추성언수春秋聖言蒐」라 하여 『춘추』 삼전과 『국어』에 실린 공자의 말을 수집하여 일편을 이룬 것이 있다(총 63장).

다산 『고금주』의 가장 큰 특징은 그 해석에 있는 것은 물론이고 특히 기존 주석과 장절수를 달리한다는 데 있다. 대표적으로 『집주』와 『고금주』를 비교해 보기로 한다. 「옹야」, 「자한」, 「위령공」에서 『고금주』가 1장이 더 많고, 「술이」에서는 2장이 더 많으며 이에 비해 「계씨」와 「양화」에서는 『집주』가 각각 1장이 더 많다. 그리고 「향당」의 분절에 있어서 『집주』는 17절로 분절한 데 반하여 『고금주』는 그 두 배인 34절로 분절한 점이 독특하다. 따라서 「향당」을 1장으로 칠 경우 『집주』는 482장, 『고금주』는 488장이 된다(「향당」의 절수까지 계산하면 『집주』는

498장, 『고금주』는 521장이다).

다산의 이러한 분장분절의 태도를 통해 볼 때 당시 절대적인 권위로 군림하던 『집주』의 분장분절 방식을 지양하고 독자적인 해석체계로써 분장분절한 다산의 진취적이고 개척적인 사상의 편린을 간취할 수 있는 동시에 이러한 태도는 곧 그의 경세학에서 주장하는 '신아지구방新我之舊邦'[55]의 정신의 연장선상에 있음을 알 수 있다. 왜냐하면 조선시대 반주자학의 대명사로 불리는 서계 박세당의 경우도 자신의 『논어사변록』에서 주자 『집주』의 분장분절을 그대로 따르면서 다만 내용상의 이견을 표명했을 뿐인 데 반해 다산은 아예 본문의 장절도 자신의 견해대로 바꿔서 다산사상 체계에 맞도록 고쳤다. 또 주자가 각 장을 분절하여 해석함으로써 경문을 분해해서 본 반면 다산은 전체의 장을 맨 앞에 배치하고 그 뒤에 각각의 단어, 어구, 내용을 해석하여 통람하는 방식으로, 즉 부분보다는 전체를 보아 일목요연하게 볼 수 있도록 한 점 등에서도 다산의 경전해석 방식의 독특한 점을 볼 수 있다.

『고금주』를 여러 가지 측면에서 분석할 수 있겠으나 가장 중요한 것은 내용 분석이다. 이에 필자는 내용분류 방식에 의해 원의총괄 내용을 분석하여 크게 1) 내용해석 방향, 2) 방법해석 방향, 3) 기타의 세 가지로 나누어 보고 1)에 개념 재규정, 어구 재해석, 내용 재해석, 단어 재해석이, 2)에는 화자구별話者區別, 용어 사용 범위, 구두법, 장절조합章節組合, 원문 정정, 성조법, 음독법, 고주 채택, 인명 오류 수정이, 3)에 편장원위篇章源委와 전체 구성이 속한 것으로 보아 15가지 유형으로 분류하여 보았다.[56] 각 유형별 칙수는 다음과 같다.

---

55) 『시문집』 권16, 18전. "立經陳紀思以新我之舊邦也."
56) 이 내용분류 방식의 용어는 정병련의 분류를 참고하여 수정 보완하였음.(『東洋哲學』 1

1. 개념 재규정: 5칙 2. 어구 재해석: 77칙 3. 내용 재해석: 36칙 4. 단어 재해석: 15칙 5. 화자구별: 5칙 6. 용어 사용 범위: 4칙 7. 구두법: 2칙 8. 장절 조합: 5칙 9. 원문 정정: 2칙 10. 성조법: 1칙 11. 고주 채택: 10칙 12. 인명 오류 수정: 5칙 13. 음독법: 6칙 14. 편장원위: 1칙 15. 전체 구성: 1칙

『고금주』 175칙 중 어구 재해석이 총 77칙으로 전체의 약 44퍼센트를 차지하며, 다음으로 내용 재해석이 36칙으로 20퍼센트, 그다음으로 단어 재해석이 15칙으로 8퍼센트를 차지하여 이 세 가지가 총 128칙으로 전체의 73퍼센트를 차지하고 있다. 이에서 다산이 내용파악, 즉 공문의 원의를 파악하는 데 가장 주안점을 두었음을 알 수 있다.

『논어』는 지금으로부터 2천여 년 전에 쓰인 책이다. 따라서 후대로 내려오면서 문자의 오연誤衍이나 문구의 착간錯簡, 문의文義의 오판은 어쩔 수 없는 일이다. 따라서 『논어』를 탐구하는 데 있어 원형의 복원이 가장 중요하고 다음은 그 각각의 문장의 원의가 무엇인지가 중요하다. 원형을 찾기 위해서는 고본을 중심으로 하여 이본 교대校對를 통한 최완最完의 선본 정립이 필수 요건이 될 것이요, 문장의 원의를 찾기 위해서는 다양한 해석방법을 응용하여야 할 것이다.

다산은 『논어』를 탐구하는 데 있어서 두 가지 필수 조건인 선본의 정립과 해석방법에도 주의를 게을리 하지 않고 있다. 이는 당시의 학자들이 『논어집주』의 판본만을 고수하고 성리학적 입장에서 해석한 것과는 그 시각에 차이가 있으므로, 내용 해석에 있어서 전혀 다른 결과가 수반

집, 1990)

된다. 물론 다산도 『논어집주』의 우수성을 인정한다.[57] 그래서 다산은 『집주』의 원문을 그대로 채용하되 반드시 그 밑에 제이본諸異本의 교감을 통하여 문자의 이동을 밝히고 있다. 또 해석방법에 있어서도 전적으로 성리학적 해석방법을 공격하기 위한 것이 아니라 다산 자신의 해식 관점에 합당한 것은 그대로 수용하고 있다. 이런 태도는 심지어는 당시에 주목을 받지 못하던 일인日人 유학자(伊藤維禎, 荻生雙松, 太宰純)의 설까지도 『고금주』에 수록하고 있어 다산이 결코 자신과 입장이 다르다고 해서 배척만 하는 것이 아니라 상대편의 해석이 옳다면 어느 누가 말한 것이라도 받아들인다는 공정한 태도를 보여주고 있다.

다산의 『고금주』에서 해석방법은 크게 두 가지로 분류할 수 있다. 즉 형식상의 방법과 내용상의 방법이 바로 그것으로 형식상의 방법에는 『고금주』 전편을 통람할 때 자가독창해석법自家獨創解釋法과 타가의존해석법他家依存解釋法으로 대별할 수 있다. 전자에 속한 것으로는 1) 보왈법補曰法(보충법), 2) 박왈법駁曰法(반박법), 3) 안법按法(按說法), 4) 질의법이 있다. 후자에 속한 것으로는 1) 인증법, 2) 고이법考異法, 3) 사실법事實法이 있다. 내용상의 방법에는 대표적인 것으로 사례 예증법과 의리 추산법 등이 있다.

이하에서는 『고금주』의 특성을 잘 나타내는 대표적인 해석을 분석 검토하기로 한다.

---

57) 臺山 金邁淳은 특히 『論語集注』의 우수성을 極讚하고 있다. "朱子四書註, 童習白紛, 吾無間然, 而論其極秤停絶滲漏, 恐當以論語註爲首. 試以古註及精義逐章對勘, 則孔包馬王諸說, 苟有一長可取, 靡不採錄, 幾無遺漏. 其刊落不用者, 非疏略無稽, 則穿鑿有病, 使諸儒復起, 無以相難, 而雖二程之訓, 非十分精要, 不苟登載. 或於全段中剔出數句, 或於成句中改換一字, 神彩頓添, 旨義愈煥, 如此心眼, 如此筆舌, 洵可謂天地間異人." 『臺山集』(木活字本, 권15(「闕餘散筆」), 23전)

(가) 개념 재규정에 의한 해석

① 인의예지仁義禮智의 원의(辨仁義禮智之名, 成於行事, 非在心之理: 1則, 辨二人爲仁而爲仁由己, 非二人共成之: 92則)

② 예악지본禮樂之本의 원의(辨禮樂之本在仁: 152則)[58]

〈원문〉 1칙; 有子曰: "其爲人也孝弟, 而好犯上者, 鮮矣. 不好犯上, 而好作亂者, 未之有也. 君子務本, 本立而道生, 孝弟也者, 其爲仁之本與!"(「학이」)

92칙; 顔淵問仁. 子曰: "克己復禮爲仁. 一日克己復禮, 天下歸仁焉. 爲仁由己, 而由人乎哉?" 顔淵曰: "請問其目." 子曰: "非禮勿視, 非禮勿聽, 非禮勿言, 非禮勿動." 顔淵曰: "回雖不敏, 請事斯語矣."(「안연」)

152칙; 子曰: "禮云禮云, 玉帛云乎哉? 樂云樂云, 鍾鼓云乎哉?"(「양화」)

〈고금주 구성〉 1칙; 질의: 1회, 인증: 1회

92칙; 인증: 2회, 질의: 2회

152칙; 질의: 2회, 인증: 1회

인仁은 공자 사상의 핵심으로서 특히 중요시되어 왔으나 공자 자신이 직접 정의한 것이 없고 수인이교隨人異教하였으므로[59] 이에 대한 논의는

58) 비록 내용분류상으로는 다를지라도 관계된 내용일 경우에는 같이 분석함. 이 밖의 경우도 동일함.

59) 이에 대한 답으로 茶山은 "仁字之皆說用處者, (臣)以爲聖人教人下學上達, 能體驗於是德之用, 則自能心得於是德之體, 固何必言其理乎?"(『고금주』 권10, 40전)라 말한다.

이루 헤아릴 수 없을 만큼 많다. 다산의 인에 대한 견해를 상기의 3칙이 속한 장은 물론 『고금주』에 나타난 모든 인에 관한 해석, 다산의 다른 저술인 『맹자요의』, 『대학강의』, 『대학공의』, 『중용강의』, 『중용자잠』, 『시문집』 등에 나타난 기술을 살펴봄으로써 다산 사상의 특성에 대해 살펴보고자 한다.

다산은 오인吾人의 일생행사一生行事와 천성상전千聖相傳의 도가 '인'한 자에 벗어남이 없다고 본다.[60] 왜냐하면 인은 인륜의 사랑이기 때문이다. 특히 '인'자의 뜻에 이르러서는 성도聖道와 성학聖學의 대관계大關係 · 대강령이며 치심양성治心養性의 본이며 행기수신行己修身의 근본이므로 조금이라도 어긋나면 서로의 거리가 천만리나 떨어지는 것이라 하여[61] 자의의 중요성을 강조하였다.[62]

또 다산은 인을 다른 사람에게 향한 사랑이며,[63] (두 사람 사이에서) 사람과 사람이 그 도를 다하는 것, 그 본분을 극진히 하는 것이니[64] 이

---

60) 『고금주』 권6, 5후. "吾人之一生行事, 不外乎仁一字.", 『시문집』 권19, 36전. "千聖相傳之道, 實不外乎仁一字."

61) 『시문집』 권19, 37후(「答李汝弘」). "至於仁字之義, 此是聖道聖學大關係大綱領, 治心養性之本, 行己修身之根, 毫髮差錯, 其究竟相距千里萬里, 誠若畢竟征邁, 卒無歸一之日, 則雖情同骨肉, 歡如伉儷, 論以道學門路, 終是不同道之人."

62) 『시문집』 권19, 40후. "解經之法, 最重字義."

63) 『고금주』 권3, 39후. "仁者嚮人之愛也. 處人倫盡其分, 謂之仁." 이는 "樊遲問仁. 子曰愛人."(『論語』 顔淵)의 확대 해석이다. 즉 예를 들면 "子嚮父, 弟嚮兄, 臣嚮君, 牧嚮民, 凡人與人之相嚮而藹然其愛者謂之仁也."(『고금주』 권3, 4후) 같은 표현이 『고금주』 권3, 22후, 25전에도 보인다. 또 '人倫之愛'(『고금주』 권6, 5후), '仁者愛物'(『고금주』 권9, 27후)라는 표현도 보인다.

64) 이에 대한 예로는 『고금주』 권2, 14전. "仁者, 人與人之盡其道也."; 『고금주』 권3, 39후. "處人倫盡其分謂之仁."; 『고금주』 권10, 2전. "人與人盡其分, 斯之謂仁."(『고금주』 권6, 3전; 『要義』 권1, 4전; 『시문집』 권19, 29후도 같은 표현임); 『고금주』 권8, 23후. "凡人與人之間盡其本分然後名之曰仁."; 『고금주』 권2, 35전. "必君臣父子之間, 盡其人倫之愛."; 『中庸講義』 권1, 36전. "凡二人之間盡其本分者斯謂之仁."; 『大學公議』 권1, 40전. "人生斯世, 其萬善萬惡, 皆起於人與人之相接, 人與人之相接而盡其本分, 斯謂之仁."; 『要義』 권2, 28후. "人與人盡其分乃得爲仁." 등을 들 수 있다. 이에 대한 예를 들면 "父子而盡其分, 則仁也; 君臣而盡其分則仁也;夫婦而盡其分則仁也."(『고금주』 권6, 3전)가

는 인륜의 완성된 덕이라 파악한다.[65)]

다산은 주자가 인을 '천지생물지심天地生物之心'[66)]이나 '본심전체지덕本心全體之德'[67)]이라 파악한 데 대해 인은 결코 심덕心德이나 천리가 아니고 인덕人德이라 한다.[68)] 또 주자가 인을 '애지리, 심지덕愛之理, 心之德'이라 하여[69)] 이학적理學的으로 해석하였으나 다산은 '유자왈장有子曰章'에서 인은 행사行事에서 이루어지지(成於行事) 결코 마음에 있는 이치가 아니라고 한다(非在心之理).[70)]

이를 좀 더 자세히 고찰해 보도록 한다. 주자는 "측은, 수오, 사양, 시

있다.

65) 『고금주』 권6, 36후. "仁者人倫之成德, 父慈子孝兄友弟恭, 所謂仁也."(같은 표현이 『中庸自箴』 권1, 2후; 『고금주』 권1 43전; 『고금주』 권4, 10전; 『고금주』 권2, 13전, 31전; 권8, 22후; 권6, 36후 등에도 보인다.) 또 '人倫之至': "人者人倫之至也. 孝於親, 忠於君, 慈於衆謂之仁."(『고금주』 권7, 7전; 권9, 30전; 권10, 1전; 권10, 20전; 권8, 5후; 권7, 7전에도 보인다.) '人倫至善之名'(『고금주』 권2, 26후), '人與人之至'(『고금주』 권10, 40전), '人倫之至善'(『고금주』 권3, 30후), '至善之成名'(『고금주』 권2, 35전)이라 보기도 하고, '忠孝至極'(『고금주』 권7, 4전), '牧民之愛'(『고금주』 권8, 20후), '孝弟忠信之總名'(『고금주』 권2, 13후), '忠者之成名'(『고금주』 권1, 43전), '人倫之明法'(『公議』 권1, 34후), '愛親敬長, 忠君慈衆'(『고금주』 권8, 21전)이라 보기도 한다. 이 밖에 "紘父云, 灑掃糞除先於人則仁也, 觴酒豆肉後於人則仁也."(『고금주』 권3, 14전)라 보기도 한다.

66) 『맹자요의』 권1, 24전. "集[注]曰, 仁者, 天地生物之心." 이에 대해서 茶山은 "孟子曰: 仁者, 人也, 表記亦曰: 仁者, 人也. 古訓本自如此, 無生物之說."(『自箴』 권1, 19후)과 "凡二人之間盡其本分者, 斯謂之仁, 天地生物之心干我甚事."(『中講』 권1, 36전)라 하면서 反駁하고 있다.

67) 『사서집주』, 132쪽.

68) 『고금주』 권7, 7전. "仁不是心德, 不是天理", 『要義』 권2, 30후. "鏞案, 仁非天理, 乃是人德. 孔子曰:克己復禮爲仁, 明人慾旣克, 然後乃爲仁."

69) 『사서집주』, 48쪽.

70) 『고금주』 권7, 20후. "仁者非本心之全德, 亦事功之所成耳."; 『고금주』 권6, 3후. "從來仁者, 宜從事爲上看(非在內之理)."; 『고금주』 권10, 40전. "倉義製字之初, 原以行事會意"; 『要義』 권2, 18전. "行之爲之而後仁義之名立焉."; 『요의』 권1, 54전. "孔孟言仁義, 皆主行事而言, 不以爲在心之理."; 『中講』 권1, 38전. "仁義禮智之名, 成於行事之後, 此是人德, 不是人性."; 『要義』 권2, 23右. "雖然仁義禮智竟成於行事之後, 若以爲在心之理, 則又非本旨."; 『요의』 권1, 24후. "若仁爲本心全體之德, 則人雖欲離仁不居, 其可得乎? …… 仁與不仁亦不在吾心之內, 故我得以意揀擇, 舍此取彼, 若仁在本心則離不得矣, 何以擇矣?"

비는 정이고, 인의예지는 성이다. 심은 성정을 통괄하는 것이다. 단端은 서緖이다. 그 정이 발發함으로 인하여 성의 본연을 볼 수 있으니 마치 어떤 물건이 속에 있는데 단서가 바깥으로 드러나는 것과 같다"[71]라 하여 단端을 서緖로 보고 성(仁, 義, 禮, 智)이 안에 있고 이것의 단서인 정(惻隱, 羞惡, 辭讓, 是非)이 밖에 드러난 것으로 보아 정이 발하므로 성을 볼 수 있다 하였다. 이에 비해 다산은 단端을 시始로 보아[72] 측은 등이 안에, 인 등이 밖에 있는 것으로 보고 인의예지를 열매로 비유하면서 오직 그 근본은 마음에 있다고 주장한다.[73] 결국 『맹자』의 '측은지심, 인지단야惻隱之心, 仁之端也'에서 '단端'의 해석 차이(주자는 서緖로, 다산은 시始로 봄)로 인하여 다른 해석이 생겨나게 되었다.

다산은 효제와 인은 같은 것으로 보되 다만 인은 총명總名이요 효제는 전칭專稱이라고 규정하면서 인은 포함하지 않는 것이 없고, 효제는 오직 어버이를 섬기고 형을 공경하는 것이 그 실實이 되므로 유자有子는 제인諸仁 중에서 효제가 근본이 된다고 하였고, 따라서 정자가 '인을 행함은 효제로부터 시작된다'라고 한 것도 역시 의미가 통한다고 보고 있다. 다만 정자는 효제를 행인行仁의 본本이라고 하면 가하나 인의 본이라 하면 불가하다고 한 데[74] 대해 다산은 이는 유자의 말과 합치하지 않는다고

---

71) 『사서집주』, 238쪽. "惻隱羞惡辭讓是非, 情也. 仁義禮智, 性也. 心, 統性情者也. 端, 緖也. 因其情之發, 而性之本然可得而見, 猶有物在中而緖見於外也." 朱子는 마음속에는 다만 네 가지 물건(仁義禮智)만 있고 萬物 모두가 다 이로부터 나온다고 한다(『語類』 권6). 程子도 性 가운데는 다만 仁義禮智 네 가지가 있을 뿐이라고 한다.(『四書集注』, 48쪽. "性中只有個仁義禮智四者而已, 曷嘗有孝弟來?")

72) 『요의』 권1, 23전.

73) 『고금주』 권8, 23후. "可仁之理在於本心, 詩云, 民之秉彝好是懿德是也. 行仁之根在於本心, 孟子云, 惻隱之心仁之端是也." 또 『中講』 권1, 38전에서도 "若其可仁可義可禮可智之理具於人性, 故孟子以惻隱等四心爲四德之端."라 하였다.

74) 『사서집주』, 48쪽. "爲仁, 猶曰行仁 …… 程子曰:故爲仁以孝弟爲本. 論性, 則以仁爲孝弟之本. 或問:孝弟爲仁之本, 此是由孝弟可以至仁否? 曰:非也. 謂行仁自孝弟始, 孝弟是仁之一事, 謂之行仁之本則可, 謂是仁之本則不可. 蓋仁是性也, 孝弟是用也, 性中只有個

하면서 인과 위인爲仁은 반드시 뚜렷하게 분별할 필요는 없다고 설명한다.75)

다음은 '안연문인장顔淵問仁章'에 대해 고찰해보기로 한다. 먼저 자의에 대해 분석해 보면 다산은 '기己'를 '아我'로 보고, 나에게는 이체二體와 이심二心이 있는데 도심이 인심을 이기면 대체가 소체를 이긴다고 설명하고, '일일극기一日克己'란 하루아침에 분발하여 힘써 행하는 것으로 하루만 하고 그치는 것이 아니라고 파악한다. 그리고 '복復'을 반反으로 본 공안국의 설을 채택하고, '귀歸'를 귀화로 '천하귀인天下歸仁'을 가까이는 구족 멀리는 백성까지 한 사람도 인에 돌아오지 않음이 없다고 본다. 또 '유기由己'를 나로부터 말미암음으로 보고, 인은 두 사람 사이에서 생기지만 인을 행하는 것은 나로부터 말미암지 남에게서 말미암지 않는 것(두 사람이 더불어 함께 이루는 것이 아님)이라고 주장한다.76) 즉 본래 두 사람이 인이 되므로 인을 구하는 자가 혹은 스스로 구하는 외에 남에게서 구하므로 공자는 엄격히 변론하여 "스스로 닦으면 백성이 복종하여 이에 인이 되니(두 사람의 본분을 다함) 어찌 남에게서 말미암겠는가"라고 하여 인을 극기의 성과로 본 것이다. 다산은 만약 하나의 인덕이 원래 심규心竅의 내內에 있어 측은의 본원이 된다면 일일극기복례 이하의 20글자는 모두가 담박하여 의미가 없게 되니 '인仁'자는 마땅히 안에 있는 이치로 볼 것이 아니라 사위상事爲上에서 보아야 한다고 주장한다.77)

仁義禮智四者而已, 曷當有孝弟來. 然仁主於愛, 愛莫大於愛親, 故曰孝弟也者, 其爲仁之本與!"

75) 『고금주』 권1, 10전. "但程子曰, 孝弟謂之行仁之本則可, 謂是仁之本則不可. 此與有子語不合, 仁與爲仁, 不必猛下分別也."

76) 『고금주』 권6, 1후.

77) 위와 같음. "原來二[鮮本에는 仁]人爲仁, 故求仁者或於自求之外, 更求諸人, 孔子嚴嚴辨破曰, 自修則民服, 於是乎爲仁(盡二人本分), 豈由人乎哉? 若有一顆仁德, 原在心竅之內

다음은 '예운장禮云章'에 대해 분석해 보기로 한다. 다산은 이 장에 대하여 『효경』의 "풍속을 바꾸는 데는 음악보다 더 좋은 것이 없고 안상치민安上治民에는 예보다 더 좋은 것이 없다(移風易俗, 莫善於樂, 安上治民, 莫善於禮)"는 설에 근거하여 해석한 정현[78]과 마융[79]의 설에 대하여 안상치민과 이풍역속은 다 예의 공용이지 예악의 근본은 아니라고 반박한다. 또 주자가 경敬과 화和로써 예악을 설명한 데 대하여, 화와 경으로는 예악이 되기에 충분하지 않다고 보고, 예악의 근본은 인륜에서 일어나는 것으로 옥백종고玉帛鍾鼓는 예악이 되기에는 충분하지 못하다고 평가한다.[80]

다산은 인은 인륜의 성덕成德이므로 인은 근본이 되고 예악은 그로 말미암아 생겨나는 것이므로 불인不仁하면 그 근본은 없고 따라서 예악이 있은들 소용이 없다고 설명한다.[81] 또 인은 충효의 완성된 명칭이기도 하므로 예는 이를 이행함으로부터 생겨나고 악은 이를 즐거워함으로부터 생겨나니 인은 질質이 되고 예악은 문文이 되는 것으로 파악한다.

그런데 이 인에 관한 새로운 해석은 다산이 창시한 설은 아니다. 『여유당전서』, 『시문집』의 「녹암권철신묘지명鹿菴權哲身墓誌名」(권15, 34후)과 『맹자요의』(권1, 22전~23후), 「시양아示兩兒」(『시문집』 권21, 19후)의 내용으로 보아 다산이 인의 해석에 있어서 녹암설의 영향을 받은 것

爲惻隱之本源, 則一日克己復禮以下二十字, 都泊然無味也. 從來仁字宜從事爲上看.(非在內之理)"

78) 『고금주』 권9, 30후. "鄭曰, 禮非但崇此玉帛而已, 所貴者乃貴其安上治民."

79) 위와 같음. "馬曰, 樂之所貴者移風易俗, 非謂鍾鼓而已."

80) 위와 같음. "案季氏旅於泰山, 未嘗不致敬, 三家徹以雍詩, 自以爲致和, 和敬未足以爲禮樂. 孔子曰, 人而不仁如禮何? 人而不仁如樂何? (八佾篇) 孟子曰, 仁之實, 事親是也; 義之實, 從兄是也; 禮之實, 節文斯二者是也; 樂之實, 樂斯二者是也. 禮樂之本起於人倫, 玉帛鍾鼓未足以爲禮樂也.(僭禮僭樂, 而自以爲禮樂者君子笑之, 故曰, 云乎哉! 云乎哉!)"

81) 『고금주』 권1, 43전. "補曰, 仁者, 人倫之成德, 仁爲之本而禮樂由之以生(儒行云, 禮節者仁之貌也, 歌樂者仁之和也), 不仁則其本亡矣, 奈此禮樂何?"

이 증명된다. 그런데 인에 대한 이러한 행사설行事說은 당시 다산 주위의 인물들 사이에서(즉 성호학파 계통)는 일반적인 견해가 아니었던가 생각된다. 왜냐하면 「서암강학기西巖講學記」에서 오국진吳國鎭(1763~?, 자字 맹화孟華)의 이삼환李森煥(1729~?, 자字 자휴子木, 호號 목재木齋)에 대한 질문에서도 다산과 같은 견해가 나타나고 있기 때문이다.[82]

(나) 어구 재해석에 의한 해석

- 빈여천득지貧與賤得之의 해석(辨貧與賤得之, 謂得去之: 27則)

〈원문〉 子曰: "富與貴是人之所欲也, 不以其道得之, 不處也; 貧與賤是人之所惡也, 不以其道得之, 不去也." (「이인」)

〈구성〉 인증: 1회

이 문장에서의 두 번째 구절 해석에 대해 다산은 이의를 제기한다. 먼저 하안의 견해를 보면 "시時에는 비태否泰가 있으므로 군자가 도를 행하더라도 도리어 빈천한 경우가 있다. 이것은 그 도로써 얻은 것이 아니다. 비록 사람이 싫어하는 바이지만 어기어 버려서는 안 된다"[83]라 하였고 주자도 이에 동조하여 "불이기도득지不以其道得之는 마땅히 얻지 않아야 할 것인데 얻은 것을 말한다. 그러나 부귀에는 처하지 않고, 빈천에

82) 『고금주』 권21, 25후~26전. "國鎭問, 惻隱羞惡等情是自內發者, 及達於外施於事然後, 方叫做仁叫做義. 今人却以仁義禮智四德有若伏在裏面, 放惻隱羞惡等情出去發見, 未知如何?" 이에 대해 李森煥도 원칙적으로는 동의한다. "木齋曰, 仁義禮智固就事爲上成就."
83) 『고금주』 권2, 14전. "何曰, 時有否泰, 故君子履道而反貧賤. 此則不以其道而得之, 雖是人之所惡, 不可違而去之."

는 버리지 않으니 군자가 부귀에 살피고 빈천에 편안함이 이와 같다"[84] 라고 하여 빈천은 정당한 방법으로 얻은 것이 아닐지라도 버리지 않는 것으로 해석하였다. 이에 다산은 이 문장을 기존의 해석과는 전혀 다른 새로운 각도에서 해석한다. 즉,

> 부귀는 사람이 바라는 바이나 그 도로써 처하지 않으면 처하지 아니하며, 빈천은 사람이 싫어하는 바이나 그 도로써 버리지 않으면 버리지 않는다. 득得은 성사成事의 뜻이니 빈천을 버린다는 것도 또한 성사成事이다.[85]

라 하여 '오직 정당한 방법으로 버리는 것이 아니라면 버리지 않는다'고 해석했다. 즉 다산은 부귀에는 득처지도得處之道로, 빈천에는 득거지도得去之道로 본 반면 주자는 둘 다 득지지도得之之道로 보아 그 해석이 크게 달라졌다. 따라서 다산설을 뒤바꿔 해석한다면 부귀는 정당한 방법으로 얻으면 처하고 빈천도 정당한 방법으로 버린다면 버린다는 것이다. 종래에는 정당한 방법으로 얻지 않았더라도 버리지 않는다고 해석하여 빈천에 안주하는 경향이 있게 되었는데 다산은 정당한 방법으로 버릴 수 있으면 버린다고 하여 다산의 진취적인 사상을 여기에서도 간취할 수 있다.

다산의 이러한 해석, 즉 빈여천득지貧與賤得之의 해석을 득거지得去之로 한 것이 과연 다산의 독창적인 해석인가, 그렇지 않으면 어떤 연원이 있는 것인가. 다산과 학문적 교류를 가진 이 중에 혜장惠藏(1772~1811,

---

84) 『사서집주』, 70쪽. "不以其道得之, 謂不當得而得之. 然於富貴則不處, 於貧賤則不去, 君子之審富貴而安貧賤也如此."

85) 『고금주』 권2, 13후~14전. "富貴人所欲也, 然不以其道得處之, 則弗處也. 貧賤, 人所惡也, 然不以其道得去之, 則弗去也. 得者, 成事之意, 去貧賤亦成事也." 또 『고금주』 권2, 14후에서는 得字에 대해 "得者, 成事之意, 不必有所獲而後謂之得."이라 하고 그 예로 "居位曰得居其位, 去疾曰得去其疾, 宜如是看."을 들고 있다.

호號 아암兒菴[86])이라는 승려가 있다. 다산의 「아암장공탑명兒菴藏公塔銘」에 의하면 아암은 불경 이외에 『주역』에 매우 정통했으며[87]) 특히 『논어』를 무척 좋아하여 그 깊은 의미까지 연구하고 탐색하여 조금도 모르는 뜻이 없게 하려는 듯할 정도였다고 한다.[88]) 이에서 본다면 『논어』에 대해 일가견이 있었을 것으로 생각된다. 다산이 아암을 처음 만난 것은 1805년 봄으로 이후 아암이 입적한 1811년까지 자주 내왕하며 『주역』을 비롯한 유가서에 대해 서로 토론하였다. 다산의 『고금주』는 1813년(순조 13년, 다산 52세) 겨울에 이루어졌다.[89]) 따라서 『고금주』가 완성되기 이전에 아암과 『논어』에 대해서 서로 토론하였을 것으로 짐작된다. 또 실제로 아암의 저술인 『아암유집兒菴遺集』[90])에 다산의 『고금주』에 나타난 독창적인 해석과 부합되는 해석이 여러 곳에 발견되는데[91]) 그중의 하나가 바로 '득처지, 득거지得處之, 得去之'의 해석이다.

즉 다산과 동일하게 득처지, 득거지로 해석하고 불가와 대비하여 볼 때 유가는 유세사영遺世辭榮의 뜻이 없으니 종래의 해석처럼 한번 빈천에 처하면 고집하여 떠나지 않는 것으로 해석해서는 불가함을 주장하고 있다. 따라서 이에서 다산과의 상호 연관성을 살펴볼 수 있으나 과연 아암이 다산에게 영향을 받은 것인지 아니면 다산이 아암에게서 영향을 받은 것인지는 지금으로써 추론하기가 어려우나, 필자의 관견으로는 다산이 아암에게서 영향을 받은 것이 아닌가 하는 생각을 해보게 된다. 왜

86) 鮮本에는 巖으로 되어 있다.(그러나 本文에는 菴으로 되어 있음) 以下에서는 刊行된 文集名에 의해 菴으로 사용함.
87) 『시문집』 권17, 6후~7전. "夜旣靜, 余曰, …… 微言妙義得弘敷焉."
88) 『시문집』 권17, 7전. "兒菴於外典, 酷好論語, 究索旨趣, 期無遺蘊."
89) 『俟菴先生年譜』, 276쪽(驪江本, 21冊).
90) 1920年 8月 新文館에서 발행한 3卷 1冊의 鉛活字本이다. 권3의 「鍾鳴錄」에 『論語』에 대한 견해가 수록되어 있다.
91) 즉 '哀而不傷'을 眷耳라 한다든가, '入太廟每事問'에 관한 說, '告朔之餼羊'에 관한 說 등이 그것이다.

냐하면 아암 자신이 다산에게 들은 학설은 스스로 들었다고 분명히 말하고 있기에 이 설도 다산에게 들었다면 분명히 이를 밝혔을 것이기 때문이다.[92] 그러나 상호 영향 관계도 생각할 수 있다.

(다) 내용 재해석에 의한 해석

① 일이관지一以貫之의 원의(辨一以貫之, 卽絜矩之恕, 非傳道之訣: 28則)
② 자공일관子貢一貫과 증자일관曾子一貫의 관계(辨子貢一貫與曾子一貫, 無大小之別, 無知行之別: 120則)

〈원문〉 28칙; 子曰: "參乎! 吾道一以貫之." 曾子曰: "唯." 子出. 門人問曰: "何謂也?" 曾子曰: "夫子之道, 忠恕而已矣."(「이인」)

120칙; 子曰: "賜也, 女以予爲多學而識之者與?" 對曰: "然, 非與?" 曰: "非也, 予一以貫之."(「위령공」)

〈구성〉 28칙; 인증: 3회, 질의: 2회

이 장에 대한 기존의 해석에 다산은 이의를 제기한다. 먼저 충서忠恕에 대해 살펴보면, 다산은 충서의 자의에 대해 '중심中心이 충忠'이고 '여심如心이 서恕'라고 한 『주례소』를 인용,[93] '중심으로 남을 섬기는 것을

---

92) 『兒菴集』 권3, 7전. "斯義也, 余昔聞之於紫霞山房." 물론 이는 『周易』에 관한 說을 들은 것이지만 『論語』에 관한 說을 茶山에게서 들었을 때도 이런 표현을 하지 않았을 리가 없다. 왜냐하면 兒菴은 茶山을 스승으로서 존경했기 때문이다. 여기서 紫霞山房은 茶山이 거처하는 處所를 말한다. 『兒菴集』 附錄의 「東方第十五祖蓮坡大師碑銘」에 '紫霞山人俟庵丁鏞撰'이라고 하였다.

충', '다른 사람의 마음을 내 마음처럼 헤아리는 것을 서'라고 정의하면서[94] 형병의 '중심을 다하는 것', '나를 헤아려서 사물을 헤아리는 것'이라는 해설도 받아들이고 있다.[95] 대부분의 학자들이 일一을 이理나 심, 인 등으로 본 데 비해 그는 일一을 서恕로 보았다.[96] 또 충과 서의 관계에 대해서도 충으로써 서를 행하는 것(行恕以忠)이라고 정의하여,[97] 공자는 서만을 말하였고 증자는 충서를 합하여 말했다고 주장한다.[98]

그러나 충서는 결코 대대지물對待之物이 아니다. 서가 근본이 되고 행하는 것은 충이다. 사람으로서 사람을 섬긴 후에 충의 이름이 있게 되고 홀로인 나에게는 충이 없으니 비록 먼저 자기를 다하려고(盡己) 하여도 손댈 수가 없다.[99] 결국 충서는 서恕이며,[100] 따라서 바야흐로 충을 실

93) 『고금주』 권2, 19후. "周禮注疏云, 中心爲忠, 如心爲恕.(大司徒六德之疏)"

94) 『고금주』 권2, 19후. "蓋中心事人謂之忠(爲人謀忠, 事君忠), 忖他心如我心謂之恕(說文長箋云, 如心爲恕)." 前者인 忠과 동일한 내용이 같은 책, 권2, 35전에도 보인다. 또 "中心無隱, 謂之忠." "嚮人以誠曰忠."(『고금주』 권3, 37전)이라 하기도 하고, 恕에 대해서는 "艱苦之事先於人, 得利之事後於人."(같은 책, 권3, 13후), "勞苦先於人, 利祿後於人."(같은 책, 권6, 20후)이라고도 하고 있다.

95) 위의 책, 권2, 20전. "邢曰, 貫, 統也. 忠謂盡中心也. 恕謂忖己度物也. 言夫子之道, 惟以忠恕一理以統天下萬事之理, 更無他法, 故云而已矣. 案此疏正得本旨, 不可易也."

96) 위의 책, 권2, 19후; 위의 책, 권7, 43전. "一者恕也. 五典十倫之教, 經禮三百, 曲禮三千, 其所以行之者恕也. 斯之謂一以貫之." '一'을 孔子思想의 核心인 仁으로 보는 學者로는 日人 荻生雙松이 있다. 즉 "荻先生曰: 一者何? 仁也. 夫子之道猶錢也. 仁猶繈也. 故曰: 一以貫之. 何以不言仁而言一? 以其不可言仁也. 其所以不可言仁者何? 仁有大小廣狹, 一事之仁, 不足以貫道明矣. 一者無二無對之稱."(太宰純, 『論語古訓外傳』 권4, 16후~17전, 延享 2년(1746), 嵩山房刊 木版本) 단, 본 내용과 비슷한 내용이 荻生의 『論語徵』 乙, 43후~46후(元文 五庚申, 武江書林刊 木版本)에는 보이나 동일한 내용은 보이지 않는다.

97) 위의 책, 권2, 19후, 『中庸自箴』 권1, 15전에서는 "恕者以一而貫萬者也. 謂之忠恕者以中心行恕也."라 하고 있으며 『大學講義』 권2, 33전에서는 "所謂忠恕者不過曰: 實心以行恕耳."라 하고 있다.

98) 『고금주』 권2, 19후. "行恕以忠, 故孔子單言恕, 而曾子連言忠恕也."

99) 위의 책, 권2, 20후. "盡己之謂忠, 推己之謂恕也. 然忠恕非對待之物, 恕爲之本而所以行之者忠也. 以人事人而後有忠之名, 獨我無忠, 雖欲先自盡己, 無以着手."

100) 위의 책, 권7, 44후. "審如是也, 孔子二以貫之, 豈一以貫之乎? 恕爲之本而所以行之者忠也. 忠恕非恕乎?"

행할 때 서는 이미 오래전부터 있었다고 본다.101)

따라서 다산은 다음과 같이 말한다.

> 오도吾道는 인륜에서 벗어나지 않는다. 무릇 인륜에 처한 바는 오교五教, 구경九經으로부터 경례經禮 삼백三百, 곡례曲禮 삼천三千에 이르기까지 다 하나의 서자恕字로 행하는 것으로,102) 마치 하나의 돈꿰미가 천백 개의 동전을 꿰는 것과 같으니 이것을 일컬어 일관一貫이라 한다.103)

즉 공자의 도는 참으로 하나의 '서恕'자일 뿐이라고 하면서104) 그 대표적인 전거로 첫째로 『중용』의 '충서위도불원장忠恕違道不遠章'을 들고 있다. 결국 충서는 곧 서이고 본래 나누어서 둘로 할 것이 아니니, 일이관지는 서恕이고 서를 행하는 것은 충이라고 설명한다.105) 둘째로는 '일언이가이종신행지장一言以可以終身行之章'을 인증에서 예로 들면서 일관의 뜻은 증자의 자주自注가 매우 분명하니 다른 뜻이 없다고 한다.106) 셋째로는 '다학이지지장多學而識之章'을 예로 들면서 여기에서의 일관도 또한

101) 위의 책, 권2, 20후. "方其忠時, 恕已久矣." 따라서 茶山은 '忠以修己, 恕以治人'은 大誤이고 '恕以修己'이며, 오직 實心行恕하는 것을 忠恕라 한다.(『大學講義』 권2, 33후)

102) 『고금주』 권8, 15후에서도 恕를 人倫에 處하는 것으로 해석하고 있다. "人道不外乎求仁, 求仁不外乎人倫. 經禮三百曲禮三千, 以至天下萬事萬物, 皆自人倫起, 恕者所以處人倫(卽絜矩之道)."

103) 위의 책, 권2, 19후. "補曰: 吾道不外乎人倫. 凡所以處人倫者, 若五教九經以至經禮三百曲禮三千, 皆行之以一恕字, 如以一緡貫千百之錢, 此之謂一貫也."

104) 위의 책, 권7, 44후. "恕爲之本而所以行之者忠也. 忠恕非恕乎?"

105) 위의 책, 권7, 44전. "起句旣雙擧忠恕, 而下節單言恕何也? 忠恕卽恕, 非有一也." 『中庸自箴』 권1, 15전에서도 "經云忠恕而所言君子之道四, 仍只是恕, 不復言忠斯可知也."라 하였다. 또 『論語古訓外傳』 권4, 19전~20전에서도 "中庸所謂道, 卽夫子之道, 非不一也. 忠恕無有異端 …… 至於中庸所載, 上以忠恕竝言, 而下特解恕義者, 蓋以恕包忠. 且忠之說易知, 恕之說難知, 故特於恕詳其說也."라 하였다.

106) 위의 책, 권2, 20전. "案終身行之, 則凡事親事君, 處兄弟與朋友, 牧民使衆一, 應人與人之相接者一, 以是一恕字行之也. 此非一貫而何? 一貫之義, 曾子自注甚明, 無他義也."

서恕라고 정의하고 있다.107)

다산은 '서恕'자에 대한 해설에서도 인에 대한 해설처럼 비근한 데서 찾고 있다. 즉 상하전후좌우의 교제를 잘하는 것이라 하고 이를 혈구지도絜矩之道와 연결시키고 있다. 따라서 고성인古聖人의 사천지학事天之學은 인륜에서 벗어나지 않으므로 이 하나의 '서'자는 사람을 섬길 수도 있고 하늘을 섬길 수도 있다고 파악한다.108) 이에 다산은 결국 오도吾道는 혈구지도絜矩之道이며 일이관지一以貫之는 혈구지서絜矩之恕라고 확신한다. 이를 간단하게 말하면 가까운 데서 비유를 취하는 것(能近取譬)이 바로 혈구지도로서, 아래에서 비유를 취하여 위를 섬기고 왼쪽에서 비유를 취하여 오른쪽과 사귀는 것이다.109)

---

107) 위의 책, 권2, 20후. "案此一貫亦恕也."

108) 『고금주』 권7, 43후~44전. "原夫人生斯世, 自落地之初以至蓋棺之日, 其所與處者人而已. 其近者曰父子兄弟, 其遠者曰朋友鄕人, 其卑者曰臣僕幼穉, 其尊者曰君師耆老. 凡與我同圓顱而方趾, 戴天而履地者, 皆與我相須相資相交相接, 胥匡以生者也. 我一人彼一人, 兩人之間則生交際, 善於際則爲孝爲弟爲友爲慈爲忠爲信爲睦爲婣, 不善於際則爲悖爲逆爲頑爲嚚爲奸爲慝爲元惡爲大憝. 吾道何爲者也? 不過欲[鮮本에는 爲]善於其際耳. 於是作爲禮法以道其善, 以過其惡, 一動一靜, 一言一默, 一思一念, 皆有刑式禁戒拊民趨辟. 其文則詩書易春秋, 其千言萬語而經禮三百曲禮三千, 枝枝葉葉, 段段片片, 浩浩漫漫, 不可究學, 要其歸, 不過曰善於際也. 善於際何謂也? 所惡於上, 毋以使下, 所惡於下, 毋以事上, 所惡於前, 毋以先後, 所惡於後, 毋以從前, 所惡於右, 毋以交於左, 所惡於左, 毋以交於右, 斯之謂善於際也. 括之以一字非卽爲恕乎? 然則恕之爲物, 如一條緡索貫得千萬箇錢, 孔子所謂一以貫之, 非是之謂乎? 天之所以察人之善惡, 亦惟是二人相與之際, 監其淑慝, 而又予之以食色安逸之欲, 使於二人之際驗其爭讓, 考其勤怠. 由是言之, 古聖人事天之學, 不外乎人倫, 卽此一恕字可以事人可以事天, 何故而小之也? 一者恕也"

또 『大學講義』 권2, 41전후에서는 古之一貫과 今之一貫을 대비하면서 설명하고 있다. "顧一貫之說有古今之異. 古之所謂一貫者, 以一恕字貫六親貫五倫貫經禮三百貫曲禮三千, 其言約而博, 其志要而遠, 以恕事父則孝, 以恕事君則忠, 以恕牧民則慈, 所謂仁之方也, 今之所謂一貫者天地陰陽之化, 草木禽獸之生, 紛綸錯雜, 芸芸濈濈者始於一理, 中散爲萬殊, 末復合於一理也. 老子曰, 天得一以淸, 地得一以寧, 聖人抱一爲天下式. 佛氏曰, 萬法歸一, 一歸何處? 今人樂聞此說, 恥吾道狹小, 於是强把一貫之句以與老佛猗角爲三, 此儒門之大蔀也."

109) 『고금주』 권3, 22후. "補曰, 能近取譬者, 絜矩也. 取譬於下以事上, 取譬於左以交右也. 孔子曰, 强恕以行, 求仁莫近焉."

이 '일이관지장'에 대해 송유宋儒는 불가佛家 선종의 의발을 전수하는 것의 영향을 받아 마치 공자가 증자에게 도통을 전해준 것처럼 크게 강조하나,110) 이는 결코 전도의 비결이 아니며 아울러 유가에는 전도법傳道法이 없음을 강조하고 있다.111)

다산은 서恕에도 두 가지의 종류가 있다고 한다. 곧 '추서推恕'와 '용서容恕'가 그것으로 고경古經에는 다만 추서만 있고112) 본래 용서는 없으며113) 주자가 말한 것은 대개 용서라고 파악한다. 추서는 자수自修를 주로 하여 자기의 선을 실행하는 것이며 용서는 치인治人을 주로 하여 남의 악에 관대한 것이다.114)

여기에서 서와 인의 관계에 대한 다산의 견해를 살펴보기로 하자. 다

---

110) 『四書章句集注』, 73쪽(北京; 中華書局). "程子又曰: 聖人教人, 各因其才, 吾道一以貫之, 惟曾子謂能達此, 孔子所以告之也."

111) 『고금주』 권2, 20후. "此章非傳道之訣, 儒家無傳道法也." 이와 같은 의견을 表한 者로는 洪頤煊(『讀書叢錄』, 『論語集釋』 1冊 259쪽), 張甄陶(『四書翼注論文』, 『集釋』 1冊 260쪽), 荻生雙松(『論語徵』 乙, 43후), 太宰純(『論語古訓外傳』 권4, 15후) 등이 있다.

112) 推恕의 예로는 『中庸』의 "施諸己而不願, 亦勿施於人.", 『論語』의 "孔子曰: 己所不欲, 勿施於人.", "子貢曰: 我不欲人之加諸我也, 吾亦欲無加諸人.", 『大學』의 "所惡於上, 毋以使下, 所惡於下, 毋以事上."을 들 수 있다.

113) 容恕의 예로는 『楚辭』의 "恕己以量人.", 『史記』 「趙世家」의 "老臣自恕.", 『後漢書』 「劉寬傳」 "溫仁多恕."를 들 수 있다.

114) 『大學公議』 권1, 35전. "鏞案恕有二種, 一是推恕, 一是容恕. 其在古經止有推恕, 本無容恕, 朱子所言者蓋容恕也. 中庸曰, 施諸己而不願, 亦勿施於人, 此推恕也. 子貢曰, 我不欲人之加諸我也, 吾亦欲無加諸人, 此推恕也. 此經曰, 所惡於上, 毋以使下, 所惡於下, 毋以事上, 此推恕也. 孔子曰, 己所不欲, 勿施於人, 此推恕也. 推恕者, 所以自修也, 故孟子曰, 强恕而行, 求仁莫近焉, 謂人與人之交際, 惟推恕爲要法也. 先聖言恕, 皆是此義. 若所謂容恕者, 楚辭曰, 恕己以量人, 趙世家曰, 老臣自恕, 後漢書劉寬傳[鮮本에는 傳]曰, 溫仁多恕, 此容恕也. 推恕容恕雖若相近, 其差千里, 推恕者主於自修, 所以行己之善也, 容恕者主於治人, 所以寬人之惡也, 斯豈一樣之物乎?"

『大學講義』 권2, 33전후에서도 "恕有二義, 一曰推恕, 一曰容恕. 古經所言皆是推恕而先儒多作容恕看, 故曰: 其弊只是姑息. 若認恕無錯, 何得曰有弊? 恕之爲德, 施之萬人而無弊, 流之萬世而無弊, 四面八方, 無適不宜, 何以生弊? …… 自漢以來, 史傳所言, 皆以容恕爲恕, 此先聖道晦之一案. 先儒習見此文, 遂云推恕之弊必至姑息, 欲於推己之上, 增置盡己一節以圖補救. 然恕之爲盡己也至矣, 又何必需他德以補之哉!"라 하였다.

산에 의하면 서를 행한 후에 인이 이룩되니[115] 서는 곧 인을 완성하는 방법이다.[116] 그러나 이는 마치 죽순이 대가 되고 연꽃 봉오리가 연꽃이 되는 것처럼 이미 익은 것(熟)을 인이라 하고 아직 익지 않은 것을 서라 하는 것은 아니다.[117] 맹자는 "반물이 다 내게 갖추어져 있으니…… 힘써 서를 실천하면 인을 구하는 데 이보다 가까운 것이 없다"(『맹자』「盡心上」)라 하여 '강서구인强恕求仁'으로 서와 인의 관계를 해설하고 있다. 따라서 다산도 인을 구하는 방법은 힘써 서를 행하는 데 있다고 설명한다.[118] 맹자의 이런 표현과 달리 다산은 '행서성인行恕成仁'과 '지서강인知恕强仁'으로 인과 서의 관계를 설명하면서 이것도 일관이라 본다.[119] 결국 표현상의 차이는 있을지언정 일一은 서이며 서는 인을 완성하는 방법임에는 틀림이 없다. 또 다산은 '기욕립이입인, 기욕달이달인己欲立而立人, 己欲達而達人'과 '시저기이불원, 물시어인施諸己而不願, 勿施於人'이 모두 극기克己로서 극기가 곧 서恕임을, 즉 인은 강서强恕에 있다고 주장한다.[120]

---

115) 『고금주』 권3, 14전. "仁者嚮仁之愛也. …… 恕而後成仁."; 같은 책, 권10, 40후 "一者恕也. 行恕而成仁, 固一貫也."

116) 위의 책, 권2, 31후. "仁者, 人倫之成德, 恕者所以成仁之方法." 『大學公議』 권1, 40전에서는 "仁親仁民, 莫非仁也. 乃聖人之言曰: 强恕而行求仁莫近焉. 恕者, 仁之道."라 하였고 『大學講義』 권2, 41전에서는 "古之所謂一貫者, 以一恕者貫六親. …… 所謂仁之方也."라 하였다.

117) 『고금주』 권2, 31전. "仁者人倫之成德, 恕者所以成仁之法, 不是已熟爲仁, 未熟爲恕, 如筍之爲竹, 菡萏之爲芙蕖也. 施諸己而不願, 亦勿施於人, 與此經所言毫髮不差, 分作兩層恐未必然."

118) 『고금주』 권6, 20후. "原來求仁之法, 在於强恕. 勞苦先於人, 利祿後於人, 恕之道也."

119) 위의 책, 권10, 40후. "然一者恕也. 行恕以成仁, 固一貫也, 知恕而强仁, 亦一貫也, 不可以知行之別而疑其有異也."

120) 위의 책, 권6, 5전. "案主敬卽復禮, 但孔子於門人之答每言强恕, 而獨於顏淵之答似不言恕. 然己欲立而立人, 己欲達而達人, 施諸己而不願, 勿施於人, 皆克己也. 然則克己爲恕, 前後之言皆一意也." 또 恕와 中庸의 관계에 대해서는 "欲行中庸之道者, 非恕不能. 一恕者可以貫萬事萬物."

아울러 증자의 일관과 자공의 일관의 관계에 대해서 다산은

> 증자, 자공은 대소의 차이가 없고, 증자, 자공의 일관은 지행知行의 구별이 없으며[121)]충서, 단서單恕의 차이가 없다. 하물며 이 일관은 본래 부자가 말한 것인데 증자에게 말한다 하여 반드시 크게 하지는 않았을 것이고, 자공에게 말한다 하여 반드시 작게 말하지는 않았을 것이며, 증자에게 말한다 하여 반드시 갖추었다고 할 수 없고, 자공에게 말한다 하여 반드시 성약省約하지는 않았을 것이며, 증자가 예라고 대답했다 하여 반드시 도통을 받은 것은 아니고, 자공이 대답이 없다 하여 통하지 않은 것은 아니다.[122)]

라고 하여 자공의 일관과 증자의 일관은 대소의 구별도 없고, 지행의 구별도 없고 따라서 증자와 자공은 본래부터 층급이 없다는 것이다.

여기서 다산은 서와 경서의 관계에 대해서 언급한다. 즉 사서는 오도의 지남指南인데『대학』·『중용』은 모두 '서恕'자의 연의衍義이며『논어』·『맹자』에서는 '강서이구인强恕以求仁'이라고 말한 것이 거듭 나와 헤아릴 수 없을 정도이고,[123)] 하나의 '서'자를 가지고『논어』·『중용』·『대학』·『맹자』에 임하면 그 천언만어가 하나의 '서'자의 해석이 아님이 없으니,[124)] 공자의 도는 참으로 한 '서'자일 뿐으로서 이 한 글자를 가지고 사람을 접하면 인을 이루 다 쓸 수 없다는 것이다.[125)]

---

121) 同一한 견해가『고금주』권10, 40후(「論語對策」)에도 보인다.

122)『고금주』권7, 44전. "曾子子貢竝無大小, 曾子子貢之一貫竝無知行之別, 曾子子貢之一貫竝無忠恕單恕之異. 況此一貫本是夫子之物, 語曾子不必爲大, 語子貢不必爲小, 語曾子不必該備, 語子貢不必省約. 曾子曰: 唯, 不必爲受道統, 子貢無對, 不必爲月隔膜子. (純云: 子貢不應, 近於不違如愚)"

123)『고금주』권7, 44후. "四書者, 吾道之指南也, 而大學中庸都是恕字之衍義, 論語孟子其言强恕以求仁者, 重見疊出, 不可殫指."

124) 위의 책, 권2, 20후. "然執一恕字以臨論語中庸大學孟子, 其千言萬語無非一恕字之解."

그런데 충서에 관한 이런 해석은 성호 이익의 종자從子인 경학자 정산貞山 이병휴李秉休(1710~1776)의 설에 힘입은 것이다.[126]

결국 다산은 모든 것을 이理로써 해석하는 당시의 풍토에서 수사洙泗의 고의古義를 찾아 혈구지서로써 일이관지를 해석하였고 도통의 개념을 부정하였으며 공문제자에 대한 평가에서도 지행이라든가 지우智愚의 우열로 보는 것에 대해 이는 상황의 차이일 뿐 우열의 차이가 아니라고 설명한다.

(라) 단어 재해석에 의한 해석

- 장부長府와 잉구관仍舊貫의 원의(辨長府爲錢名, 仍舊貫爲錢貫: 85則)

〈원문〉 魯人爲長府. 閔子騫曰: "仍舊貫, 如之何? 何必改作?" 子曰: "夫人不言, 言必有中."(「선진」)

〈구성〉 인증: 1회

여기서는 '장부長府'와 '관貫'의 해석이 문제가 된다. 정현은 장부를 창고 이름이라 하고, 재화를 간직하는 곳을 부府라고 보았으며, 관貫을 사事로 보았다.[127] 주자도 이 설을 그대로 수용하고 있다.[128] 즉 이에 의해 해석하면 "옛것을 그대로 해도 좋은데 어찌 다시 고쳐 짓느냐"[129]는

---

125) 위의 책, 권7, 44후. "則夫子之道一恕字而已, 執此一字以之接人, 仁不可勝用也."
126) 『集成』 23책의 '논어 일관설'(『논어』 6, 29쪽). '오도일관변'(30~31쪽) 참조.
127) 『고금주』 권5, 28후. "鄭曰, 長府, 藏名也. 藏財貨曰府(皇本無財字), 貫, 事也(釋詁文)."
128) 『사서집주』, 126쪽. 다만 爲를 改作으로 더 해석하였다.
129) 『集解』 권6, 3전. "因舊事則可, 何乃復更改作?"

것이며(정현), "고쳐 짓는 것은 백성을 수고롭게 하고 재물을 허비하는 것이니, 그만두어도 될 수 있다면 옛일을 그대로 따르는 것만 못하다"(『집주』 王氏語)는 것이다.[130] 따라서 이는 백성을 수고롭게 하여 고쳐 짓고자 하지 않는 것을 좋게 여긴 말이라는 것이다.[131]

그러나 다산은 이에 대해 지금까지와는 전혀 다른 해석을 내리고 있다. 먼저 장부에 대해서는 돈의 명칭이라 주장하고, 노소공魯昭公이 계씨를 정벌하려 할 때에 장부長府에 거처하였는데(소공 25年) 민자閔子 때에는 장부에서 돈을 개주하고 그 이름을 장부라고 하였다고 설명한다.[132] 즉 장부는 본래 지명이었는데 나중에 돈을 다시 주조하면서 그 지명을 따서 명칭을 장부라고 하였다는 것이다.

따라서 잉구관'仍舊貫'은 새로운 돈이 옛날 돈보다 크나 백성에게 부과한 것은 옛날 돈의 관수貫數와 같다는 것이다.[133] 즉 이의 원뜻은 바야흐로 개주하는 처음에는 백성이 모두 편하게 여겼으나 민자건은 미리 걱정하며 말하기를 "지금은 비록 그 무게는 늘이고 그 돈꿰미 수는 줄이나 다른 날 반드시 옛날 돈꿰미 숫자와 같이 받을 것이니 백성은 장차 어찌할 것인가"라는 것이다.[134] 그렇다면 여기서의 개작改作은 개주改鑄가 된다.[135]

---

130) 『사서집주』, 126쪽. "王氏曰, 改作, 勞民傷財. 在於得已, 則不如仍舊貫之善."

131) 『고금주』 권5, 28후. "王曰: 善其不欲勞民改作.[刑云: 子騫見魯人勞民改作長府爲此辭也]"

132) 위의 책, 권5, 28전. "補曰, 長府, 錢名. 魯昭公將伐季氏, 居於長府(昭公25年), 閔子之時長府改鑄錢, 名曰長府."

133) 위의 책, 권5, 28전. "仍舊貫謂新錢大於舊錢, 而其所以賦於民者, 仍同舊錢之貫[鮮本에는 이 字가 없음]數也(馬云, 因, 仍也)."

134) 위의 책, 권5, 28전. "如之何者, 慮患之辭. 方其改鑄之初, 民皆便之, 閔子豫憂之曰: 今雖增其重而減其貫, 他日必將仍舊貫, 民將如之何?"

135) 위와 같음. "補曰: 改作, 改鑄也.(作做鑄諧聲)"

다음으로는 『논어』의 제 문제에 대한 다산의 견해를 살펴보기로 한다. 먼저 『논어』의 기록자에 대해 살펴보면, 다산은 유자, 증자의 문인에게서 『논어』가 완성되어 두 사람만 자子로 일컬었다고 한 정자설[136]에 동의하고 있다.[137] 또 염자冉子와 민자閔子를 자子로 일컫는 이유에 대해 『논어』는 문인의 전술傳述을 잡취雜取하여 주관한 자는 증자 문하의 여러 제자였지만 간혹 염자, 민자 문인이 한두 개를 참정參正한 것이 있어서 염자, 민자를 존칭해서 자子로 일컬었을 뿐이라고 설명한다.[138]

『논어』의 종류에 대해서[139] 다산은 노인魯人에게서 나온 노론魯論, 제인齊人에게서 나온 제론齊論, 공벽孔壁에서 나오고 고문으로 쓰인 고론의 세 가지로 나누어 보고, 제론은 「문왕問王」과 「지도편知道篇」이 더 많아 22편이 되고, 고론은 「자장편」이 둘이어서 21편이 되며(그러나 그 글은 다 노론과 같다), 또 제론은 잡되고 고론은 위작이라 한다.[140] 다산은 노론, 제론은 전한 자가 같지 않을 뿐 경은 다르지 않으며 양가兩家가 전한 것이 각각 전부가 되고 제론, 노론을 합하여 한 부의 『논어』가 된 것은 아니라고 주장한다.[141]

다산은 『한서』의 제론의 장구가 노론보다 많다는 설[142]에 대해, 장구

---

136) 『사서집주』, 43쪽. "程子曰: 論語之書, 成於有子曾子之門人, 故其書獨二子以子稱."

137) 『고금주』 권1, 10후~11전. "程子謂此書成於有子曾子之門人也. …… 鏞案, 程子之言不可易也."

138) 위의 책, 권10, 39후. "臣以爲論語一書, 雜取門人之傳述, 主之者雖是曾門諸弟, 而或有冉閔門人之參訂一二, 如侍側誾誾與粟五秉之類, 則亦尊之而已."

139) 以下는 「十三經策」(『시문집』 권8, 18후), 「論語策」(『시문집』 권8, 26후), 「論語對策」(『고금주』 권10, 39후), 原義總括 137則(『고금주』 권8, 27후~28전)을 종합하여 정리한 것임.

140) 『고금주』 권10, 39후. "齊論多問王知道二篇, 古論分子張爲二篇, 臣以爲齊論雜而古論僞[閣本에는 譌]也", 『시문집』(「十三經策」) 권8, 18후. "臣以爲論語有三, 而問王知道二篇, 唯齊論有之."

141) 이런 견해는 皇侃의 『論語義疏』에서 제기되고 있다.("尋當昔撰錄之時, 豈有三本之別? 將是編簡缺落口傳不同耳.", '序' 4전, 懷德堂刊本)

142) 『사서집주』, 43쪽, 「論語序說」에도 何晏의 同說을 인용하고 있음.

가 많다는 것은 똑같은 경문을 취해 나누고 합한 것이 다른 것이니 노론에서의 1장을 제론에서는 혹 2장으로 나눈 것으로, 그래서 「유림전」에 쓰인 제론의 장구 수가 노론보다 많다고 반박한다. 즉 분장훈해分章訓解를 당시에는 장구라 하였다는 것이다.

그리고 『논어』 전체의 구성에 대해 학學으로 시작해서 명命으로 끝나니 이는 하학상달下學上達의 뜻이라고 정의하고 있다.[143]

(2) 일본유학에 대한 다산의 견해

다산의 『고금주』의 특성 중의 하나는 일인의 『논어』 주석을 채입採入하였다는 사실이다. 비록 다산 이전에도 일본에 관심을 둔 학자(특히 성호星湖와 순암順菴[144])들이 있었지만 다산처럼 일본을 객관적으로 보고 당시까지 조선학계에서 무시당하던 일인 유학자의 저술을 직접 자신의 저서에 원용援用한 경우는 없었다. 이는 이전의 일본관과는 다른 획기적인 전환이었다.

먼저 다산의 일본유학에 대한 관심과 태도를 고찰해 보기로 한다.

첫째로 살펴볼 것은 고시 24수 중 22수에 대해서이다. 다산은 이토 진사이伊藤仁齋(維禎), 오규 소라이荻生徂徠(雙松), 다자이 슌다이太宰春臺(純)를 일본의 명유로 보았으나 정학正學은 보지 못하였다고 평가하였다. 특히 다자이 슌다이(『論語古訓外傳』)에 대해서는 치우치고 음란한 말로

143) 『고금주』 권10, 38후. "魯論一部, 始之以學, 終之以命, 是下學上達之義."

144) 특히 順菴 安鼎福은 日本古學派에 큰 관심을 보이고 있다. 『順菴集』 권13, 30전~31전(「橡軒隨筆」下, '日本學者條')에서 『蟬谷雜記』에 인용된 伊藤維禎의 말을 읽고 "此言甚好, 此外格言甚多. 不意海島之中, 蠻貊之邦, 能有此學問人也."라고 찬탄하고 "竊觀其三冊[伊藤維禎의 『童子問』]所論, 大抵推尊孟子, 而時疵伊川矣."라 평가하고 있다.

경서를 어지럽혔다고 보고, 이는 마치 오곡을 아직 맛보기도 전에 피와 가라지가 무성한 것과 같으며 조선도 이와 같다고 파악한다.[145)]

둘째로 「일본론」(1)에 나타난 일본 유학자에 대한 간략한 해설이다. 여기서 다산은 상기한 3인의 문文과 경의經義의 의론에 간혹 왜곡된 부분이 있지만 모두 찬연히 문채가 있다고 긍정적으로 평가하였다.[146)]

셋째로 「시이아示二兒」에 나타난 일본유학에 대한 설명이다. 이에서 다산은 오규 소라이를 해동부자로 칭송하는 것을 들고 사사모토 렌篠本廉(1743~1809)의 글이 모두 정예하다고 평가하고 일본의 학문이 우리나라보다 뛰어난 것에 대해 개탄하고 있다.[147)]

끝으로 「발태재순논어고훈외전跋太宰純論語古訓外傳」을 들 수 있는데 이에서는 전기의 세 사람보다 좀 더 분명하고 확실하게 일본유학(특히 古學派)에 대해 서술하고 있다. 다산은 당시의 조선 유학자들이 거의 대부분 황간의 『논어의소』가 있는 줄도 모르고 설사 안다 하더라도 배척하는 입장이었는 데 비해, 『고금주』 전편에서 이를 인용·채택하여 자기 것으로 소화하고 있다. 그러나 다자이 슌다이의 『논어고훈외전』처럼 전적으로 『논어의소』를 추존하고 『논어집주』를 배척하는 것에 대해서는 반대하는 의사를 표명하고 있다.[148)] 그리고 『논어』의 찬집자에 대해서도 다자이 슌다이가 금뢰琴牢와 원헌原憲의 손에서 나온 것으로 본 데[149)] 비해 다산은 유자, 증자의 문인에게서 이루어진 것이라는 정자설

---

145) 『시문집』 권2, 26전.
146) 위의 책, 권12, 3후~4후.
147) 위의 책, 권21, 10전.
148) 위의 책, 권14, 23후.
149) 이는 본래 荻生氏의 의견이다.(“蓋上論成於琴張, 而下論成於原思, 故二子獨稱名. 其不成於他人之手者審矣”: 『論語徵』, 甲, 2후) 太宰純은 『論語古訓外傳』의 앞부분에 실려 있는 附錄의 ‘論語前後篇說’에서 이에 대해 詳細한 解說을 加하고 있다. “吾先師以爲古者大夫稱子. 非大夫而稱子者, 必族中尊長. 蓋族中無爲大夫者, 而其尊長得稱子耳. 考諸傳記, 而知其然云, 此誠確論也. 然則論語非必有子曾子之徒成之也. 先儒之說, 未爲

을 고수하여 전혀 다른 입장에 서 있다.150)

이상에서 고찰해본 바와 같이 다산은 당시 대부분의 학자들이 일본유학에 대해 무지했던 것에 반해 상당히 깊은 지식을 가지고 있었으며, 비록 그들이 조선에서 천대받던 나라라고 할지라도 그들의 좋은 사상은 받아들여야 한다는 사고방식이 저변에 깔려 있음을 알 수 있다. 다만 다산은 일본유학에 대해서 비록 그들의 학문적 성과는 인정하나 그리 큰 비중은 두지 않았으며 또 다산이 본 일인 저술도 크게는 다자이 슌다이의 『논어고훈외전』의 범위를 벗어나지 않아 그 수용에 있어서도 한계가 있음을 알 수 있다.

그런데 여기에 다산과 거의 동시대이면서 다자이 슌다이의 『논어고훈외전』에 관심을 둔 이가 있으니 그가 바로 대산 김매순(1776~1840)이다. 대산은 「제일본인논어훈전題日本人論語訓傳」151)에서 다자이 슌다이의 『논어고훈외전』에 대해서 다산이 「발태재순논어고훈외전跋太宰純論語古訓外傳」에서 평가한 것보다 훨씬 더 자세하게 『고훈외전』 및 일본의 유학에 대해 비판하고 있다. 여기서 대산은 다자이 슌다이는 물론 그 스승인 오규 소라이까지 함께 비판하고 있다. 이에 의하면 정주程朱를 비난하고 내면에 유의하지 않고 오로지 외면 사물을 위주로 하며, 정주학설을 모두 불교나 노장의 도로써 유학의 경서를 해석한 것이라고 주장

得之. 予嘗反覆熟讀二十篇文而詳考之. 子罕大宰章書牢曰, 琴牢去姓而書名, 憲問首章書憲問恥, 原憲去姓而書名. 此二章者, 非他人所記, 是必二子之手書, 無可疑者也. 昔與先師論論語之義, 予以此質於先師, 先師大喜曰, 然哉! 然哉! 不特二章二子之所記, 二十篇鄕黨以前, 豈皆琴張所修歟? 先進以後, 豈皆原思所修歟? 其文似其爲人故也. 予因先師之言, 而更思之, 乃有見其前十篇與後十篇文體頗異, 遂爲之說曰. …… 由此觀之, 論語二十篇, 修定於二手者, 斷可知矣."(1전~3전) 太宰純은 이에 前論(1~10篇)과 後論(11~20篇)의 差異點을 크게 9가지로 소개하고, 細論하면 章句字法도 조금 같지 않은 것이 있다고 하였다.

150) 『고금주』 권1, 11전~12후 및 같은 책, 권10, 39후 參照.

151) 『臺山集』 권8, 16후-17후.

하는데 이는 잘못된 것이라고 대산은 반박하고, 일본의 학술이 이와 같다면 없는 것만 못하며 말할 것도 없다고 평가한다.152)

4. 다산 논어설의 사상사적 의의

1) 다산 논어설의 특징

(1) 구조적 특징

먼저 다산 논어설의 구조적 특징과 내용적 특징을 살펴본다.

첫째, 체계의 방대함을 들 수 있다. 『고금주』는 그 전체의 양, 조직적인 체계의 방대함에 있어서 단연 다른 주석과 크게 구별된다. 권수가 무려 40권(13책)이나 되는데 이는 다산의 제 저서 중 『시문집』 70권, 『상례사전喪禮四箋』 50권, 『목민심서』 48권에 이은 네 번째 것으로 전문적인 저서만을 계산할 때 다산의 500여 권의 저서 중 3위를 차지하고 있다.153) 그리고 『고금주』의 전체 체계를 살펴볼 때 보왈補曰, 박왈駁曰, 안按, 질의質疑, 인증引證, 고이考異, 사실事實 등의 제 형식을 동원하여 『논어』의 원의를 파악하기 위해 노력하고 있다.

둘째, 인용문헌의 박학함을 들 수 있다. 이는 주로 인증 형식에서 잘 드러나는데 제 경서를 비롯하여 사서류, 자부류子部類 심지어는 집부류集部類(시, 문)까지 인용하여 『논어』 원문의 올바른 해석에 도움이 되게 하고 있다.

---

152) 위와 같음. 또한 대산은 태재순설을 청대의 阮元과 동일하다고 평가하고 있다.
153) 六經四書만을 고려하면 首位를 차지하고 있다.

셋째, 다양한 방법을 구사하여 『논어』의 해석을 시도하고 있다. 이에 사용된 방법으로는 대표적인 것이 질의법, 인증법, 고이법, 사실법, 성조법과 음독법 등이 있다. 이 밖에 속언법俗諺法 등도 사용되고 있다.[154)]

넷째, 다산의 전체 학문역정을 살펴볼 때 『논어』 주석의 어떤 일관된 체계가 있다. 즉 초년의 「논어대책」, 중년의 『논어고금주』, 말년의 「자찬묘지명」 중 『논어』 서술 부분이 일련의 조직적인 체계를 갖추었다는 점이다.[155)] 이에 필자는 「논어대책」을 다산 논어설의 서장, 『고금주』를 중장, 「자찬묘지명」을 종장으로 보고[156)] 특히 「자찬묘지명」에 다산 『논어』 해석의 정수가 발로되었다고 생각한다.

다섯째, 다산은 『고금주』에서 주자의 『논어집주』와 달리 1장을 분절하지 않고 전장을 제시하였다. 이에서 다산이 『논어』 해석에 있어서 전체를 종합적으로 통관通觀하려 하였다는 것을 알 수 있으며, 또한 기존의 제 주석의 분장분절 방식과 달리 다산만의 독특한 분장분절 방식을 채택한 것도 이채롭다.

여섯째, 『논어』 원문의 원형회복에 노력하였다. 이는 특히 고이 부분에서 자주 발견되는 것으로 다산은 한대漢代 『석경石經』, 정현의 『논어주』는 물론 심지어는 당시 우리나라에는 거의 알려지지 않았던 양나라 황간의 『논어의소』까지 참고하여 원형의 회복에 노력하였다.

---

154) 『고금주』 권9, 3전. "案吾東俗諺, 凡駭而疾去者曰, 唶啞熱哉如探湯, 蓋此意." 이 밖에 古俗看法이란 것도 있다.(『시문집』 권21, 33전, 「西巖講學記」)

155) 이는 『맹자』, 『중용』의 경우에도 비슷하다. 다만 『논어』의 경우에는 『論語手筍』가 있어 그 체계성에 있어 훨씬 더 두드러진다. 또한 「공자연표」가 있었음을 상기한다면 다산의 『논어』에 대한 관심의 강도를 짐작할 수 있다.(『고금주』 권6, 31전, 小注 "竝詳下孔子年表.")

156) 이는 『論語手筍』의 전체가 발견된다면 『논어대책』 - 『고금주』 - 「自撰墓誌銘」 - 『手筍』로도 볼 수 있다.

(2) 내용적 특징

첫째, 고증의 정밀함을 들 수 있다. 이는 물론 청조 고증학의 영향이겠으나 다산 이전의 선배나 후배들이 사용한 고증 방법에 비하여 다산의 방법은 그 박대博大함과 정밀성에서 천양지차가 있음을 실감하지 않을 수 없다.

둘째, 실증의 중시이다. 고전을 인용하여 증거를 드는 것은 물론 실제적인 사실을 예로 들어 증거로 삼고 있다. 이는『고금주』전편에 공통된 것으로 다산은 자신의 주장을 입증하기 위하여 거의 예외 없이 실증을 들고 있다. 이에는 실사實事(권2, 21후; 권8, 3전후), 고사故事(권8, 1후; 권9, 18후), 가사假事(권2, 21전; 권9, 10전) 등의 다양한 방법을 사용한다.

셋째, 실천의 중시이다. 이는 물론 당시 조선사회에 만연해 있던 주자학의 공리공담에 대한 반성의 태도로서 나온 것이다. 원래 이런 실천중시의 태도는 원시유학 즉 공문의 기본정신이었다.[157] 다산은 주자학의 이론 중심의 울타리를 벗어나 직접 수사洙泗의 진원에서 공문의 원의를 구하고자 하였다. 특히 공자의 중심사상인 인을 주자는 '사랑의 이치이며 마음의 덕'이라 하여 심성론적으로 해석하였다. 그러나 다산은 이와는 다른 해석을 하고 있다. 즉 인의예지의 명칭은 실천하는 데서 이루어지며 마음속에 있는 이치가 아니라고 규정한다.[158]

넷째, 한송겸채漢宋兼采의 정신이다. 즉 한학(훈고학, 고증학)의 특성을 '학이불사즉망學而不思則罔'으로, 송학(성리학)의 특성을 '사이불학즉태

157) 이는『논어』「학이편」의 "子曰: 弟子入則孝, 出則弟, 謹而信, 汎愛衆, 而親仁. 行有餘力, 則以學文."에서 잘 나타난다.

158)『고금주』권1, 9후~10전.

思而不學則殆'로 규정하고, 경전연구에 있어서 훈고학과 성리학은 그중 어느 하나라도 빠뜨려서는 안 되는 것으로 파악한다.[159]

다섯째, 우리나라 유학자설은 물론 일본 유학자의 설까지도 채택하고 있는 점이다. 이는 다산 이전의 경서 주석에서는 보기 드문 것으로, 우리나라 유학자의 설을 기피한 가장 큰 이유는 모화사상에서 자국의 학설을 폄하한 데 있는데 이는 당시의 일반적인 경향이었다.[160] 『고금주』에 인용된 우리나라 유학자를 보면 녹암 권철신(1칙, 92칙), 목재 이삼환(23칙), 정산 이병휴(28칙, 120칙), 손암 정약전(63칙), 이강회(28칙) 등으로 특히 다산의 제자인 이강회의 설은 상기의 원의총괄을 비롯하여 도처에 산견되는데 대략 아홉 군데에서나 인용하고 있다.

또한 다산은 당시에 우리나라에서 무시당하던 일본 유학자의 설까지 인용하고 있는데 이는 당시로서는 획기적인 일이었다. 『고금주』에 인용된 일인 학자로는 이토 진사이, 오규 소라이, 다자이 슌다이 3인으로 특히 다자이 슌다이의 학설은 무려 148회나 인용하고 있으며 다자이 슌다이의 저서인 『논어고훈외전』에 발문까지 쓰고 있다.[161] 다산 이전에 『논어』의 주석서에 일인설을 채택한 것은 중국 한국에 전혀 없던 일이며 근자에 이르러 유보남의 『논어정의』에 『논어징』을 2조 인용한 것과[162] 유월兪樾(1821~1906)의 『춘재당수필春在堂隨筆』(권1)에 『논어징』을 17조 평가하고 초출抄出한 것이 있을 뿐이다.[163]

여섯째, '이경증경以經證經'[164] 정신이다. 이는 경서를 해석하는 데 있

159) 『고금주』 권1, 30후.

160) 『시문집』 권21, 4후.

161) 이 중 荻生徂徠설은 주로 부정하여 배척하고 있으나, 太宰春臺설은 긍정과 부정의 비율이 대략 2 : 1 정도이다.

162) 『논어』 「述而」, "子釣綱."; 「子罕」, "善賈."

163) 『荻生徂徠全集』 4, 746~747쪽.

164) 『시문집』 권12, 36전, 「喪禮四箋序」. "硏精究索, 忘寢與食, 其有不當於心者, 博考古籍,

어서는 바로 그 경서의 내용을 증거로 삼아 해석하여야 한다는 것으로 다산의 모든 경서주석의 밑바탕에는 이 정신이 깔려 있는바 물론 『고금주』도 예외는 아니다.

일곱째, 우리나라의 전고典故를 자주 인용한 점이다. 당시 조선사회에서는 중국의 전고만을 인용하고 우리나라의 전고는 멸시하는 습상習尙이 있었는데 다산은 이는 잘못된 풍조라고 개탄하면서[165] 아국我國의 전고를 반드시 알아야 한다고 강조한다.

여덟째, 자의字義의 중시이다. 다산은 "경서를 해석하는 법은 자의가 가장 중요하다"[166]라 하기도 하고 먼저 조자造字의 원의를 안 뒤에야 본지를 얻을 수 있다고도 하여[167] '선식원의先識原義'를 경전해석의 시발점으로 보았다.

그러나 다산의 『논어』 연구에 있어서의 결점도 발견할 수 있었다. 즉 지나친 천착으로 인한 원전해석의 오류이다. 대표적인 것으로 원의총괄 56칙(辨飮水之飮, 卽周禮六飮之飮)에서 '음飮'의 해석을 들 수 있다.(『고금주』 권3, 32후~33전)

심지어는 자기주장의 전거를 밝히지 않은 경우도 있다. 예를 들면 원의총괄 59칙에서 다산은 '여기진, 불여기퇴與其進, 不與其退'를 고어로 보았으나 이에 대한 전거가 전혀 없다.[168]

2) 다산 논어설의 경학사적 의의

以經證經, 期得聖人之旨."

165) 『시문집』 권8, 1후. "噫! 務遠忽近, 古今之通患, 惟我東爲甚."

166) 『시문집』 권19, 40후.

167) 위의 책, 권19, 29후 및 『周易四箋』 권1, 18전, 『尙書知遠錄』(『여유당전서보유』 5책) 1쪽 참조.

168) 『고금주』 권3, 38후.

다음으로는 경학사적 의의에 대해 살펴보기로 한다.

첫째, 집대성적 성격을 들 수 있다. 이는 제명이 말해주듯이 그야말로 고와 금의 제주諸注를 집대성하였으며, 또한 단순한 집대성이 아니고 제주를 비판적으로 종합 취사선택하고 자신의 설을 가미하여 독창적인 해석을 가한 것으로 고주와 신주는 다산주를 부각시키기 위한 자료로서의 역할을 할 뿐이다. 또한 『고금주』는 기존의 어느 『논어』 주석서와는 달리 한, 중, 일 학설의 집대성이라는 점이다(다만 우리나라 학자설이 주로 다산 주위의 인물들에 국한된 것이 결점이라 할 수 있다). 따라서 『고금주』는 『논어』 주석사에서 거대한 한 획을 그은 저서로, 나아가 '계왕성개래학繼往聖開來學'의 기념비적 저서로 평가할 수 있다.

둘째, 해석의 독창성을 들 수 있다. 다산은 고금의 제주를 열람하고 자신의 해석과 부합하는 것이 있을 경우에는 이를 선택하지만 그렇지 않을 경우에는 자신이 원문의 본의에 입각하여 새로운 해석을 내리고 있다. 그뿐 아니라 다산은 기존 설의 보충, 보완 및 부연 해설에도 힘을 기울이고 있다. 즉 기존 주석에서 불명확한 점 등은 이를 분명하게 설명, 해석하였다는 점이다.

셋째, 다산에 있어서는 경학과 경세학이 하나의 연장선상에서 파악된다는 점이다. 이는 청대에 주자학의 권위를 비판하기 위해 경세학의 이론 근거로 동원된 경학이 결국은 고증을 위한 고증, 학문을 위한 학문으로 되어 객관적 학문 방법론으로 발전된 것과 달리 다산은 '신아지구방新我之舊邦'의 목표를 끝까지 잃지 않았으며, 이런 점은 고증학이 원래의 목적을 상실하고 수단이 목적이 된 것과 좋은 대조를 이루고 있다.[169)]

넷째, 『대학』·『중용』 중심의 학문적 풍토에서 『논어』 중심으로의

169) 經世學과 實利思想의 관계에 대해서는 『중국: 사회와 문화』 2호, 동경: 東京大中國學會, 1987, 61~88쪽 참조.

방향전환을 하였다는 점이다. 실제로 다산의 선배인 백호 윤휴는 당쟁의 여파이기도 하겠지만 『논어』에 관한 저서가 남아 있는 것이 없고,[170] 서계西溪도 비록 『논어사변록』에서 『논어』를 주석하였지만 이는 전체를 다 주석한 것은 아니며, 성호 이익도 『논어질서』가 있기는 하지만 전체를 모두 주석한 것은 아니다(심지어 19편인 「자장」과 20편인 「요왈」은 생략되어 있다[171]). 이에 비해 상기 3인의 『대학』·『중용』의 주석은 『논어』 주석에 비하면 훨씬 더 상세하고 공을 들인 것을 알 수 있다.

3) 유학사상사적 의의

첫째, 수사지구관洙泗之舊觀[172]의 회복을 역설한 것을 들 수 있다. 이는 오학으로 상징되는 성리학, 훈고학, 문장학, 과거학, 술수학의 장막을 걷고 곧바로 원시유학으로의 회귀, 곧 공문孔門의 원의를 탐구하여 드러내고자 함이었다.

둘째, 주자학에 비판적 태도를 견지한 점을 들 수 있다. 물론 다산 이전에도 주자학을 비판하고 『논어』의 주석을 낸 이가 있으니 바로 서계 박세당이다. 그러나 서계가 비록 사문난적으로까지 몰렸을지라도 그의 『논어사변록』은 주자 『집주』의 분장분절을 그대로 답습하고 있다. 그러나 다산은 주자가 『논어』를 482장으로 나눈 데 비하여 488장으로 나누

---

170) 『讀書記』에 「堯曰篇」, 「微子篇」의 本文과 『집주』, 그리고 이에 대한 약간의 해설이 白湖의 論語說 전부이다(이는 소화 10년 간행의 『白湖先生讀書記』에 의한 것임).

171) 『經學資料集成』本에는 19, 20편이 없으나(21책, 『논어』 4, 489쪽), 『星湖全書』本에는 19편에 1장(20장)이 더 들어 있다.(4책, 서울: 여강출판사, 1984, 488쪽)

172) 『맹자요의』 권2, 38후. 이 밖에 '洙泗之舊'(『중용자잠』 권1, 3전), '洙泗之舊路'(『중용강의』 권1, 2후)라고도 표현한다.

고 특히 「향당편」을 주자가 17절로 나눈 데 비해 34절로 나눈 점이 주목된다(「향당편」을 합하면 『집주』는 498장, 『고금주』는 521장이다). 이는 형식상의 문제이고 내용상에 있어서는 유학의 근본개념인 인仁, 서恕, 성性 등에 대해 주자와는 전혀 다른 설을 내세우고 있다.

셋째, 자주지권自主之權(자유의지) 즉 인간의 주체성을 강조한 것을 들 수 있다. 다산에 의하면 호덕치악好德恥惡은 천성에 근원하는 것으로 본래부터 선하다면 사람은 공功이 없는 것이다. 이에 가선사악可善可惡의 권능을 부여하여 그 자주권을 듣게 하여 선을 향하고자 하면 듣고 악으로 나아가고자 하면 듣게 하니 이것이 바로 공죄功罪가 일어나는 까닭이라고 주장한다.[173)]

넷째, 평등의식의 강조를 들 수 있다. 다산은 '성상근장性相近章'에서 지우知愚는 지혜의 우열이고 성이 아니며 상지하우上知下愚 두 절은 다만 습원상習遠上에서 말한 것이지 성근상性近上에서 말한 것이 아니라고 강조한다. 따라서 상지하우는 그 성이 같고 다만 그 지혜에 우열이 있을 뿐이라고 주장한다. 결국 상지하우는 모신謀身의 공졸工拙이지 성품의 고하가 아니라는 것이다. 아울러 불이不移에 대해서는 남에게 옮긴 바가 되지 않음이지 본인이 굳게 한곳에 앉아 있음이 아니라고 본다.[174)]

다섯째, 조선 후기 실학에 이론적인 기반을 제공하였다는 사실이다. 이에는 다산의 제 경서 주석 작업이 다 포함되겠지만 실로 다산 이전에 육경사서에 대한 전반적인 주석 작업을 한 이가 없음을 생각할 때 당시에 지나치게 경세론으로만 흐르던 제 학파의 사상적 기반을 마련하였다는 점에서도 다산 논어설은 그 유학사상사적 의의가 지대하다 할 것이다.

---

173) 『고금주』 권9, 12전.
174) 『고금주』 권9, 9후.

5. 결론

다산의 학문에 있어서 경세학이 차지하는 비중이 크기는 하지만 다산학에 있어서 경학은 경세학의 기반이 된다. 다산이 "육경사서로써 수기修己하고 일서이표로써 천하국가를 다스리니 본말이 갖추어진 것이다"라 한 것은 이를 잘 표현한 말이다. 따라서 경학연구를 통한 경세학으로의 진입이 다산학 연구의 올바른 순서인 것이다. 이에 필자는 다산 경학에서의 『논어고금주』의 중요성을 인식하고 지금까지 『고금주』를 중심으로 이를 고찰해보고자 하였다. 이에 『고금주』의 중요한 해석(원의총괄) 10여 칙을 정선하여 분석, 정리, 검토하였으나 다산 논어설의 전모는 『고금주』의 원의총괄 175칙은 물론 원의총괄 이외의 『고금주』에 나타난 다산의 새로운 해석을 충분히 분석, 검토, 정리하여야 할 것이다. 더 나아가 기타 경서해석과의 비교를 통하여 다산 논어설의 특성은 물론 다산 경학의 공통적인 특성을 추출해낼 수 있을 것이다. 기존의 다산 경학사상 연구는 전체를 종합해서 보려는 경향이 강했으나 이제는 각각의 경서 연구를 통한 각론 연구의 바탕 위에서만이 진정한 다산 경학사상의 진면목이 드러날 것이다.

뿐만 아니라 다산학설에 영향을 준 인물들(주변 인물을 중심으로)의 문집을 조사 발굴하여 다산학설의 연원을 밝혀내는 것, 그리고 다산 경학에 영향을 준 제 사상, 예를 들면 서학, 양명학 등과의 비교 고찰을 통해서 이들 사상과 다산학의 차이 · 특성 등을 좀 더 명확히 간취하는 일 또한 중요한 과제로 남는다.

간재艮齋 전우田愚의 논어論語 해석

1. 서론

경학과 성리학은 조선시대 유학의 양대 지주였다. 따라서 조선조 유학을 연구함에 있어서 경학과 성리학 양자를 겸수하여야만 이에 대한 올바른 이해 및 정당한 평가가 가능할 것이다. 그럼에도 불구하고 오늘날 성리학에 대한 연구에 비해 경학에 대한 연구는 실로 미미한 것이 현실이다. 물론 조선조 500년이 주자학을 국교로 한 성리학의 시대였고 대부분의 학자들이 이의 탐구에 평생의 정열을 쏟았지만 의외로 조선조 유학자의 경전에 대한 연구도 불소不少한 것이 사실이다.[1)]

특히 이 장에서 논하고자 하는 간재艮齋 전우田愚(1841~1922)에 대한

1) 이는 성균관대학교 대동문화연구원에서 편찬한 『한국경학자료집성』 시리즈(「대학중용」 17책, 「논어」 17책, 「맹자」 14책, 「시경」 16책, 「서경」 상 11책, 「서경」 하 11책, 「역경」 상 23책, 「역경」 하 14책) 총 123책에 수록된 학자의 저술을 살펴보면 곧 알 수 있다.

연구의 경우도 물론 예외가 아니어서 그동안 간재 사상에 대한 연구는 주로 성리설에 관한 것이 대부분을 차지하고 있으며 경전에 대한 연구는 「중용기의中庸記疑」에 대한 것 한 편만이 유일하게 있을 뿐이다.[2)]

간재의 기본학설은 '심은 성을 근본으로 한다(心本性)', '심은 성을 배운다(心學性)',[3)] '성은 높고 심은 낮다(性尊心卑)', '성은 스승이고 심은 제자이다(性師心弟)'로 요약된다.[4)] 이 장에서는 이러한 간재의 성리설이 경전해석을 할 때 어떻게 응용되는지 연관성을 살펴보는 데 주목하고자 한다.

현존하는 간재의 문집은 크게 세 가지 종류로 구분할 수 있다. 석농石農 오진영吳震泳이 편찬한 연활자본鉛活字本(일명 진주본晉州本), 목판본(용동본龍洞本), 필사본(화도수정본華島修正本)이 바로 그것이다. 본래는 세 가지 판본의 이동을 비교 교감하여 정본定本으로 삼아 활용하여야 하겠으나 이 장에서는 편의상 가장 널리 통행되고 있는 연활자본(진주본)을 사용하기로 한다.[5)] 자료는 「독논어讀論語」를 위주로 하고 「대학기의大學記疑」를 보조자료로 삼았으며 기타의 경서 관련설과 잡저 부분을 주

---

2) 권정안, 「간재의 경학사상-중용기의를 중심으로-」(『간재 전우선생의 경학과 성리학에 대한 조명』, 1995).

3) 이를 간재는 '心事性'으로도 표현한다. "朱子曰, 存之養之便是事, 心性便是天, 故曰所以事天也. 此以心性皆作天, 如以父母皆作親, 君相皆作國. 然細分則相是事君者, 母是事父者, 心是事性者, 此又所當知也."(『사고』 권31, 16후)

4) 『간재선생연보』 권4, 10전(행장, 『간재선생전집』 하, 762쪽 하우단). 유영선은 간재의 묘갈명에서 간재의 핵심사상을 '性無爲心有知, 心本性, 心學性, 性尊心卑, 性師心弟'로 요약하여 보고 있다.(『간재선생전집』 하, 767쪽 하단左, 보경문화사본, 1984. 이하 『간재선생전집』본(약칭 『전집』)이라 칭할 경우는 같은 책의 판본을 사용함. 이하에서는 『艮齋私稿』는 『私稿』로, 『艮齋私稿續編』은 『私稿續編』으로, 해당 장의 前面은 전으로, 後面은 후로 略記함) 이 밖에 '性傳訣示金仁壽'(『사고속편』 권9, 31후): "千古聖門, 惟有性傳. 性雖無爲, 爲心之天. 三綱五典, 此其大全. 氣雖有缺, 理無不足. 旣立顔志, 程敬朱讀. 無貳無息, 天德乃復."; '座右銘'(『사고속편』 권13, 28후): "理眞神靈, 精亦本淸. 未發皆善, 惡從動生. 性體靜養, 心念更愼. 氣行難克, 如電斯震." 참고.

5) 1984년에 보경문화사에서 『간재선생전집』이라는 제하에 상하 2권을 영인 출판하였다.

로 참고하였다.

그러면 이하에서 간재의 경학사상을 논어 해석을 중심으로 분석, 검토, 정리해 보고자 한다.

2. 학문방법 및 경전해석 태도

먼저 간재의 학통을 살펴보기로 한다.

간재의 한국유학사상사에서의 위치를 『전고대방典故大方』을 통해 살펴보면,

이재 - 김원행 - 박윤원 - 홍직필 - 임헌회 - 전우

로 되어 있으며,[6)]

『속수성적도후학록續修聖蹟圖後學錄』의 「동방성학원류도東方聖學源流圖」에 의하면,

이이 - 김장생 - 송시열 - 권상하 - 윤봉구 - 오희상 - 홍직필 - 임헌회 - 전우

로 나타나고 있다.[7)] 따라서 간재는 기호학파의 적통을 계승한 인물로

---

6) 姜斅錫, 『典故大方』 권3, 3후. 윤영선이 편찬한 『조선유현연원도』 중의 「유학연원약보」에서의 기술도 동일하다. 459~460쪽(명문당, 1995).

7) 『續修聖蹟圖後學錄』, 「東方聖學源流圖」(대정 6년간, 1후).

서 조선조 유학의 마지막 결국을 장식한 거유라 할 수 있겠다. 간재는 임헌회의 고족高足이었고 촉망받는 후진의 기수였다. 그가 종유한 당대 명사로는 경당絅堂 서응순徐應淳, 숙재肅齋 조병덕趙秉德,[8] 구암苟菴 신응조申應朝,[9] 계운溪雲 김낙현金洛鉉,[10] 운창芸囪 박성양朴性陽[11] 등을 꼽을 수 있는데 특히 구암에 대해서는 '전재선생어록全齋先生語錄'과 함께 '구암어록'[12]까지 편찬한 것으로 보아 존모의 염이 남달랐음을 알 수 있다.

그러면 간재의 경서에 대한 관심을 살펴보기로 한다. 간재는 폐질이 있어 경사經史를 많이 읽을 수는 없었지만 다만 스승과 벗을 좇아 대략 문식聞識이 있다고 전제한 뒤 특히 『논어』와 『역전』·『주자대전』·『주자어류』를 즐겨 보았으나 그 오묘한 뜻은 궁구하지 못하였다고 술회하였다.[13] 또 수제자인 석농 오진영의 「간재선생행장」에 의하면 『논어』와 『역전』에 대해서는 더욱이 추환芻豢처럼 좋아하여 출입할 때에 항상 갖고 다니면서 완색하고 실행하였다고[14] 하니 이에서 간재는 제 경서 중에서도 특히 『논어』와 『역전』에 많은 관심을 가지고 힘을 기울이고 지속적으로 노력하였음을 감지할 수 있다.[15] 특히 이는 그가 임종했던 82세 되던 해 원월元月에 「독논어」, 「독맹자」 두 편을 저술한 것에서도 잘 드러나고 있다.(간재의 나이 71세 되던 해(신해년) 3월에서 11월 사

---

8) 조병덕에 대해서는 한 편의 서간이 문집에 실려 있다.(『사고』 권1, 4후)

9) 신응조에 대해서는 문집에 두 편의 서간이 실려 있다.(『사고』 권1, 4후~5후)

10) 김낙현에 대해서는 문집에 11편의 서간이 실려 있다.(『사고』 권1, 5후~11후)

11) 박성양에 대해서는 총 2통의 서간이 문집에 실려 있다.(『사고』 권1, 11후~13전)

12) 『사고속편』 권16, 17후~19후.

13) 『사고』 권40, 13후(自誌). "有肺疾不能多讀經史, 但從師友略有聞識, 喜看論語易傳朱子大全語類, 然其奧旨未究也."

14) 『간재선생연보』 권4, 13전(행장, 『간재선생전집』 하, 764쪽 상우단). "論語易傳尤芻豢所在, 出入相隨, 奉玩體行也."

15) 간재의 묘갈명(유영선 찬)에도 "論語易傳尤所芻豢, 而出入相隨."라고 하였다.(『간재선생전집』 하, 767쪽 하좌단)

이에 「대학기의」, 「중용기의」의 두 기의가 완성되었고 82세 되던 해(임술년)에 원월에는 「독논어」, 「독맹자」의 두 편이 작성되었다.[16)]

뿐만 아니라 '경학재명經學齋銘'을 비롯한 '전문사서시專門四書詩', '오서오경음五書五經吟' 등을 통해 볼 때, 간재가 일반적으로 널리 알려진 것처럼 단순한 성리학자에 머무는 것이 아니라 경서연구에 대해서도 꾸준한 관심을 가지고 지속적으로 연구해 왔음을 알 수 있다. 특히 사서에 대해서는 더욱 더 많은 관심을 가지고 탐구했음을 규지할 수 있다.

이 밖에 '오서오경음'의 소학 부분, '권독소학勸讀小學'[17)] 및 시 부분의 '독소학경차모재선생운讀小學敬次慕齋先生韻',[18)] '독소학집구讀小學集句'[19)] 및 기타의 기술[20)]을 통해 살펴볼 때 『소학』에 대해서도 특히 관심을 집중하고 강조한 것이 돋보인다.[21)]

간재의 독서방법에 대하여 살펴보기로 한다. 간재는 "독서는 오로지 작은 곳에 유의하여야 하니, 그 본령이 있는 곳을 잃어버리는 것이 가장 옳지 않다"는 주자의 말을 인용, 학자는 마땅히 이를 지켜야 한다고 주장하였다.[22)] 그리고 독서할 때는 성인과 현인이 말한 도리를 자기의 몸과 마음 위에 받아들여 하나의 이치를 잃어버리게 해서는 안 되니 이것이 성인의 문하에서 서로 전하는 종지宗旨로 때때로 익혀서 체득하여야

---

16) 『간재선생연보』 권4, 36후.

17) 『사고』 권32, 8후.

18) 『사고』 권40, 38전.

19) 위와 같음.

20) 『연보』('행장') 권4, 14전(『전집』 하, 764쪽 하우단). "湖南自先生一過, 家戶要訣小學, 風氣丕變, 學者蔚興." 이는 율곡의 독서 순서를 충실히 계승한 것으로 보인다.

21) 『사고』 권34, 39전. "修身大法小學備矣. 篇中所載皆堯舜文武周孔顔曾孟子之言行, 其餘又皆後賢言行之精純者, 人能深體而有得, 則可以上達天理, 可以安人安百姓矣." 이하에서는 부득이한 경우를 제외하고는 원본의 권수와 쪽수를 밝힌다.

22) 『사고』 권41, 13전.

한다고 파악하고 있다.[23)]

또 주자는 사람이 항상 독서하면 거의 이 마음을 다스려 항상 존재할 수 있게 할 수 있다고 하였다. 이에 간재는 성인의 글은 글자마다 구절마다 모두 도리이니 자신이 만일 도리로써 다스리지 않으면 곧 멀어진다고 하여 체인을 강조하였다.[24)]

한편 독서 순서에 대해서 간재는 자신이 글을 읽음에는 등급을 뛰어넘고 절차를 무시하는 것을 경계하고 정숙하게 하고 감히 천착하거나 거칠게 하지 않도록 하며, 『격몽요결』, 『소학』, 『사서』, 『근사록』의 이루어진 규범을 따라 쇄소응대灑掃應對로부터 수제치평修齊治平을 실천하게 하여 정연하게 등급이 있었다.[25)]

다음으로 학문에 대한 견해를 살펴보기로 한다.

간재는 학문은 다만 변화기질일 뿐이니 성性 위에 조금의 수위공부修爲工夫도 없다고 정의하고,[26)] 본체를 말하면 성선 두 글자일 뿐이고 공부를 말하면 마음과 공경이 한 가지 일일 뿐이라고 설명한다.[27)]

그리고 고금의 학문을 비교하여 성현의 학문은 실질이 승勝한 것을 주로 하므로 말이 간단하고 요점이 있고 맛이 있으며, 후세의 학문은 문文이 승勝한 것을 주로 하므로 그 말이 넉넉하고 곱지만 실질이 없다고 한다.[28)]

또 옛사람의 학문은 항상 평상시에 축적하여 이해가 앞에 있고 화복

23) 『사고』 권33, 3전. "讀書時將聖賢所說道理, 納在自家身心上, 不令它一理走失了. 此是聖門相傳宗旨, 時時刻刻習熟而體悉也."
24) 『사고』 권35, 44전.
25) 『연보』(행장) 권4, 13후~14전(『전집』 하, 764쪽 상단좌~하단우).
26) 『사고』 권36, 39전.
27) 『사고』 권33, 43후.
28) 『사고』 권33, 6전.

이 앞에 있어 어찌할 수 없는 곳에 이르러서는 평일의 학문으로 수용하지만, 지금 사람은 평상시에는 학문을 하지만 변화하는 곳에서는 학문을 활용하지 못한다고 파악한다.[29]

그리고 학자의 태도에 대해서는 다음과 같은 견해를 보이고 있다.

먼저 간재는 학자는 뜻을 세워서 취향을 정하고 성誠을 주로 하여 기본을 세우며, 글을 배워서 식견을 늘리며 움직임을 삼가서 덕성을 높이고, 고요함을 주로 하여 본원을 길러야 한다고 주장한다.[30] 또한 학자는 고요할 때는 깊은 듯하고 허명虛明한 기상이 있어야 하고 움직일 때는 끊은 듯하고 엄정한 기상이 있어야 한다고 파악한다.[31]

그리고 간재는 학자가 먼저 힘쓸 것은 이치를 궁구하는 데 있고 절실히 힘쓸 것은 뜻을 정하는 데 있다고 보아 그 요점은 이치를 궁구하는 데 있고 그 근본은 뜻을 세우는 데 있다고 보았다.[32] 아울러 학자가 공부할 때 긴요한 곳은 다만 '옳음을 구한다'는 '구시求是' 두 글자에 있을 뿐이며,[33] 학자가 독서하고 강의하는 것은 선과 이익을 변별하는 것이고 이것이 적賊을 밝히는 안목이라고 본다.[34]

또 학자는 내 마음의 섞이지 않는(不雜) 공으로 천리의 바뀌지 않는 근원을 궁구하고, 인심의 치우치지 않는 덕을 세우고 국가의 유용한 업業을 탐구하고, 이 백성에게 끝없는 은택을 베풀고 후세에 반드시 취할 만한 법을 드리우는 것이 체와 용이 둘 다 온전하고 이理와 사事가 일치

---

29) 『사고』 권33, 11전.
30) 『사고』 권33, 1전. "學者立志以定趨向, 主誠以立基本, 學文以長識見, 愼動以尊德性, 主靜以養本原."
31) 『사고』 권33, 9전.
32) 『사고』 권36, 31전.
33) 『사고』 권33, 35전.
34) 『사고』 권34, 11후.

하는 학문이라고 변론한다.[35]

그리고 사군자가 글을 읽고 학문을 하는 것은 임금에게 등용되어 백성에게 은택을 베풀고자 해서이며 말세의 고상한 헛된 명성을 얻고 홀로 자기 몸을 착하게 하기를 즐기는 것은 하지 않는다고 설명한다.[36] 만일 학문을 하고자 한다면 모름지기 칭찬과 비방, 이해利害의 관문을 타파하여야만 거의 도의의 지름길을 볼 수 있다는 것이다.[37]

이 밖에 학자가 조금이라도 스스로 주장하는 생각이 있으면 곧 남을 위하는 것이니 남을 위하는 한 생각이 곧 온갖 악의 근원이라고 본 노주 오희상의 설과, 스스로의 주장은 있어서는 안 되는 것과 없어서는 안 되는 것이 있는데 후자는 성찰과 극치克治의 공이고 전자는 의난疑難하고 변석辨析하는 논의라는 구암 신응조의 말을 들어 학자가 마땅히 지녀야 할 태도에 대해 강조한다.[38]

한편 간재는 유자儒者의 학문은 성학性學이라고 강조한다. 이에 성선을 믿어서 의심하지 않는 것을 명각明覺이라 하고, 성선을 체험하여 공이 있는 것을 실학이라 하고, 성선을 지켜서 잃지 않는 것을 대현이라 하고, 성선을 다하여 이지러짐이 없는 것을 상성上聖이라고 정의하고 학자는 성에 대해서 믿고 체험하여야 한다고 주장한다.[39]

공자는 "하늘이 무슨 말을 하던가"라고 하였고 주자는 "도체는 무위"라고 하였다. 이에 대해 간재는 학자가 말하지 않는 하늘과 무위한 성에 대하여 경외할 것을 알고 감히 스스로 멋대로 하지 않으면, 하늘을 근본으로 하고 성을 높이는 성전聖傳이라고 할 수 있다고 한다.[40]

---

35) 『사고』 권33, 3전
36) 『사고』 권33, 14후.
37) 『사고』 권35, 31후.
38) 『사고』 권36, 5전.
39) 『사고』 권34, 30후~31전.

간재는 옛날 학자와 당시의 학자를 대비시키고 있다. 즉 옛날 학자의 마음을 보존함은 다만 극기를 요구하였는데 지금의 학자는 입을 열면 남보다 우월해지려고 한다. 극기하려고 하는 자는 남에게 겸손하기를 생각하여 남들이 이기지 못하고, 남보다 우월해지려고 하는 자는 사물에 교만하여 마침내 남에게 천대받는다. 극기하려고 하는 자는 사려와 언행에 나아가 이치를 해치는 것을 제거할 뿐이지만, 남보다 우월해지려고 하는 자는 문장과 사공事功에 나아가 빛을 기를 뿐이니 그 기미를 살피지 않을 수 없다고 한다.[41]

아울러 간재의 학문방법에 대해 살펴보기로 한다.

간재는 학문을 함에 있어서 세심정려洗心淨慮하여 스스로 체회體會할 것을 강조하고,[42] 자기의 마음 위에서 체인하여야 하며 문자 상에서 읽기만 해서는 안 된다고 한다.[43] 그리고 사람이 학문을 함에는 자기에게 절실하고 근거할 만한 것을 먼저 하고, 생각하지 않고 힘쓰지 않는 것을 뒤로 하니 이것이 바로 얕은 데서 깊은 곳으로 들어가는 것이라고 한다.[44]

간재는 주자가 경이 온갖 선의 근본이고 성이 온갖 선의 골자라고 한 말을 들어 학문공부는 방자하고 꺼림이 없거나 거짓으로 하고 속임이 있으면 영원히 도를 체득할 수 없다고 역설한다.[45]

아울러 명도가 말한 학자는 모름지기 하학상달을 지켜야 한다는 말은

---

40) 『사고』 권34, 24후.

41) 『사고』 권35, 24전후.

42) 『사고』 권41, 10전.

43) 『사고』 권41, 11후.

44) 『사고』 권33, 2전. "然則人之爲學, 先其切己可據者, 後其不思不勉者, 是乃由淺入深, 從生至熟之序. 使其由是而勉勉不已焉, 則所謂從心不踰矩者, 亦將可以馴致."

45) 『사고』 권35, 13후.

곧 학문의 요결인데 지금의 학자는 많은 경우 아래로 인사를 배우는 것을 힘쓰지 않고 오로지 상달처에 나아가 학설을 확립한다고 설명하고, 이에 간재는 아래로 인사를 배우는 것이 상달공부라고 파악한다.[46)]

또 학문에서 가장 중요한 것은 자기에게 돌이켜서 스스로 체득하는 것인데 요즘 사람은 그렇지 못하므로 함양涵養 극치克治 계구戒懼 격치格致를 봄에 각각 서로 통하지 못하고 일체의 언어를 융회할 수 없다고 보았다.[47)] 그리고 종래에 심즉도心則道, 심즉리설心則理說을 주장하는 사람들은 실제로는 이치를 궁구하는 것을 꺼리고 이치를 따르는 것을 괴롭게 여겨 특별히 이 길을 열어서 스스로 편하게 한 것이라고 지적하고 있다.[48)]

이 밖에 간재는 성사심제설性師心弟說에 대하여 자신이 비록 능하지는 못하지만 녹실히 믿고 있음을 표명하고 옛날의 심사心師 경사經師란 말은 마음이 성을 스승으로 삼고 경이 도를 싣고 있음을 표현한 것으로 보고 있다. 그리고 심즉리를 주장하는 학자들은 자신에게 돌이켜 구하지 않기 때문이라고 비판한다.[49)]

한편 간재는 학자가 자신의 심본성설心本性說의 뜻으로써 성현의 경전을 잘 보면 구절마다 편마다 심본성心本性의 뜻이라고 강조한다.[50)]

또 경전연구에 대해서는 다음과 같은 견해를 보이고 있다.

---

46) 『사고』 권35, 33전.
47) 『사고』 권36, 28전.
48) 『사고』 권34, 25전.
49) 『사고』 권35, 9후~10전.
50) 『사고』 권34, 18전. 학문방법에 대한 간재의 다음과 같은 견해도 참고할 수 있다. "伊川曰, 大而化之, 己與理一也. 己卽尺度, 尺度卽己, 然則未化以前, 己與尺度, 不免爲二. 夫爲一爲二, 只是就用上指其合一與未合一, 非謂心與理本體有一與二之分也. 若謂二者, 是一是言不離也, 是二是言不雜也. 學者工夫要於二者不雜之中有不離之用也."(같은 책, 권31, 18후)

경서를 연구하되 일을 일삼지 않으면 책가게일 뿐이고 고요함을 탐하고 일을 일삼지 않으면 선회禪會일 뿐이니, 모름지기 정좌하면서 글을 보고 집을 다스리는 법과 관직에 있어서의 정사에 소홀한 것이 없는 것이 도학이라고 정의하고 경이라는 한 글자가 세 가지를 관통하니 바로 도학의 요체라고 주장한다.[51)]

간재는 경전해석에서의 자의의 중요성을 인식하고 있었다. 간재는 자학에 있어서는 그 이해를 철저히 하여 상형 음운 의의義意의 오류를 바로 잡고 허실을 분변하여 처음 배움에 있어서 근본을 바로 하는 방법으로 삼았다. 그리하여 자의字義가 분명한 뒤에 자의字意를 미루어 알 수 있고 자의字意가 분명한 뒤에 글자의 이치를 미루어 알 수 있어 경전의 가르침과 성현의 뜻이 비로소 서로 설명되어 이해될 수 있다고 하였다.[52)] 이에,

> 만일 도를 배우고자 하거든 먼저 모름지기 경을 익혀야 하고 경을 익히고자 하면 먼저 글자를 알아야 하니, 만일 글자를 모르면 어떻게 경을 익힐 수 있겠으며 경을 익히지 않으면 어떻게 도를 체득할 수 있겠는가. 글자는 형形, 음音, 의義, 의意가 있으니 형이 어긋나면 음이 어긋나고, 음이 어긋나면 의義가 어긋나고, 의義가 어긋나면 의意가 어긋나고, 의意가 어긋나면 사람의 소견이 또한 어긋나고, 소견이 어긋나면 행동이 어긋나니 이것은 필연의 이치로서 삼가지 않을 수 없다.[53)]

라 하여 문자의 중요성에 대해서 강조하고 있다. 이러한 문자의 중요성

51) 『사고』 권33, 3후.

52) 『연보』(‘행장’) 권4, 13후(『전집』 하, 764쪽 상좌).

53) 『사고』 권34, 9후. “如欲學道, 先須治經, 欲治經, 先要識字. 若不識得字, 如何治得經? 旣不治得經, 如何體得道? 凡字有形音義意, 形差則音差, 音差則義差, 義差則意差, 意差則人之所見亦差, 所見差, 所見差, 其所行如何得不差? 此必然之理, 不可不愼.”

에 대한 관심은 책 간행에 있어서 교정校正의 중시로 이어진다. 즉 책을 간행할 때는 반드시 관청을 설립하여 교정하고, 간행할 만한 것은 허락하고 기준에 미치지 않는 것은 금한다는 것이다. 그리고 간행할 때는 또한 반드시 자세히 자형字形을 검사하여 오류가 있어서는 안 되고 오류가 있으면 교정관에게 벌을 주어야 한다고 주장한다.[54]

이 밖에 이상적인 인간상으로서의 성인과 군자에 대해서는 다음과 같은 견해를 보이고 있다. 먼저 간재는 성인의 가르침은 성性으로써 근본을 삼으며, 경전에서는 모두 성자를 위주로 한다고 주장한다.[55] 또한 성인의 덕은 경이 주가 되므로 비록 지극히 작아 깊이 관계가 없는 일이라 할지라도 또한 경을 쓰지 않는 것이 없다고 한다.[56] 그리고 성인은 특이한 행동이 없고 중용으로써 행할 뿐이고, 특이한 행실이 있는 것은 현자가 중용에서 지나친 것이라고 설명한다.[57]

아울러 군자는 의리를 주로 하고 명命을 주로 하지 않으며 국가가 어지럽거나 이단이 홍성한 것은 본래 명이 있으나, 군자는 여기서 반드시 처하는 바의 의리를 구하고 명에 맡겨서 그만두지 않는다고 파악한다.[58] 또 옛날의 군자는 헤아린 뒤에 들어가지만 오늘의 군자는 들어간 후에 헤아리고자 하고 들어갈 때는 배운 것을 버리고 남을 따른다고 개탄한다.[59]

한편 만고에 가장 높여야 할 것은 성性이고(본체), 육합에 쓸 만한 것

---

54) 『사고』 권34, 20후.
55) 『사고』 권41, 1전. "開首便言性, 此見聖人之教以性爲本, 不似釋之主心, 老之主氣. 小學題辭首言性字, 凡經傳皆性字爲主."
56) 『사고』 권41, 7후.
57) 『사고』 권33, 43전.
58) 『사고』 권33, 43전.
59) 『사고』 권33, 12전.

은 오직 경(공부)이라는 두 구절은 마음과 이치를 아울러 들고 체용이 함께 갖추어졌으니 완미할 수 있고 지킬 수 있다고 주장한다.[60]

끝으로 '경학재명經學齋銘'을 통해서 간재의 경학관의 일단을 정리하고자 한다. 간재에 의하면 경전에서의 성언聖言은 천명에서 근원하여 성에서 본받고 경에서 멈추는 것으로 파악한다. 경전을 연구하는 데 있어서는 그 마음을 비우고 그 기를 바꾸는 것이어야 하니 가까이는 이치로써 몸을 닦아 제가 치국까지 미루어 나가는 것이다. 따라서 기송사장의 학문은 실제의 학문에는 도움이 되지 않으며 실천을 동반하지 않으면 모두 조박이니 오직 옛날을 본받고 지금은 돌보지 말라고 주장한다.[61]

이상에서 살펴본 바와 같이 간재는 학문은 변화기질일 뿐인 것으로 성 위에 조금의 수위修爲공부도 없으며, 그 요점은 이치를 궁구하는 데 있고 근본은 뜻을 세우는 데 있으며 긴요한 곳은 '구시求是'에 있을 뿐이라고 하였다. 그리고 학문을 함에 있어서 세심정려洗心淨慮하여 스스로 체회할 것을 강조하고, 또한 자의의 중요성도 인식하고 있었다.

3. 『논어』에 대한 견해

먼저 간재의 제 경서 저술의 경과를 살펴보기로 한다. 간재는 71세

---

60) 『사고』 권33, 1전.

61) 『私稿續編』 권13, 27前後. 「經學齋銘」(辛丑). "經雖聖言, 源自天命. 準的于誠, 發軔于敬. 治經有要, 旣虛其心, 復易其氣. 脈理可尋, 施之于身. 身以之理, 推之家國, 亦粤齊治. 士而昧此, 如何進學? 莫或躬履, 諸皆糟粕. 誦數雖多, 其實奚補? 究厥弊病, 盜儒與伍. 吾知是齋, 賢師攸臨. 圖書炳炳, 襟佩林林. 惟古是傚, 絶今勿庸. 根本旣立, 惠澤無窮. 我揭銘章, 曷以勗之? 旨哉詩辭, 衣錦褧衣."

되던 신해년 3월에서 11월 사이에 「대학기의」, 「중용기의」를 완성하였고, 82세 되던 임술년 원월元月에 「독논어」, 「독맹자」 두 편을 작성하였다. 그 밖에 경서에 관한 것은 단편적으로 서간과 잡저에 부분적으로 산견되어 있다.(잡저의 것을 중심으로 살펴보면 다음과 같다. '中庸首天字疑目',[62] '仁義禮智疑義',[63] '語類生之謂性章諸錄疑義',[64] '讀論語性近章或問',[65] '講謀也魯章',[66] '讀中庸首章說',[67] '讀孟子生之謂性章集註',[68] '浩然章問目',[69] '中庸首章',[70] '性相近',[71] '讀大過大象',[72] '讀元亨利貞說',[73] '易心道性',[74] '坤復說辨',[75] '坤復說再辨',[76] '庸學心性',[77] '四書首章',[78] '中庸',[79] '中庸章句存養',[80] '大學皆自明也',[81] '天命之性'[82] 등이다.[83]) 이 밖에 『맹자집주』, 『대학장구』, 『중용장구』에 대한 간재의 현토본이 있으며, 『중용』의 언해도 전해진다.[84]

62) 『사고』 권28, 37후~39전.
63) 위와 같음, 38전~39전.
64) 위와 같음, 39전~42전.
65) 위의 책, 권30, 21전~22전.
66) 위와 같음, 22전후.
67) 위와 같음, 22후~23전.
68) 위와 같음, 23전후.
69) 위의 책, 권29, 36전~39후.
70) 위의 책, 권32, 2후~3전.
71) 위와 같음, 3전.
72) 위의 책, 권30, 21전.
73) 위의 책, 권30, 28전후.
74) 위의 책, 권32, 5후.
75) 위의 책, 권28, 28후~30전.
76) 위와 같음, 30전~31전.
77) 위의 책, 권37, 1전. 이하는 「華島漫錄」에서 논의된 것이다.
78) 위와 같음, 2전
79) 위와 같음, 2후.
80) 위와 같음, 6후.
81) 위와 같음, 8전.
82) 위와 같음, 3후.
83) 표면적으로 명확히 드러난 것만 제시하였다.

현재 간재의 문집(『사고』)에서 간재의 『논어』에 대한 견해를 전체적으로 엿볼 수 있는 주자료로는 「독논어」가 있는바 이는 간재가 임종하던 해인 82세에 저술한 것이다. 이 밖에 '인의예지의의仁義禮智疑義', '독논어성근장혹문讀論語性近章或問', '강모야로장講謀也魯章' 등 단편적인 것이 있으며 지구문인들과의 왕복서한에 부분적으로 산견된다. 간재는 「독논어」에서 그의 『논어』에 대한 견해를 비록 전체를 전부 주석하여 완정된 형태는 아니지만 체계적으로 표명하고 있는데 이하에서는 간재의 『논어』에 대한 견해를 살펴보기로 한다. 먼저 간재의 『논어』에 대한 관심을 살펴본다.

간재 본인의 자술에 의하면 『논어』를 즐겨 보았다고 하였는데[85] 특히 『논어』에 대해서는 더욱이 추환처럼 좋아하여 출입할 때에 항상 갖고 다니면서 완색하고 실행하였다고 한다.[86] 이를 통해 볼 때 간재가 제 경서 중에서 특히 논어에 힘을 기울였음을 알 수 있으며 이는 그가 임종하던 해 원월元月에 「독논어」편을 저술한 것에서도 잘 드러난다.

1) 「독논어」의 구성 및 체계

주지하는 바와 같이 『논어』는 상론과 하론으로 구성되어 있으며 총 498장(주자 『논어집주』 기준)으로 구성되어 있다.

그러면 「독논어」의 구성을 살펴보기로 한다(보경문화사판으로서 연활자본임). 「독논어」는 『간재사고』 권31 『잡저』 부분에 수록되어 있으

---

84) 위의 책, 권38, 37後. 간재는 七書의 관본언해에 불만을 느껴 율곡언해를 참조하여 사서 전체에 대한 언해를 계획하였으나 중용언해만을 편찬하고 다른 것은 완성하지 못하였다.(『연보』('행장') 권4, 12후. 『전집』 하, 763쪽 하좌)

85) 『사고』 권 40, 13후, '自誌'.

86) 『간재선생연보』 권4, 13전('행장', 『간재선생전집』 하, 764쪽 상우단).

며(1전에서 11후까지) 총 면수는 11장으로 되어 있다. 전체구성에 대해 살펴보면 「학이」, 「위정」, 「이인」, 「공야장」, 「옹야」, 「술이」, 「태백」, 「자한」, 「선진」, 「안연」, 「헌문」, 「위령공」, 「양화」편 등 총 13편에 대해서만 간재 자신의 견해를 명확히 표명하고 있으며, 「팔일」, 「향당」, 「자로」, 「계씨」, 「미자」, 「자장」, 「요왈」편 등 7편에 대해서는 전혀 해설을 시도하지 않았다. 추측하건대 이것은 이들 7편에 대해서는 크게 문제 삼을 것이 없어서 해설을 시도하지 않았다고 생각된다.

『논어』 각 편의 전체 장수, 간재가 「독논어」에서 해석한 장과 수, 해석비율을 정리하여 도표로 나타내면 다음과 같다.

■ 「독논어」의 해석 장수

편명	전체장수(『집주』)	해석한 장	해석장수	해석비율
학이	16	1, 2, 3, 4, 5, 6, 7, 8, 11, 12, 13, 14, 15	13	81.3
위정	24	2, 4, 6, 7, 8, 9	6	25
팔일	26			
이인	26	10	1	3.8
공야장	27	27	1	3.7
옹야	28	5, 8, 17	3	10.7
술이	37	24, 30, 37	3	8.1
태백	21	1, 5, 7, 13, 17	5	23.8
자한	30	10, 11, 12	3	10
향당	1(17)			
선진	25	3, 17	2	8
안연	24	1	1	4.7

자로	30			
헌문	47	24	1	2.1
위령공	41	2, 28	2	4.9
계씨	14			
양화	26	2, 19	2	7.7
미자	11			
자장	25			
요왈	3			
계	482(498)		43	

* 상기 도표에서 「태백」편의 마지막 문장은 특별히 소속된 장이 없고 내용도 직접적인 관련이 없는 것이어서 제외시켰음.
* 주자의 『논어집주』 장수를 기준으로 하였음.

따라서 간재는 『논어』 총 20편 중 13편 43장에 대해서 해석한 셈이다(그 내용이 직접적인 관계가 없는 것이라 할지라도 원전의 칸 분류에 따라 계산하였음).

앞의 도표에서 살펴보았듯이 간재의 『논어』 해설은 주로 상론에 집중되어 있으며, 그중에서도 「학이」편에 중점을 두었음을 알 수 있다(「학이」편 총 16장 중 9, 10, 16장을 제외한 13장을 전부 해설하였음). 그리고 실제 해석에 있어서도 '일관장' 등을 비롯한 중요한 장들에 대해서는 거의 빠짐없이 자신의 견해를 개진하고 있음을 알 수 있다.

참고로 제 주석서의 『논어』의 편장에 관한 내용을 도표로 나타내면 다음과 같다.

■ 제주諸注 분장 비교도

편명＼서명	십삼경주소⑦	논어집주	경전석문	논어정의	논어집석
학이	16	16	16	16	16
위정	24	24	24	24	24
팔일	26	26	26	26	27
이인	26	26	26	26	26
공야장	28	27	29	29	27
옹야	30	28	30	30	30
술이	38	37	38②	38	38
태백	21	21	21	21	21
자한	30	30	31③	31	30
향당	1(21절)	1(17)①	1④	1(25)	27
선진	24	25	23	23	26
안연	24	24	24	24	24
자로	30	30	30	30	30
헌문	44	47	44	44	43
위령공	42	41	49	43⑤	42
계씨	14	14	14	14	14
양화	24	26	24	24	25
미자	11	11	14	11⑥	11
자장	25	25	25	25	25
요왈	3	3	3	3	3
계	481 (501)	492 (498)	492	483 (507)	509

① 실제로는 18절이나 '入太廟, 每事問' 1절이 「팔일」편에 거듭 나오므로 주자는 17절이라 한 것임.
② 원문에 "舊三十九章, 今三十八章"으로 되어 있음.(『경전석문』[87] 권24, 7후)
③ 원문에 "凡三十一章, 皇三十章"으로 되어 있음.(『경전석문』 권24, 9후)
④ 『경전석문』에서는 분절하지 않았음.
⑤ 원본에는 "今云四十九章, 九字誤, 當作三"이라 하였음.(『논어정의』[88] 하책, 609면)

---

87) 陸德明(상해: 상해고적출판사, 1985).

⑥ 원문에 "此篇實止十一章, 疑四爲一誤"라 하였음.(『정의』 하책, 711면)
⑦ 『집해』, 『의소』, 『주소』에는 분장분절이 되어 있지 않아서 『十三經引得』(燕京學舍本) 『논어』를 사용하였음.(『정의』 상책, 1면 참조)
* 표면적으로 상기 도표와 같으나 분장분절에 있어서 실제의 장수가 다른 『논어』 주석서와 다른 경우가 있음.
* ( ) 속은 「향당」편을 절수節數로 계산한 것임.

2) 간재 논어 해석의 내용분석

간재는 『논어』의 상론의 수장首章은 몸을 가지는 법을, 하론의 수장은 예악을 말하였으니 지세법持世法을 말하고 있다고 본다.[89]

이에 간재는 『논어』의 수장에 대해 다음과 같이 파악한다.

> 학습함에 마땅히 힘쓸 것은 효와 제가 머리가 되고, 그 마땅히 경계할 것은 교언영색이 절실함이 되니 이것이 『논어』 수편의 차제次第의 뜻이다.[90]

그리고 간재는 『논어』의 개권 첫 번째 글자는 성性을 배우는 것을 가리켜서 말한 것이라고 주장한다. 이에 『맹자』의 수장의 인의도 또한 성이며 『대학』의 수장의 그치는 바의 지선도 또한 성이며, 『중용』의 머릿구에서는 바로 성을 말한 것을 예로 들고 성현의 말은 '성性'자를 버리고서는 이른바 학이라는 것이 없다고 단언한다. 그리하여 '성'자를 폄하하여 종지로 삼거나 그렇지 않은 자도 그 마음에 성을 주재로 삼으려 하지 않는 상황을 개탄하고 성문聖門의 성학은 거의 끊어지게 되었다고 파악

88) 劉寶楠(북경: 중화서국, 1990).
89) 『사고속편』 권16, 22前, '五書五經吟', '論語'.
90) 『사고』 권37, 2전후. "學習之所當務者, 孝弟爲首, 其所當戒者, 巧言令色爲切, 此論語首篇第次之意也."

한다.[91]

아울러 학에 대해서는 "배운다는 것은 무엇을 배운다는 것인가. 기를 배우고자 하면 기는 정밀하고 조잡한 것이 있으니 배울만한 것이 아니고 마음도 때로 법도를 넘고 인을 어기니 또한 배울만한 것이 아니라는 것이다. 그렇다면 성으로써 스승을 삼지 않을 수 없으니 선각이 아는 바와 행하는 것은 다 성으로서 이것이 성문聖門의 하늘에 근본한 학문이다."[92]라 하여 성사심제의 설로써 해석하고 있다. 따라서 『논어집주』의 '학문의 바름'이란 것은 실로 이것을 가리켜서 말한 것이니, 만일 심과 기가 근본이 되면 불로의 전傳이라고 비판한다. 또 『집주』의 '선으로써 남에게 미쳐감'도 또한 성의 선을 가리켜서 말한 것일 뿐이며, 『집주』의 셋째 절에서도 나의 마음이 나의 성을 배워 나의 덕을 이룩한다는 것을 말한 것이니 당시의 임금과 재상에게 알려지지 않는 것을 무엇 때문에 불평하겠는가고 반문하고 있다. 그리고 '바르게 배우고 익숙하게 익히고 깊이 기뻐하여 마지 않는다'는 말을 마땅히 체회하여야 한다고 하였다. 이에 「학이」편 앞부분 세 장의 관계에 대해 설명하기를 "수장은 성을 배워서 덕을 이루는 것을 총체적으로 말했는데, 덕의 마땅히 힘쓸 것은 효와 제가 근본이 되고 덕의 마땅히 경계할 것은 교언영색이 절실하니 이것이 책을 편찬한 뜻이다"라고 하였다.[93]

이 밖에 근세의 제가가 심과 양지를 모두 천리라고 하였는데 이는 심과 양지가 성을 배우고 성을 아는 것을 모르는 것이니, 또 어떤 물건이 있어서 심과 양지를 배우겠느냐고 반문한다. 진실로 한 번이라도 자기에게 돌이켜 구하면 그 오차는 깨닫기 어렵지 않은데 어찌하여 한결같

---

91) 『사고』 권31, 1전. 경전해석에 있어서 性을 강조하고 있음이 특히 주목된다.
92) 『사고』 권31, 1전.
93) 『사고』 권31, 1전후.

이 스스로 주장을 지나치게 하여 돌이킬 도리가 없게 만드느냐고 탄식하고 있다.94)

'오십유오장吾十有五章'에서 간재는 지志, 입立, 불혹不惑, 지知, 순順, 불유不踰, 이 여섯 가지는 모두 마음의 일로서 모두 도 위에 나아가 말한 것이라고 보았다. 이는 정자의 이른바 성인은 하늘에 근본한다는 것이 바로 이것이라는 것이다.95)

그리고 간재는 이 장을 해설함에 있어서 성리설을 들어 설명을 시도하고 있다. 즉 영남 유학자의 문집에 "기가 하고자 하는 것을 따르면 어찌 법도를 넘지 않을 수 있겠는가?"라고 말한 것에 대해 이는 심心과 기질을 구분하지 않는 호론설을 가리킨다면 가하지만, 기의 허령정영虛靈精英과 신식지각神識知覺을 마음으로 삼는 낙론설일 것 같으면 맞지 않을 것이라고 분석한다. 즉 이理가 하고자 하는 것을 따라서 자연히 이치에 맞는다고 할 수는 없다는 것이다. 사물의 소당연所當然한 속에 비록 이미 소이연所以然의 이理를 포함하여 그 근저가 되나 아래 문장에 따로 지천명의 한 구절을 드러내었으므로 주 가운데 나누어 소속시켰으니 이는 마땅히 뜻으로써 체회하여야 한다고 한다. 아울러 간재는 왕씨汪氏의 이 장은 심心자를 중히 여기지 않으며 또 절마다 모두 정밀한 뜻이 있으니 다만 본심을 잃지 않는 것으로써 불확실하게 개괄해서는 안 된다는 설은 마땅히 자세하게 연구하여야 한다고 말한다. 또 그가 호운봉胡雲峰과 진정우陳定宇가 전심傳心과 심학心學으로써 말한 것을 반박하고 드디어 성학聖學과 멀어졌다고 한 것은 지극히 옳다고 동의하고 있다. 한편 여씨가 심은 성천합일性天合一에 있어서 지선至善이 되고 성학聖學이 되니

---

94) 『사고』 권31, 1전후.
95) 『사고』 권31, 4후.

마음 위에 다시 성리가 있는 것을 알 수 있으므로 성학이 모두 마음 위에 있어서 공부한다면 옳지만 성학聖學이 심학이라고 한다면 옳지 않다는 설을 들고 있다. 또 법도를 넘지 않는다고 말한 것에서 성인의 마음 속에 시시각각 하늘의 법칙이 존재하여 있음을 알 수 있고 마음이 도가 아니니 이것이 바로 하늘에 근본하는 것과 마음에 근본하는 것의 구별이 된다는 설도 아울러 소개하고 있다. 즉 성학聖學과 심학은 마땅히 구별하여야 한다는 것이며 마음은 도가 아니라는 것이다.[96)]

공자는 "내가 열다섯 살에 학문에 뜻을 두었다"고 하였는데 여기서 학은 도로써 말한 것이고 지志는 마음이 향하는 것이다. "일흔 살에는 마음이 하고자 하는 바를 따라도 법도를 넘지 않았다"라고 하였는데 구矩는 도로써 말한 것이고 불유는 마음이 능한 것이다. 중간의 입立은 마음이 능한 것인데 선 것은 도이니 나머지 세 구절도 이에 따른다. 따라서 마음과 도의 구분이 이와 같이 분명한데 섞어서 하나로 하는 것은 옳지 않다고 주장한다.[97)]

이 밖에 간재는 종심불유구는 논어의 첫 번째 심心자이므로 자세하게 이회하지 않으면 안 된다고 주장하고 있다.[98)]

'안연문인장顔淵問仁章'에서 간재는 안연이 극기복례의 조목을 물었을 때 공자가 다만 예가 아니면 보고 듣고 말하고 움직이지 말라고 한 것이 바로 '극기이복어례克己以復於禮'인 것으로서 '극기복례'는 마땅히 '극기이복례克己以復禮'라고 해야 한다고 주장한다. 여기서 '기己'자는 기욕氣慾과

---

96) 『사고』 권31, 5전.

97) 『사고』 권35, 29후. "孔子曰, 吾十有五而志于學, 學以道言也, 志是心之趨向也. 七十而從心所欲不踰矩, 矩以道言也, 不踰是心之能也. 中間立是心之能, 而其所立是道也, 下三句倣此. 心與道之分如此之明也, 而乃有混而爲一者何也?"

98) 『사고』 권31, 4전~5전. 이에 간재는 그의 '論心說'을 수록하고 있다.(위와 같음, 5후)

기극忌剋을 포괄하여 말한 것인데, 요즈음에 성현은 극기함이 없다는 논설이 있는바 이는 사씨의 주와 『어류』, 정서程書, 『주자대전』의 제설을 고찰해보지 않고 하는 말이라고 일축한다. 그리고 '극기복례위인克己復禮爲仁'의 '위爲'자와 아래의 '위爲'자는 다만 한 가지 뜻인데 『집주』는 이와 같고 『어류』는 서로 비슷하다고 하여 미정설이었는바 황자계黃慈溪 허동양許東陽 등 여러 사람이 자세히 고찰해보지 않고서 잘못된 해석이 있게 되었다고 설명한다. 아울러 '위인유기, 이유인호재爲仁由己, 而由人乎哉?'는 지극히 참절斬絶한 말이니 인을 행하는 것은 다만 스스로에 말미암는 것으로 결단코 스승과 벗에게 의지할 것이 아니라고 강조한다. 또 물勿이란 것은 마음이 주가 되는 것으로서 사사로움을 이기고 예로 돌아가는 기틀인데, 요즈음의 선비 중에 마음을 가리켜서 이理로 삼는 자가 있다고 전제한 뒤, 마음이 과연 이理라면 이理는 어떻게 그것이 예禮(理)가 아닌 것을 알아서 극복할 것이냐고 반문하기도 한다.99)

한편 『집주』에 있는 사씨의 "극기는 모름지기 성이 치우쳐서 이기기 어려운 것부터 이겨나가야 한다(克己須從性偏難克處克將去)"를 예시하고 다음과 같은 견해를 제시하고 있다. 즉 오늘날 성이 기를 기다리지 않고도 스스로 치우치고 온전함이 있다고 말하는 자가 있다고 전제한 뒤 그렇다면 이것은 기질의 성이 아니고 곧 본연의 성이니, 비록 본연이라고 말할지라도 이미 치우침이 있으면 이겨서 제거하지 않을 수 없으니 본연을 이겨서 제거한다는 설은 아직 들어본 적이 없다고 토로한다. 또 사람마다 기가 다르고 품수한 이理 또한 각각 같지 않은 것을 기질지성이라 하고 자기 자신은 호론이나 낙론이 아니라고 하는 것은 기괴한 설이라고 비난한다. 그리고 성性이 치우친 곳으로부터 이기고자 하는 것은

99) 위와 같음, 9후~10전.

다만 기질지성, 공취지성攻取之性, 습렴지성習染之性을 이겨 제거하는 것일 뿐만 아니고 반드시 이품異禀의 이理와 함께 다 이겨야 이긴다고 말하는 것이라고 설명하고 이런 설은 다만 석씨에게만 있고 유학에는 이런 법이 없다고 한다.[100]

'일관장一貫章'에서 간재는 여기서의 '일一'자를 주자는 혹 마음이라고도 설명하였으나 이는 마음의 이치를 가리킨 것이지 곧바로 심령을 가리켜서 '일一'이라고 한 것은 아니라고 강조하고 있다. 주자는 "자공은 지식에 나아가 도에 들어갔으므로 부자夫子가 경계하기를 나는 일이관지라고 하였으니 대개 나의 지식은 하나의 이理에 불과할 뿐임을 말한 것이요, 증자는 실천으로부터 들어갔으므로 부자가 경계하기를 내가 행한 것은 모두 하나의 이理일 뿐이다"라고 하였다. 이에 간재는 하나의 이치라는 것은 바로 성체性體를 가리켜서 말한 것인데 만일 이理를 심령이라고 한다면 그 기억하고 행하는 것은 또 누구냐고 반문한다. 따라서 이와 같은 곳은 자기 자신에게 돌이켜 보고 체득하여 살피는 공을 쓰지 않으면 마음을 말하고 이理를 말하는 것이 장애가 있는 것을 깨닫지 못하게 되니 학문은 스스로 체득하는 것이 중요하다고 강조한다. 그리고 주자가 "배우기만 하고 성을 논하지 않으면 배우는 것이 무슨 일인 줄 알지 못한다"고 한 것에 대해 간재는 증자의 역행力行과 자공의 다지多識는 모두 이 성의 만 가지로 다른 것의 쓰임일 뿐이라고 정의한다.[101]

또 여유량이 육상산과 양명학파가 먼저 일관을 찾은 뒤에 배우고 기억하는 것에 대해 이는 성학聖學이 아니라고 비판한 설을 들고 이가二家가 이理를 강론하지 않은 것은 아니지만 그들이 말한 이理는 다만 마음

100) 위와 같음, 10전.
101) 위와 같음, 10전후.

일 뿐 성性이 아니라고 파악한다. 그리고 김평묵은 심지어 마음은 하나이고 성性은 둘이라고까지 말하였는데 이 또한 마음을 일一로 하고 성을 관貫으로 삼는 것이니 성인의 하늘에 근본하는 일관과는 다르다고 비판하고 있다.[102)]

'기위인야장其爲人也章'에서 정이천은 "성性 가운데 어찌 효제가 있겠는가?"라고 하였는바 이에 대해 후인들이 많이 헐뜯었다. 이에 대해 간재는 정자는 성 위에서 말한 바의 인과 일 위에서 말한 바의 효제를 분별하였기 때문에 그렇게 말하였을 뿐이라고 옹호한다. 만일 효제의 이치를 논할 것 같으면 성의 인은 이미 이 이치를 갖추고 있으니 정자로 하여금 성 가운데 본래 효제의 이치가 없다고 한다면 진실로 잘못이라고 한다. 이천은 일찍이 고요히 움직이지 않지만 만물엔 삼연히 이미 갖추어져 있다고 하였는바 이는 통합하여 말한 뜻으로서 성 가운데 효제가 없다는 뜻과는 시로 어긋나지 않는다고 한다.[103)]

한편 『혹문』에서는 사상채의 활물活物의 설을 들어서 반박하였다. 이에 간재는 대개 인은 이치이니 어떻게 활물이라고 가리킬 수 있겠는가라고 동의하고, 그러므로 『어류』의 모록謨錄에서도 그 설은 병통이 있다고 하였으니 홀로 『혹문』만 그런 것이 아니라고 설명한다. 그리고 근세에 활리옹活理翁이라는 것이 있는데 이 또한 깨달음으로써 이치를 삼는 것이니 이는 상채가 깨달음으로써 인을 훈訓하는 것과 같은 것으로 주자가 취하지 않는 바라고 말한다.[104)]

---

102) 『사고』 권31, 10후. "呂氏留良曰, 自金谿只空理會一貫, 至姚江而其說更熾, 先尋一貫而後學識, 恐無此聖學也. 愚謂二家非不講理, 所謂理者只是心非是性也. 金監役至以爲心一而性二, 此亦以心爲一而性爲貫也, 與聖人本天之一貫異矣."

103) 위와 같음, 1후.

104) 위와 같음.

『혹문』에서는 오행의 신神으로써 오상의 이치로 삼았는바 이는 본래 한유漢儒의 설이었는데 주자가 취하였다고 간재는 전제한다. 그러나 『어류』의 『중용』 제1장 한록僩錄에 목화木火의 신神이 인체仁禮가 되는 것은 어떠하냐고 물은 데 대해 주자는 '신神'자는 의사意思라고 말함과 같다고 보았다. 이에 대해 간재는 후자는 무오년 이후에 들은 것으로 의사가 곧바로 이치를 가리킬 수는 없는 것이니 『혹문』의 설은 주자 초년의 아직 정해지지 않은 의론이거나 그렇지 않으면 혼륜渾淪하여 말한 것이 아닌가 하는 의문을 제기하고 있다.105)

이 밖에 간재는 "군자무본, 본립이도생君子務本, 本立而道生"이라는 구절은 마땅히 때때로 외워서 풀어 도리를 깨달아 얻으면 의미가 매우 좋다고 하였다.106)

'삼성장三省章'에서 명도는 '전불습호傳不習乎'는 익히지 않고 남에게 전하여 주는 것이라고 하였는데 이는 『집주』와 다르다. 여자약呂子約이 문세文勢와 의맥意脈에 의거하여 정자의 해석이 정당하다고 의문을 제기하자 주자는 두 가지 해석을 다 같이 인정하였다. 이에 대해 간재는 '전傳'자는 전수傳授라고 많이 쓰므로 『집주』에서 비록 스승에게서 받았다고 하였지만 여기서는 도리어 의리가 둘 다 통한다고 하였으니 학자는 모름지기 피차를 참고하여 보아야 한다고 주장한다. 그리고 사씨주謝氏註에서의 '용심어내用心於內'라는 구절을 황자계는黃慈溪는 선학禪學이라고 하였지만 여기서의 '내內'자는 윗글의 구류九流가 참다움을 잃어 성인에게서 멀어졌다는 것과 대거對擧하여 말하였으니 사물을 유기遺棄하고 묵

---

105) 『사고』 권31, 1후~2전. "或問以五行之神爲五常之理, 此本漢儒說而先生取之. 然語類中庸第一章僩錄問木火之神爲仁禮如何? 曰神字猶云意思也. 此爲戊午以後所聞, 意思如何直指爲理? 然則或問似是初年未定之論, 不然是渾淪而言之者歟!"

106) 위와 같음, 1후.

조默照함을 오로지 하는 것이 아니라고 파악한다.[107]

『비지備旨』에서는 세 개의 '호乎'자는 다 마음에 묻는 말로서 바로 '성省'자의 정신이며 자기가 병통을 찾는 것이라고 하였다. 이에 대해 간재는 이 말이 정밀하고 절실하다고 평가하고 충신忠信과 습習은 모두 이치상 마땅히 하여야 할 것이지만 나의 마음씀이 이치에 합하지 아니하는 곳이 있을까 두려우므로 스스로 마음에 반문하여 직분을 다하지 아니하는 잘못이 없도록 하였다고 파악한다.[108] 한편 삼성三省과 일유一唯('吾道一以貫之章')의 관계에 대해서 간재는 두 문장의 전후는 알 수 없고 또 구분할 필요는 없지만 진정우陳定宇와 왕씨汪氏의 견해가 정확할 것 같다고 평가하고 운봉雲峰의 설은 반드시 따를 것까지는 없다고 한다.[109]

'예지용장禮之用章'의 '화위귀和爲貴'에 대해서 간재는 원래는 예禮 가운데 저절로 화和가 있다는 것을 말한 것이지 예를 행하는 사람을 따라서 말한 것이 아니라고 하고 학자들이 잘못 이해하고 있다고 본다. 『집주』에서는 '종용불박, 내위가귀從容不迫, 乃爲可貴'라고 하여 사람을 따르는 설로 하였다. 이에 대해 간재는 이와 같으면 아래 절의 '엄태화절, 이지자연嚴泰和節, 理之自然'이라는 설은 성립하지 않는다고 파악한다. 그리고 '소대유지小大由之'는 사람이 예를 행하는 것을 말하는 것으로 『몽인蒙引』의 예의 쓰임은 예의 행하는 곳이요 사람이 예를 쓰는 것이 아니라는 설에 동조하고 있다. 아울러 익주翼註의 예의 시용施用과 사람이 예를 쓰는 것은 두 뜻이 없으나 구기口氣에 순역順逆이 있는 것이니, 만일 사람이

---

107) 위와 같음, 2전.

108) 위와 같음, 2전. "備旨三乎字, 俱問心之辭, 正是省字精神, 乃自己搜尋有疚處, 此語精切. 蓋忠信與習皆理所當爲, 而恐吾之用心有未合理處, 故自心反而自問使無不盡分之失也."

109) 위와 같음, 2전후.

예를 씀에 조화로써 귀함을 삼는다면 조화에 뜻이 있는 것이라는 설을 들어 설명하고 있다. 또 진씨陳氏와 호씨胡氏 두 사람이 모두 이체사용理體事用이라는 말이 있는 것으로 보아 이理는 성의 온축한 바를 가리키고 사事는 마음의 행하는 바를 가리키니 성체심용性體心用이 더욱 더 명확하다고 주장하고 있다. 그리고 '유소불행有所不行'도 다만 화和를 따라서 말한 것이지 사람이 행하지 않는다는 것을 말함이 아니라고 한다.110)

한편 소주에서 주자는 경은 희로애락이 아직 발하지 않은 중이고 화는 발하여 다 절도에 맞는 화라고 하였다. 이에 대해 간재는 경은 인공人功이요 도체가 아니므로 경을 바로 중이라고 가리키기는 어렵다고 파악하고, 중은 사람마다 다 있는 것이고 경은 군자만이 홀로 행하는 것이니 주자의 설은 기록자의 잘못이 아닌가 하고 의심하였다. 이 밖에 엄이태嚴而泰와 화이절和而節은 이치의 자연스런 것이고 예의 전체로서 요·순·걸·도척에 관계없이 품수한 바가 동일한 것으로 본다. 조금이라도 차이가 있어 중정함을 잃어 행할 수 없는 것은 사람의 기질이 고르지 않아서 발용하는 것이 각각 다르기 때문이라는 것이다. 따라서 학자는 이에 마땅히 사면思勉의 공을 써서 그 다름을 변화시켜 같은 데로 돌아갈 것이요, 기품이 치우친 것에 핑계하여 성리의 온전함을 잊어서는 안 된다고 역설하고 있다.111)

'홍의장弘毅章'에서 간재는 인은 이理이고 성이며 체이고, 기己는 마음이며 용으로 파악한다. 마음은 인으로서 책임을 삼는 것으로, 마음과 인은 하나의 물건이라고 부를 수는 없다는 것이다. 그리고 '기己'자와 '사死'자를 모두 몸을 가리켜 말한 것이지 반드시 마음으로써 말한 것이 아니

110) 위와 같음, 3후.
111) 위와 같음, 3전~4후.

라는 혹자의 설에 대해 사람이 인에 대해서 나면서 하는 것은 마음이요, 죽어서 그만두는 것도 또한 이 마음이라고 반박하고 있다. 마음의 사공事功은 인과 이理를 체득하여 쉬지 않아야 하니 자기가 죽으면 마음도 죽는다. 그러나 인은 이理라서 죽고 삶이 없으나 마음은 기의 영각靈覺과 조기粗氣가 짝이 되어 혼유백강魂游魄降하면 또한 없어지니 다만 이 1장에서 심리설은 확립될 수 없다고 주장한다.112)

'안연위연장顔淵喟然章'에서 간재는 이 장을 도道와 마음으로 분석하고 있다. 즉 '앙찬첨홀仰鑽瞻忽'은 마음이고 '고견전후高堅前後'는 도이며 박약博約은 마음이며 문예文禮는 도이고 소립탁이所立卓爾는 도이고 욕종말유欲從末由는 마음이다. 이에 간재는 도는 자재自在하고 무위無爲한 진체眞體이며 마음은 깨달음도 있고 유위한 묘용이라고 정의한다. 정자는 안자는 공자를 깊이 알아서 잘 배웠다고 하였다. 간재는 여기서 안자는 마음으로써 말한 것이고 공자는 도로써 말한 것이며 잘 배웠다는 선학善學은 제자로써 말한 것이니 지知와 학學 두 글자를 마땅히 중시해서 보아야 한다고 주장한다. 또 간재는 박문博文은 택호중용擇乎中庸이며 약례約禮는 극기위인克己爲仁으로서, 택擇은 이 마음의 공부가 되며 중과 인은 성의 도리로서 이理와 마음은 하나의 물건이 아니라고 주장한다. 이에 마음이 이치를 갖춘 것을 믿지 말고 마음이 이치에 합당한 것인가가 중요

112) 위와 같음, 7후~8전. "弘毅章當仔細理會. 蓋仁是理, 己是心也. 心以仁爲任, 一念慮一言動有差非仁, 瞥眼間一息頃有歇非仁, 故事事省勉罔或放過, 時時接續罔或懈怠, 以至於死而後已. 所謂死是靈覺之心, 視形氣煞精英, 然而魂游魄降則亦隨而亡矣. 就此細勘, 可見心仁之不可喚做一物也.(小註: 五峰心無死生之說, 朱張二先生皆不以爲然)", "或謂己字死字皆指身說, 非必以心言. 曰人之於仁, 生而爲之者是心, 死而已之者亦是此心.", "仁是性, 己是心, 仁是體, 己是用. 心之事功, 全要體得仁理而不息, 而己死是心死. 仁是理, 無死生, 心是氣之靈覺與粗氣作對, 而魂游魄降則亦亡矣. 只此一章心理之說自不能立矣."

하다고 한다.[113)]

'시야우장柴也愚章'의 『집주』에서 양씨楊氏는 '네 가지는 성의 편벽된 것으로 말하여 스스로 힘쓸 것을 알게 한 것이다'라고 하였다. 이에 대해 간재는

> 네 가지는 다 기질의 병이지 품부한 바의 이치가 그러함이 있는 것이 아니다. 그런데도 성性이 편벽된 것이라고 말한 것은 옛사람이 말한 기질성은 대부분 기를 가리켜서 말한 것이다. 어떤 사람은 기를 따라서 이품異稟의 이치가 있다고 하는데 이는 온전히 이치를 알지 못하는 자이다. 이제 성의 편벽된 곳을 따라서 스스로 힘써 이겨서 다스리고자 한다면 장차 이치와 함께 이겨서 제거할 것인가. 이는 우스운 이야기이다.[114)]

라고 하여 우愚, 노魯, 벽辟, 언喭은 발용지기發用之氣로 본다. 즉 이 네 가지는 기질이 발용한 뒤의 말로써 성리의 품수한 위에서 가리키는 것이 아니라는 것이다. 이에 낙론의 발한 뒤에 비로소 기질지성을 말할 수 있다는 설과 호론에서 작용이 성이라는 것을 불학으로써 배척한 것, 원래부터 품수한 이치가 각각 같지 않다는 제설을 비판하고 있다. 간재가 생각하기에 작용이 성性이라는 말은 성이 능히 작용할 수 있다는 것으로 낙론에서 말하는 발한 뒤에 비로소 기질의 편벽됨을 본다는 설과는 같지 않다는 것이다. 따라서 선현이 말한 당초에 품부한 기질성이란 것은 그 기가 고르지 않은 것을 말한 것이지 성이 같지 않은 것을 말하는 것

113) 위와 같음, 8후.

114) 위와 같음, 9전. "四者皆氣質之病, 非所禀之理有然也. 而曰性之偏何也? 蓋古人所謂氣質性多指氣言也. 或謂隨氣而有異禀之理, 是全不識理者. 今欲從性偏處, 自勵而克治之, 將並與理而克去耶? 可謂笑話."

이 아니라는 것으로 양씨가 말한 성(『집주』의 사자성지편四者性之偏)은 기품을 가리킨 것이며 성리를 가리킨 것이 아니라고 주장한다. 『정의精義』에서 이천은 증자가 역책易簀할 즈음에는 심즉리요 리즉심으로 보았다. 이에 대해 간재는 증자의 학문이 독실하고 성실하고 확실하여 도에 깊이 나아간 까닭은 노둔함 때문이라고 보았다. 오늘날 학자가 진실로 이와 같으면 오래되어 자연히 마음과 이치가 하나가 되어 다시는 인을 어기거나 예를 잃는 잘못이 없게 된다고 설명한다. 심즉리, 리즉심은 평일의 정밀히 살피고 힘써 행한 공이지 원래부터 마음과 성이 분변이 없는 것을 말하는 것이 아니라는 것이다.[115)]

'여욕무언장予欲無言章'의 『집주』에서는 "성인의 한 번 움직이고 한 번 고요함이 묘도妙道와 정의精義의 발함이니 또한 하늘일 뿐이다. 어찌 말을 기다려서 나타나겠는가"라고 하였다. 이에 대해 간재는 성인은 마음으로써 말한 것으로, 한 번 움직이고 한 번 고요함은 마음이 하는 것이니 마음이 움직이고 고요함에 도의가 타는 것으로 파악한다. 이에 도의는 본래 무겁고 동정은 본래 가벼우나 이와 기는 원래 서로 떨어지지 않으므로 도리의 발함을 말하고자 하면 반드시 먼저 성인의 동정을 말해야 하니 마음의 동정을 큰 일로 생각하고 도의의 발현을 낮게 볼 수는 없다고 주장한다. 간재는 근세의 제가들이 참을 나눌 줄 모르고 일체의 영능한 것을 이치라고 불러 태극의 동정과 성인의 동정을 가리켜서 모두 형이상의 도리라고 하여, 이기와 심성이 뒤섞여 구별이 없게 되었으니 이와 같이 한다면 유가와 불가를 분변할 수 없다고 한다.[116)]

---

115) 위와 같음, 9전후

116) 위와 같음, 11전. "予欲無言注云, 聖人一動一靜, 莫非妙道精義之發, 亦天而已, 豈待言而顯哉? 聖人以心言, 而一動一靜是心之爲也. 心之動靜而道義乘之. 道義本重而動靜本輕, 然理氣元不相離, 故欲言道理之發, 則必先言聖人之動靜, 豈以心之動靜爲一大事,

그리고 어묵동정할 수 있는 것은 기器이고 어묵동정하는 까닭은 도라고 보고 있으며 학자는 마땅히 스스로 체득하여야지 범연히 심리가의 설을 따르지 말 것을 주장한다. 아울러 간재는 '천하언재. 사시행언, 백물생언天何言哉. 四時行焉, 百物生焉'의 뒤에 '성하위재. 오전서언, 만무성언性何爲哉. 五典叙焉, 萬務成焉'이라는 구절을 덧붙여 성의 중요성을 다시금 강조하고 있다.117)

이 밖에 간재는 『논어』의 내용으로서 심즉리설을 반박하기도 한다. 즉 『논어』에서 마음을 말한 것이 여섯 번인데 공자의 마음은 "70세가 되어서는 법도를 넘지 않았다"고 하였고, 안자의 마음은 "3개월 동안 인을 어기지 않았다"라고 하였다. 이것은 70세 이전에는 자연히 법도에 맞을 수 없었고 3개월 뒤에는 조금 인에 어긋남이 있는 것을 면치 못하니 그 마음은 스스로 믿을 수 없다. 근세의 제가가 그 마음을 법도며 인仁이라고 자인하여 공을 쓸 것을 기다릴 것 없이 저절로 인하고 법도에 맞는다고 하는데 이는 온 거리가 모두 성인이라고 하는 것과 같다고 비판하고 있다.118)

이와 같은 간재의 주장은 '논어음論語吟'에서 잘 드러나고 있다.119)

『논어』
중니의 성덕은 건곤과 짝하니,
언행의 남긴 글 이십 편일세.
머릿장 삼단은 몸을 가지는 법이요,

道義發見爲可以低看耶? 語勢不得而不然也.", "近世諸家不分眞, 靈能所一切叫做理, 故指太極之動靜聖人之動靜, 皆爲形而上之道. 於是理氣心性混而無別, 如此則儒佛更無可辨矣."

117) 위와 같음, 11후.
118) 『사고』 권35, 3전.
119) 『사고속편』 권16, 22전.

「선진」의 한마디 말은 세상에 활용되는 근원일세.
거룩한 스승은 잘 이끌어 문과 예를 겸하게 했고,
뛰어난 제자라도 성과 하늘은 듣기 어려웠네.
들으니 여러 오랑캐도 또한 외울 줄을 안다는데,
수레와 배가 이르는 곳이면 다 어버이를 높일 줄 아네.
仲尼盛德配乾坤, 言行遺書二十篇.
首章三段持身法, 先進一言用世源.[120)]
聖師善誘文兼禮, 高弟難聞性與天.
聞說諸夷亦知誦, 舟車所至擧尊親.[121)]

그리고 간재는 『맹자』, 『대학』, 『중용』의 수장에 대해서는 다음과 같은 견해를 보이고 있다. 먼저 『대학』에서는 명덕, 『중용』에서는 성명, 『맹자』에서는 인의를 내세웠다고 보고 『논어』에서는 성을 말하지 않았지만 『집주』에서 특별히 성선을 말하여 표준을 삼았다고 파악한다. 다음으로 『소학』에서는 처음에 천도와 인성을 내세웠는데 이 또한 사서의 예라고 설명한다. 그리고 『맹자』 수장을 치국 평천하 함에 있어서 마땅히 중시할 것은 인의이고 마땅히 끊어야 할 것은 이익으로 변석하고, 『대학』은 천리를 다하고 인욕이 없는 것, 『중용』은 천리를 보존하고 인욕을 막는 것으로 설명하고 이는 모두 하나의 법도라고 주장한다. 이에 나머지 경서도 이를 벗어나서 입언수후立言垂後한 것은 없다고 강조한다.[122)]

---

120) 小註: "宋潛溪曰, 上論首章, 是持身法, 下論首章言禮樂, 是持世法."

121) 小註: "近聞西洋諸夷亦有讀論語者."

122) 『사고』 권37, 2후. "治平之所當重者, 仁義爲最. 其所當絶者, 利之一字爲急, 此孟子首章辨析之意也. 大學之盡天理無人欲, 中庸之存天理遏人欲, 都是一轍, 佗餘諸經亦未有外此而立言垂後者也. 大學之明德, 中庸之性命, 孟子之仁義, 固已顯然揭起, 至於論語首句, 未嘗言性, 而註特言性善以爲的. 六一公所謂聖人敎人性, 非所急者, 宜乎見駁於龜山也. 小學之首揭天道人性, 以爲表準, 亦四書之例也"

또 간재는 『논어』와 『맹자』, 『중용』, 『대학』에 대해서는 천하의 도리가 모두 그 속에 있다고 전제한다. 이 사서와 주자의 『집주』를 하나하나 투철히 알고 실행해 나아가면 천하의 어떤 의리인들 밝고 자세하게 알 수 있고 어떤 인仁인들 이룩할 수 있을 것이라고 파악한다. 이에 자신이 바로 공자, 증자, 자사, 맹자이니 천하 고금의 제일류의 사람이라고 주장한다. 따라서 송나라 때의 주자와 육상산의 변론은 물을 것도 없고 조선시대의 인물성범人物聖凡, 성심동이性心同異, 심성이기心性理氣, 수역본말帥役本末 같은 여러 가지의 통일되지 않은 논의는 따로 생각하기를 기다릴 것 없이 저절로 해결된다고 한다.[123]

한편 『대학』의 경 5조와 『장구』의 "발함을 인하여 드디어 밝힌다"는 발은 동정을 관통하며, 『중용』의 존양은 지행을 겸하고 덜덕은 심을 위주로 하여 보아야 한다고 하였다.[124]

참고로 간재의 경서에 대한 견해를 규지할 수 있는 것으로 '전문사서'시 및 '오서오경음'을 이하에 소개한다.

먼저 전문사서시專門四書詩를 소개한다.[125]

'전문사서專門四書'[126]

사서는 평이하고 주는 정당하니

123) 『사고속편』 권16, 25전.
124) 『연보』 권4, 11전('행장', 『전집』 하, 763쪽 상단우).
125) 『사고속편』 권16, 25전.
126) 이에 대한 序論格의 글은 다음과 같다. "論孟庸學天下道理盡在其裡, 此四書並朱註一一透踐過來, 天下何義不可精, 何仁不可成? 自家直是孔曾思孟, 豈不是天下古今第一流人? 宋時朱陸之辨且勿問, 至於本朝人物聖凡性心同異心性理氣帥役本末種種不一之論, 亦不待別作商量, 而自有竹破氷釋之勢矣."

의리는 모두 팔백 장에 들어 있다네
깊이 생각하고 실지로 이행하면 유산遺算이 없으니
마땅히 유문의 첫 번째 사나이 되겠네
四書平易註精當, 義理都涵八百章.[127)]
潛思實履無遺算, 應許儒門第一郎.

다음으로 '오서오경음五書五經吟'의 원문을 소개한다.[128)]

'오서오경음'

『소학』
聖賢起自教孩嬰, 何事鄕人不重輕.
三代全書始皇滅, 六篇大法晦翁成.
遠自唐虞近關洛, 敬如父母信神明.
暗補別編何等語, 小家惡口任奇齡.[129)]

『대학』
孔經曾傳日星陳, 千古斯門賴洛閩.
明德工夫通動靜, 新民極致合天人.[130)]
喚夢爲醒非外物, 戒欺求慊潤吾身.
帝王安富從可得, 絜矩中間妙有神.

『맹자』

127) 소주: "大學十一章, 中庸三十三章, 論語四百八十三章, 孟子 二百六十章, 總七百八十七章."
128) 『사고속편』 권16, 21후~23전.
129) 이에 대한 소주는 다음과 같다. "毛奇齡以朱子小學爲暗補別錄而譏斥之."
130) 소주: "明德五條功夫, 皆要通貫動靜, 此意須細察."

三遷母敎如何忘, 洙泗從來獨擅場.
二字大功何赫赫,[131] 千年一炬儘煌煌.
保民而王莫能御, 好辯之稱非所當.
古來賢聖誰無謗, 試使時人誦萬章.[132]

『중용』
其父析薪子負荷, 能令聖祖一歡愥.
仁知中庸心本性, 鳶魚神鬼誠爲樞.
天命流行無小大, 仲尼祖述有唐虞.
若於戒愼無休歇, 不顯神精亦可符.

『시경』
問爾六旬何所學, 面墻噤口良堪嗟.
列國之陳俗有異, 一言以蔽思無邪.
獸禽草木誠多識, 鄕國家邦摠用歌.
不能爲政與專對, 誦數雖多空落華.

『서경』
學人先辨大胸襟, 從此方能識奧深.
一體君臣經世法, 千年神聖敬天心.
今文多晦反難讀, 古樂惜亡無處尋.
湯武至仁堯舜義, 推求到此更微吟.

『예경』
書首一言爲大本, 三千曲禮儘昭彰.

131) 소주: "程子曰, 仲尼只說志, 孟子便說養氣, 只此二字其功甚大."
132) 소주: "萬章篇云云, 詳見焦循孟子正義."

聖神精髓都流露, 天地心肝總寄藏.[133)]
唯諾走趨仁做體, 冠昏喪祭敬爲綱.
間有漢儒之附會, 學人審擇亦何妨.

『역경』
隨時變易爲從天, 今却從私爲道眞.
靠數談經歸邵老, 由辭明理信伊川.
修身何必勞龜筮, 瞞世眞同畫鬼神.
晦父難看尼晚喜, 少年竅啓孰能硏.[134)]

『춘추』
大義炳然天象垂, 却於微旨更難窺.
如何斯可謂之契, 無敢强其攸未知.
不妨諸公自主見, 且聽夫子家奴辭.
晦翁明睿亦難讀, 後進又何穿鑿爲.[135)]

이 밖에 간재는 오서오경의 천언만어가 다만 하나의 '성性'자로 관통되어 있으며,[136)] 육경의 수십만언이 마음이 성을 스승으로 삼는 도라고 주장한다.[137)]

한편 간재는 인성과 경서를 대비시켜 설명한다. 즉 인성은 상제의 명령에 근본하고 경서는 성인의 손에서 나온 것이니 모두 천리이므로 마음은 마땅히 성性을 높이고 선비는 마땅히 경을 높여야 한다. 자신은 모

133) 소주: "橫渠語錄云, 曲禮乃天地五藏魂魄心府寓於此. 尤菴曰, 天地非實有五藏也. 蓋言天地間義理耳, 心疑六字之誤."
134) 소주는 『사고속편』 권16, 22후를 참고.
135) 소주는 『사고속편』 권16, 23전을 참고.
136) 『사고속편』 권5, 44후.
137) 『사고』 권35, 48전.

름지기 성性을 높여 성性을 다하는 데까지 이르러 상제를 대할 수 있고 경서를 높여 경서와 합하는 데까지 이르러 성인의 영역에까지 이를 수 있다고 한다.[138]

4. 간재 경학사상의 특징

이상 간재의 논어 해석에 대한 개략적인 고찰을 통해서 간재 경학사상의 특징을 다음과 같이 요약 정리해 본다.

첫째, 후대에 있어서 경학과 성리학이 별개의 것인 것처럼 되어 한쪽에 치우쳐버린 경우가 있으나(청대의 고증학) 간재에 있어서는 경전연구와 성리설 탐구가 별개의 것이 아닌 일이이一而二, 이이일二而一의 불가분의 관계로서 파악된다는 점이다(이는 그가 성존심비적거性尊心卑的據,[139] 심본성설心本性說에서[140] 제 경전을 들어서 자기 학설의 정당성을 입증하는 것으로서도 확인된다). 다만 경학과 성리학이 둘 다 중요하게 인식되고는 있으나 특히 간재에 있어서는 성리설로써 경전을 해석하는 방식을 보여준다. 이는 자신의 성리설이 비록 새로운 창견인 듯이 보일 수 있지만 결코 그런 것이 아니라 이미 제 경전에 있던 것을 선유가 미처 언급하지 못했거나, 언급했더라도 후유들이 그다지 관심을 보이지 않은 것에 대해 자신이 새롭게 발굴하여 표창하였다는 것이다. 간재는 고증을 위한 고증은 반대하고 있다. 고증학은 어디까지나 원전의 본의를 해석하기 위한 보조수단으로서 파악한다.[141]

---

138) 『사고』 권35, 44전후.
139) 『사고』 권31, 38후~40후.
140) 『사고속편』 권10, 42후~43전.
141) 『사고』 권37, 25후. '實事求是'. "實事求是四字, 豈非善言? 但指講學爲空言無物, 却將

둘째, 광범위한 자료의 섭렵을 통한 전거의 해박성이다. 예를 들면 청대 고증학의 대표자 중의 한 사람인 염약거의 『맹자』[142]에 관한 설을 인용한 것과 초순의 『맹자정의』를 인용한 것으로[143] 이는 일반 성리학자의 저술에는 보기 힘든 경우이다(참고로 예를 들면 간재의 전배인 노주 오희상의 경우에도 조선 후기의 대표적인 성리학자의 한 사람으로 꼽히거니와 그가 경전을 해석할 때에 청유설을 인용한 경우는 없으며 염약거의 설을 인용한 경우는 더 더욱 없다[144]).

셋째, 인용 유학자(서적)의 광범성이다. 우리나라 유학자의 경전해석을 인용한 것은 말할 것도 없고,[145] 중국의 경전 관련 제서,[146] 그리고 전기한 바와 같이 청유의 경전에 대한 견해를 인용한 것은 물론 당시에 가장 이적시하던 일본인 저술까지도 인용한 점이다(「대학기의」에서의 이토 진사이伊藤仁齋설 인용[147]). 한편 여유량의 저술은[148] 청나라 조정의 분훼焚毁로 인하여 구하기 어려운 것인데 여씨설까지 인용하고 있음

古今名物制度考據援證以爲實事求是, 是將教人擯棄孝弟忠信之行, 厭惡心性道器之論, 而駸駸然入於考證之科, 而斥夫典要之學矣. 如此而欲修齊治平有是理乎?"

142) 『사고』 권31, 14후.

143) 『사고속편』 권16, 22전.

144) 『노주집』 권22, 「讀書隨記」 참조.

145) 참고로 「대학기의」에서 인용한 諸儒를 보면 다음과 같다. 權陽村(『사고』 권41, 13전), 南塘(『사고』 권41, 2전후), 渼湖, 屛溪(위와 같음, 2후), 尤菴, 陶庵(위와 같음, 5전), 老洲(위와 같음, 2후, 11후), 栗谷(위와 같음, 4전, 12전), 農巖(위와 같음, 12전), 徐孤青(위와 같음, 17전) 등을 들 수 있다.

146) 참고로 서명만을 대략적으로 들면 다음과 같다. 『困勉錄』(『四書講義困勉錄』, 淸 陸隴其 撰, 『사고』 권31, 15후), 『辨疑』(『四書辨疑』, 元 陳天祥 撰, 『사고』 권41, 13후), 『蒙引』(『四書蒙引』, 明 蔡淸 撰, 『사고』 권41, 13후), 『存疑』(『사서존의』, 明 林希元 撰, 『사고』 권41, 13후, 15전), 『淺說』(『四書淺說』, 明 陳琛 撰, 『사고』 권41, 15전), 『備旨』(『四書補註備旨』, 淸 鄧林 撰, 권41, 15전), 『四書考異』(翟灝, 『사고』 권41, 6전). 이 밖의 인물로는 劉念臺(『사고』 권41, 9후), 金仁山(『大學疏義』, 『사고』 권41, 12전), 呂榮公(『大學解』, 『사고』 권41, 9전) 등을 들 수 있다.

147) 『사고』 권41, 18전.

148) 『사고』 권31, 10후, 11후. 같은 책, 권41, 7전.

을 볼 때 간재가 자료수집에도 주의를 기울였음을 알 수 있다. 이 밖에 당시 중국의 계몽사상가인 양계초에 대해서도 언급하며 '불사전성不師前聖'이라는 표현으로 비판하고 있다.[149)]

넷째, 주자설을 『혹문』과 『어류』를 자주 대비하여 초년 미정론과 만년정론으로 구분하여[150)] 적절하게 자기 학설의 이론 근거로서 활용하였다는 점이다.[151)] 간재는 자신의 이론을 전개해 가다가 주자설과 배치될 경우 이는 초년의 설이라거나 또는 기록한 자의 착오라고 말하여 자신의 학설이론의 정당성을 확보하고 있다. 또 미정설로 판단하여 존의存疑하는 태도도 보이고 있다.[152)] 아울러 이러한 견해는 소주의 부정으로도 이어진다.[153)]

다섯째, 체인이 중요함을 강조한 점이다. 이에 대한 예를 들면 '학귀자체야學貴自體也'[154)], '학자의자체學者宜自體'[155)], '이기지요, 반기체찰理氣之要, 反己體察'[156)] 등을 들 수 있다.

여섯째, 자신의 견해로써 경전에 새로이 문장을 보입補入하고 있다는 사실이다. 예를 들면 '인능홍도장人能弘道章'에서 '인능홍도, 비도홍인人能弘道, 非道弘人'의 뒤에 간재는 '제능운극, 비극운제帝能運極, 非極運帝'라는 구절을 첨가하고 있으며,[157)] '여욕무언장予欲無言章'에서는 '천하언재. 사시행언, 백물생언天何言哉. 四時行焉, 百物生焉'의 구절 뒤에 '성하위재. 오

---

149) 『사고』 권31, 4前.
150) 『사고』 권41, 9전.
151) 이는 행장의 다음과 같은 기술에서도 잘 드러난다. "專門於朱書語類, 語有初晩而質疑, 義有蘊奧而闡發."(『연보』('행장') 권4, 13전. 『전집』 하, 764쪽 상단우)
152) 『사고』 권41, 14전.
153) 『사고』 권41, 14전. "小註所收, 多未精核, 往往使學者起爭端."
154) 『사고』 권31, 10후.
155) 『사고』 권31, 11후.
156) 『사고』 권31, 12전.
157) 『사고』 권31, 10후.

전서언, 만무성언性何爲哉. 五典叙焉, 萬務成焉'이라는 구절을 첨가하고 있다.[158]

일곱째, 선유설에 대해서도 비판을 가하고 있다는 점이다. 퇴계설,[159] 『율곡언해』,[160] 관본언해는 물론[161] 우암설에도 자신의 견해를 표명하고 있으며,[162] 소주는[163] 물론 심지어는 주자설의 오류도 지적하고 있음을 볼 수 있다.[164]

여덟째, 경전해석에 있어서 대화의 장을 마련한 점이다.[165] 간재는 심증이 가지만 자신이 확신할 수 없을 경우에는 "마땅히 질문하기를 기다린다" 하여 의견 개진의 가능성을 열어놓고 있다.

이 밖에 한 글자도 방과放過하지 않는 태도,[166] 선유 중 노주설老洲說의 채택이 많다든지,[167] 『율곡언해』본에 대해 상찬賞讚하고 관본의 잘못된 곳이 매우 많다고 지적하는 등을 들 수 있다.[168]

---

158) 『사고』 권31, 11후.

159) 『사고』 권41, 9후, 11전. 참고로 11面前의 예를 든다. "一有一字退翁以爲四者之一, 然此是少纔或暫之意, 朱子文字一有兩字甚多.……"

160) 『사고』 권31, 7전. "亡之命矣夫, 栗解以死亡之亡釋之, 然辭氣迫切之嫌且置, 只以文義觀之, 亦似未然."

161) 『사고』 권31, 4전후. "食無求飽觀註不暇及, 則是自不暇及. 栗解以毋字釋之, 官本以不字釋之, 似皆未穩."

162) 『사고』 권31, 14후. ('讀孟子') "赤子心未發時與聖人同, 朱子屢言之, 此何嘗用戒愼工夫來. 尤翁却作存養後事看, 恐未及照勘."

163) 『사고』 권41, 8후~9전. "聽訟章章句或問皆以明新分本末, 小註朱子聽訟爲末之說疑是記誤. 蓋聽訟句原是帶說不宜重看."

164) 『사고』 권31, 3후. "小註朱子云, 敬是喜怒哀樂未發之中, 和是發而皆中節之和. 敬是人功非道體, 恐難直指敬爲中. 蓋中是人人皆有底, 敬是君子獨行底, 朱子說莫是記誤."

165) 『사고』 권41, 15전. "未知不然否, 俟當質問."

166) 『사고』 권41, 12전. "以此觀之, 刪出章句中或字, 決是未及照管處."

167) 『사고』 권2, 21후; 권7, 38전; 권8, 14전; 권41, 2후, 11후. 『연보』('행장') 권4, 11후. "農巖老洲二先生, 先生尊之爲淵源所自出之先賢. …… 老洲性爲心宰之訓, 世儒譁然非之固也, 至於淵齋亦復立疑, 先生謂洲翁此一句, 眞得千聖相傳本天尊性底一點血脈也." (『전집』 하, 763쪽 상단좌)

168) 『사고』 권38, 37후, 「題中庸諺解後」.

그러나 간재의 논어설에도 결코 문제가 없는 것은 아니다. 그것은 자신의 성리설을 입증하기 위해서 경전을 지나치게 천착하는 것으로[169] 이는 송명유학자들의 일반적인 병폐이기도 하다.[170]

한편 간재에 있어서 이런 경향은 단순히 경전을 자기 학설의 이론 근거로만 이용하는 것이 아니라, 오히려 스스로의 이론을 근거로 경전에 대한 재해석을 시도하고 있다고도 볼 수 있다.[171]

이 밖에 『논어』에서 일반적으로 논의할 문제가 많이 있는 구절에 대해 논의하지 않은 점을 들 수 있겠다.

사서에 관한 해설 이외에 간재는 『시경』, 『서경』, 『주역』, 『춘추』, 『예기』에 대한 저술이 없는바(『주역』은 '독대과대상讀大過大象', '독원형이정설讀元亨利貞說', '역심도성易心道性', '곤복설변坤復說辨', '곤복설재변坤復說再辨'이란 단편적인 논설은 있으나 체계적인 것은 없음. 예禮도 관례, 혼례, 상례, 제례, 통례通禮, 국례國禮에 관한 예설禮說은 있으나 『예기』에 대한 저술은 아님) 이는 간재의 경학사상에 있어서 하나의 한계점으로 지적될 수 있으며, 이에서도 규지窺知할 수 있는 것처럼 간재는 경학자로서보다는 한 성리학자로서 접근하는 것이 간재 사상의 전모를 파악하기에 더 용이하다는 점이다.

---

169) 단적으로 예를 들면 五書五經 千言萬語가 다만 하나의 性자로 관통되어 있다고 한 것(『사고속편』 권5, 44후)과 六經의 數十萬言이 性師心弟의 이치를 발명하지 않은 것이 없으니 一以貫之라고 할 수 있다는 것을 예로 들 수 있다.(『사고』 권32, 2전) 행장에서도 간재의 이런 점을 인정하고 있다. "其餘庸學記疑朱書標疑, 無非所以發明聖蘊衛護性傳."(『연보』('행장') 권4, 12후, 『전집』 하, 763쪽 하단좌)

170) 『사고』 권31, 7전. "子溫而厲三句, 是氣質至淸至粹, 而所禀之理全體盡露也. 自賢人以下之未能然者, 只是氣質有疵病, 而不能充其理之全體尒, 非所受之性不待氣而有此偏也. 近有言性不待氣而有偏全者, 是亦認氣爲理之失也."

171) 권정안, 「간재의 경학사상」, 11쪽(『간재 전우선생의 경학과 성리학에 대한 조명』, 1995).

5. 결론

이상에서 간재의 논어 해석에 대해 고찰해 보았다. 앞의 고찰을 통해서 알 수 있는 바와 같이 간재의 경전에 대한 연구도 결국 자신의 학설을 경전의 재해석을 통해서 이를 확인하는 작업이었던 것으로 생각된다. 그리고 경전해석을 통해서 이설異說(대표적인 것으로 화서 이항로계의 심주리설心主理說과 한주 이진상계의 심즉리설心卽理說, 노사 기정진계의 유리설唯理說을 들 수 있다)과 이단지학을 반대하는 전거로 삼았다.

지금까지 간재의 철학사상에 대한 연구는 주로 성리학 방면에서 진행되었다. 그러나 이후로는 성리학 방면에 대한 연구도 계속 진행하면서 비록 경학 관련 저술이 양이 적을지라도 경학사상에 대한 연구도 아울러 병행하여 진행되어야 할 것이다.

이 장은 「독논어」를 중심으로 간재의 논어 해석을 고찰한 것이다. 그러나 간재의 전체적인 경학사상을 살펴보려면 「독맹자」, 「대학기의」, 「중용기의」는 물론 서한 등에 산견되는 경설, 간재가 현토한 『맹자집주』, 『대학장구』, 『중용장구』 그리고 『중용언해』 등을 종합적으로 비교, 분석, 검토하여 연구하여야 할 것이다. 그럴 경우에만 간재의 진정한 그리고 전반적인 제 경전에 대한 견해와 그의 한국경학사에서의 위치에 대해서도 명확하게 자리매김할 수 있을 것이다. 이는 필자의 이후의 과제로 남는다.

끝으로 간재 사상의 특성에 대하여 논한 다음의 글로써 이 장을 맺고자 한다.

> 간재의 학문적 세계는 급격한 변화와 근원적인 동요 속에서도 전통도학의 정통을 확고한 신념으로 재확인하고, 엄격한 순수성을 추구하며 방어

하였다는 사실에서 독특한 성격을 지니고 있다. 그는 한말 도학에 강력하게 새로 대두된 심주리론의 이론을 심즉기의 율곡적 전통에 근거하여 '성주리론'(性理心氣論)을 제시한 것으로서, 심의 자의적 판단을 견제하며 가치기준의 보편적 진실성으로서 성의 위치를 강화하고 있는 데서 그 특성을 인식할 수 있다. 여기서 심즉리설이 마음의 도덕적 주체성을 강조하여 인간의 도덕적 책임을 각성시키는 의미가 있다면 간재의 '성존심비설'은 인간의 마음에서 자의성을 견제하고 도덕규범의 객관적 표준에 순응하기를 요구하는 규범주의적 성격을 이해할 필요가 있다. 이런 면에서 간재는 한말 성리학의 주리론적 입장보다 좀 더 보수적이고 엄격성이 강한 특징을 지닌다고 하겠다.[172)]

172) 금장태, 「한국사상사에서 간재학의 위치」, 55쪽(『간재사상연구논총』 1집, 1994).

참고 문헌

1. 퇴계退溪 이황李滉의 사서四書 해석

주　희, 『사서집주』, 중화서국, 1986.
호광등, 『사서집주대전』, 성균관대학교 대동문화연구원, 1965.
교정청, 『사서언해』, 보경문화사, 1988.
이　이, 『사서율곡언해』, 성균관대학교 양현재, 1974.
이　황, 『퇴계집』(한국문집총간본), 민족문화추진회.
이　황, 『퇴계전서』, 성균관대학교 대동문화연구원, 1958.
이　황, 『도산전서』, 한국정신문화연구원, 1980.
기대승, 『고봉집』(한국문집총간본), 민족문화추진회.
이덕홍, 『간재집』(한국문집총간본), 민족문화추진회.
송시열, 『송자대전』(한국문집총간본), 민족문화추진회.
이　익, 『성호사설』, 명문당, 1982.
박세채, 『남계집』(한국문집총간본), 민족문화추진회.
정약용, 『논어고금주』(여유당전서본), 여강출판사, 1985.
송병선, 『사서석의』 序(山淸長溪逑古精舍新板本), 1899.

賈順先, 「이퇴계의 유가 경학에 대한 계승과 발전」, 「퇴계학보』 90집, 퇴계학연구원, 1996.
이충구, 「경서언해연구」, 성균관대학교 박사학위 청구논문.

2. 성호星湖 이익李瀷의 논어論語 해석

이　익, 『星湖全書』, 여강출판사, 1984.
이　익, 『星湖僿說類選』, 명문당, 1982.

안정복, 『順庵集』, 성균관대학교 대동문화연구원.
정약용, 『與猶堂全書』, 여강출판사, 1985.
『經學資料集成』(논어편), 성균관대학교 대동문화연구원, 1997.
강효석, 『전고대방』, 명문당, 1993.
윤영선, 『조선유현연원도』, 명문당, 1995.
권문봉, 「성호 이익의 경학과 사서질서」, 성균관대학교 대학원 박사학위 청구논문, 1993.
송갑준, 「성호 이익 철학 연구」, 고려대학교 대학원 박사학위논문, 1991.
송갑준, 「성호 이익의 경학사상(1)」, 경남대 철학논집.
이우성, 「실학연구서설」(『한국의 역사상』), 창작과 비평, 1983.
최석기, 「성호 이익의 시경학」, 성균관대학교 대학원 박사학위 청구논문, 1993.

3. 다산茶山 정약용丁若鏞의 논어論語 해석

(Ⅰ)
何　晏, 『論語集解』(略號『集解』)(元覆宋世綵堂本), 臺灣: 國立古宮博物院, 民國 59.
皇　侃, 『論語義疏』(『義疏』)(懷德堂刊本), 大正 12.
邢　昺, 『論語注疏』(『注疏』), 臺灣: 中華書局, 民國 75.
朱　子, 『論語集注』(『集注』)2冊, 璜川吳氏(吳志忠)仿宋刊本, 東京: 文求堂, 昭和 8, 5版.
朱　子, 『四書章句集註』(『四書集注』), 北京: 中華書局, 1983.
胡廣等奉勅撰, 『論語集註大全』, 丁酉字本, 『經書』本, 서울: 成均館大學校 大東文化研究院, 1958.
李卓吾, 『四書評』, 影印本.
『四書朱子異同條辨』, 37冊, 近譬堂藏版, 1702, 淸 木版本.
劉寶楠, 『論語正義』(『正義』)2冊, 北京: 中華書局, 1990.
王步青, 『論語集註本義滙參』10冊, 淸 木版本, 敦復堂 刊.
『論語演義』, 下冊, 筆寫本.
潘衍桐輯, 『朱子論語集注訓詁考』, 光緖 17(1891), 浙江書局刻 木版本.

程樹德,『論語集釋』(『集釋』)4冊, 北京: 中華書局, 1990.
安井衡,『論語集說』, 漢文大系 1, 東京: 富山房, 昭和 47.
玄　采,『懸吐釋字具解 集註論語』, 大正 3.
諸橋徹次,『類編 論語集註』, 東京: 弘道館.
王　素,『唐寫本論語鄭氏注及其硏究』, 文物出版社, 1991.
金谷治,『唐抄本 鄭氏注 論語集成』, 東京: 平凡社, 昭和 53.
錢　穆,『論語新解』, 巴蜀書社, 1988.
楊伯俊,『論語譯註』上下, 北京: 中華書局, 1990.
徐　英,『論語會箋』, 臺灣: 正中書局, 民國 76.
楊樹達,『論語疏證』, 上海古籍出版社, 1986.
曾秀景,『論語古注輯考」, 대만: 학해출판사, 민국 80.
『論語』상(四部要籍注疏叢刊), 북경: 중화서국, 1998.
『四書讀本』-論語, 臺灣: 啓明書局, 1991.

武內義雄,『논어의 연구』(『무내의웅전집』1), 角川書店, 昭和 53.
木村英一,『공자와 논어』, 創文社, 昭和 59.
宮崎市定,『논어의 신연구』, 岩波書店, 昭和 49.
林泰輔,『論語年譜』上下 2冊, 東京: 國書刊行會, 昭和 51.
錢　穆,『論語要略』(『四書釋義』본), 학생서국, 1990.
金學主,『공자의 생애와 사상』, 1978.
金谷治,『공자』, 강담사, 1980.
李　滉,『論語釋義』(『退溪全書』本), 서울: 成均館大學校 大東文化硏究院, 1958.
『陶山全書』, 한국정신문화연구원간, 1980.
李　珥,『四書 栗谷諺解』, 서울: 成均館大學校 養賢齋, 1976.
李　珥,『論語釋義』(『四書釋義』本), 木版本, 1917年刊.
丁若鏞,『與猶堂全書』 서울: 驪江出版社, 1985.
丁若鏞,『與猶堂全書補遺』 5冊, 서울: 景仁文化社, 1975.
丁若鏞,『論語古今注』(『與猶堂集』本), 奎章閣 筆寫本, 13冊.
丁若鏞,『論語手箚』(『手箚』), 奎章閣 筆寫本, 1冊.
丁若鏞,『四書茶釋』, 筆寫本, 奎章閣 所藏.

丁奎英 編,『俟菴先生年譜』, 서울: 여강출판사, 1985.
「茶山年譜」, 茶山親筆本影印.
『韓國經學資料集成(論語篇)』(『集成』)17冊, 서울: 成均館大學校 大東文化研究院, 1990.
『經書疑誤講解』 2冊, 木版本, 國立中央圖書館所藏.
宋炳璿,『사서석의』(山淸長溪述古精舍新板本), 1899.
『艮齋先生全集』, 보경문화사, 1984.
荻生雙松,『論語徵』, 武江書林刊本.
伊藤維楨,『論語古義』, 明治 42刊本.
太宰純,『論語古訓』, 無求備齋論語集成本.
太宰純,『論語古訓外傳』, 延亨 2년(1746), 嵩山房刊 木版本.
蔣伯潛,『四書讀本』, 臺灣: 啓明書局.
『十三經古注』上下 2冊, 臺灣: 新文豊出版社, 民國 65.
『十三經主疏』, 臺灣: 藝文印書館, 民國 71.
『孟子集註大全』(田艮齋手澤本), 서울: 中和堂, 1987.
『詩經』(丁酉字本), 서울: 保景文化社, 1983.
『書經』, 서울: 保景文化社, 1983.
『周易』, 서울: 保景文化社, 1986.
『春秋』, 成均館大學校 大東文化研究院, 1985.
『左傳』, 서울: 大提閣, 1975.
『禮記』, 成均館大學校 大東文化研究院, 1985.
『禮記鄭注』 漢文大系17, 大正 6.
『孔子家語』, 漢文大系 20, 동경: 부산방, 大正 6.
『國語』上下 2冊, 上海古籍出版社, 1990.
『周禮今註今釋』, 林尹註譯, 書目文獻出版社, 1985.
『朱子全書』, 四庫全書本, 서울: 中和堂, 1989.
『性理大全』, 서울: 曹龍承, 1978.

黎靖德,『朱子語類』 8冊, 北京: 中華書局, 1986.
胡 宏,『知言』, 四庫全書本 703冊.

顧炎武, 『日知錄』, 淸 木版本, 乾隆 已卯(1795)刊.
閻若璩, 『尙書古文疏證』上下, 上海古籍出版社, 1987.
馬端臨, 『文獻通考』, 經籍考, 華東師範大學出版社, 1985.
班　固, 『漢書』, 北京: 中華書局, 1990.
正　祖, 『弘齋全書』 5冊, 서울: 太學社, 1978.
朴世堂, 『西溪全書』 2冊, 서울: 太學社, 1979.
李　瀷, 『星湖全書』 4冊, 서울: 여강출판사, 1984.
李　瀷, 『論語疾書』, 『성호전서』본, 여강출판사, 1984.
『論語疾書』(『경학자료집성』본 21책, 『논어』 4책)
李　瀷, 『星湖僿說類選』, 서울: 明文堂, 1982.
安鼎福, 『順菴集』, 서울: 성균관대학교 대동문화연구원.
吳熙常, 『老州集』 13冊, 木活字本.
尹　鑴, 『白湖先生讀書記』, 昭和 10.

『諺譯論語』, 京城: 儒敎經典講究所藏板, 大正 11.
『言解論語』 2冊, 서울: 文言社, 昭和 8.
安炳周, 『論語』, 서울: 徽文出版社, 1979.
金學主, 『論語』, 서울대 出版部, 1990.
金都鍊, 『朱註今釋論語』, 서울: 玄音社, 1990.
成白曉, 『논어집주』, 서울: 전통문화연구회, 2008.
車柱環, 『논어』, 서울: 교문사, 2005.
金暎鎬, 『다산의 논어해석 연구』, 심산, 2003.
金暎鎬外, 『논어의 종합적 고찰』, 심산, 2003.
『國譯與猶堂全書』2, 3, 4, 全州大 湖南學硏究所, 서울: 驪江出版社, 1986-89.
朴錫武編譯, 『유배지에서 보낸 편지』(개역증보판), 서울: 創作과批評社, 1991.
朴錫武譯註, 『茶山散文選』, 서울: 창작과비평사, 1988.
李翼成譯, 『茶山論叢』, 서울: 乙酉文化社, 1987.
李乙浩, 『茶山學提要(上)』, 서울: 大洋書籍, 1980.

韋政通, 『中國哲學辭典』, 臺北: 大林出版社, 民國 67.

陸德明, 『經典釋文』, 上中下 3冊, 上海古籍出版社, 1985.
『中國儒學辭典』, 遼寧人民出版社, 1988.
『中國儒學百科全書』(철학), 중국대백과전서출판사, 1997.
『四書辭典』, 호북인민출판사, 1998.
張岱年編, 『공자대사전』, 상해사서출판사, 1993.
『十三經辭典』(「논어」권), 섬서인민출판사, 2002.
『四書集解辭典』, 성보사, 2003.
陳甲坤, 『사서색인』, 중문출판사, 1994.
江連隆, 『논어와 공자의 사전』, 대수관서점, 1999.
高田眞治, 『논어의 문헌주석서』, 동경: 춘양당서점, 昭和 12.
後藤俊瑞, 『朱子四書集註 索引』, 廣島大學文學部 中國哲學硏究室, 昭和 29.

『四庫全書總目』上, 北京: 中華書局, 1987.
『續修四庫全書總目提要』하, 중화서국, 1997.
『四庫全書簡明目錄』, 上海古籍出版社, 1985.
『增訂四庫簡明目錄 標注』, 上海古籍出版社, 1979.
朱彝尊, 『經義考』, 四庫全書679冊, 중화서국, 1998.
范希曾編, 『書目答問補正』, 上海古籍出版社, 1986.
『隋書』(經籍志), 서울: 경인문화사.
『三國史記』, 서울: 민족문화추진회, 1973.
『高麗史』, 서울: 아세아문화사.
『世宗實錄』, 서울: 탐구당.
『正祖實錄』, 서울: 탐구당.
姜斅錫, 『典故大方, 서울: 한양서원, 1925.
『續修聖蹟圖後學錄』, 大正 6.
『奎章閣圖書韓國本綜合目錄』, 上下 2冊, 서울: 서울대 出版部, 1981.
『奎章閣圖書解題(經, 子部)』, 서울: 서울대 出版部, 1978.
『增補文獻備考』 3冊, 서울: 명문당, 1989.
金　烋, 『海東文獻總錄』, 서울: 學文閣, 1969.
『東國通志』 3冊, 서울: 태학사.

尹南漢, 『雜著記說類記事索引』, 城南: 韓國精神文化硏究院, 1982.
『韓國圖書解題』, 서울: 高大民族文化硏究所, 1971.
『韓國古書綜合目錄』, 서울: 國會圖書館, 1968.
前間恭作, 『鮮冊名題』, 筆寫本, 成均館大學校 中央圖書館所藏.
前間恭作, 『古鮮冊譜』 3冊, 東洋文庫, 昭和 52.
『朝鮮圖書解題』, 昭和 7.
『日本所在韓國古文獻目錄』, 서울: 여강출판사, 1990.
『韓國民族文化大百科辭典』, 서울: 韓國精神文化硏究院, 1991.
『中文大辭典』 1-10冊, 臺灣: 中華學術院, 民國 74.
諸橋轍次, 『大漢和辭典』, 東京: 大修館書店, 昭和 43.
『辭海』 上下, 臺灣: 中華書局, 民國 68.
大陸版 『辭源(修訂本)』, 上下 2冊, 臺灣: 商務印書館, 民國 78.
『十三經引得-大學, 中庸, 論語, 孟子』, 臺灣: 南嶽出版社, 民國 67.
段玉裁, 『段氏說文解字注』, 臺灣: 文化圖書公司, 民國 68.
重澤俊郎, 『原始儒家思想과 經學』, 東京: 岩波書店, 昭和 24.
『中國』-社會와 文化- , 東京: 東大中國學會, 昭和 62.

(II)
『經學槪說』, 서울: 청아출판사, 1992.
『經學硏究論集』, 臺灣: 黎明文化事業公司, 民國 70.
『孔子思想硏究論集』1, 2, 臺灣: 黎明文化事業公司, 民國 72.
『孔子思想과 現代』, 서울: 思社硏, 1990.
『論孟硏究論集』, 臺灣: 黎明文化事業公司, 民國 70.
『論語辨』, 臺灣: 開明書店, 民國 72.
『茶山學論叢』, 上下 2冊, 光州: 茶山學硏究院.
『茶山學報』, 1-11, 光州: 茶山學硏究院.
『茶山學의 探究』, 서울: 民音社, 1990.
『東洋哲學』 1, 2輯, 서울: 東洋哲學會, 1990-91.
『東洋哲學硏究』, 10輯, 13輯, 서울: 東洋哲學硏究會, 1989.
『東洋哲學의 體系와 認識』, 아세아문화사, 1998.

『明淸實學思潮史』, 齊魯書社, 1989.
『先秦經籍考』, 上海文藝出版社, 1990.
『實學論叢』, 光州: 全南大 出版部, 1975.
『實學思想의 探究』, 서울: 玄岩社, 1975.
『儒教思想研究』1, 2, 3, 4, 5輯, 서울: 儒教學會.
『丁茶山研究의 現況』, 서울: 民音社, 1985.
『丁茶山과 그 時代』, 서울: 民音社, 1986.
『丁茶山의 經學』, 서울: 民音社, 1986.
『朝鮮後期 黨爭의 綜合的 檢討』, 성남: 한국정신문화연구원, 1992.
『漢學論文集』2(論語專號), 臺灣: 文史哲出版社, 民國 72.
『韓國思想史 大系』5, 성남: 한국정신문화연구원, 1992.
『韓國思想叢書』, 1, 2, 3, 서울: 韓國思想研究會, 1973-75.
『韓國哲學史』下, 서울: 東明社, 1987.
『韓國哲學研究』下, 서울: 東明社, 1987.
『韓國의 思想家 十二人』, 서울: 玄岩社, 1975.
『薝園 鄭寅普全集』, 1, 2, 5, 6, 서울: 延世大 出版部, 1983.
歷史學會編, 『實學研究入門』, 서울: 一潮閣, 1990.
次山 安晋吾博士 回甲記念 『東洋學論叢』, 光州: 論文集刊行委員會, 1990.
姜萬吉, 鄭昌烈外, 『茶山의 政治經濟思想』, 서울: 創作과批評社, 1992.
姜在彦, 『朝鮮의 西學史』, 서울: 민음사, 1990.
琴章泰, 『東西交涉과 近代韓國思想』, 서울: 성균관대학교출판부, 1984.
琴章泰, 『韓國實學思想研究』, 서울: 集文堂, 1987.
琴章泰외, 『茶山丁若鏞의 西學思想』, 서울: 다섯수레, 1993.
金相洪, 『茶山學 研究』, 서울: 啓明文化社, 1990.
金承惠, 『原始儒教』, 서울: 民音社, 1990.
金龍德 外譯, 『韓國의 實學思想』, 서울: 三省出版社, 1977.
金龍德, 『朝鮮後期 思想史 研究』, 서울: 을유문화사, 1983.
金忠烈, 『中國哲學散稿』1, 2, 서울: 온누리, 1991.
朴鍾鴻, 『韓國思想史論考(儒學篇)』, 서울: 瑞文堂, 1983.
宋載卲, 『茶山詩 研究』, 서울: 創作과批評社, 1986.

沈偶俊,『順菴 安鼎福 硏究』, 서울: 一志社, 1985.

安炳周,『儒敎의 民本思想』, 서울: 成均館大學校 大東文化硏究院, 1987.

梁大淵,『儒學入門』.

劉明鍾,『韓國儒學硏究』, 大邱: 以文社, 1988.

柳承國『東洋哲學硏究』, 서울: 槿域書齋, 1983

柳正東,『東洋哲學의 基礎的 硏究』, 서울: 成均館大學校 出版部, 1986.

尹絲淳,『韓國儒學論究』, 서울: 玄岩社, 1985.

尹絲淳,『韓國儒學思想論』, 서울: 열음사, 1986.

尹絲淳,『韓國의 性理學과 實學』, 서울: 열음사, 1990.

尹絲淳編,『丁若鏞』, 서울: 高麗大學校 出版部, 1990

李丙燾,『韓國儒學史』, 서울: 亞細亞文化社, 1987.

李丙燾,『韓國儒學史略』(漢文本), 서울: 亞細亞文化社, 1987.

李相殷,『中國哲學史』上篇, 서울: 法文社, 1976

李相殷,『儒學과 東洋文化』서울: 汎學圖書, 1981

李銀順,『朝鮮後期 黨爭史 硏究』, 서울: 일조각, 1993.

李乙浩,『茶山經學思想硏究』, 서울: 乙酉文化社, 1966.

李乙浩,『茶山學』, 서울: 玄岩社, 1975.

李乙浩,『茶山學入門』, 서울: 중앙일보사, 1983

李乙浩,『丁茶山의 生涯와 思想』, 서울: 博英社, 1985.

李乙浩,『韓國改新儒學史試論』, 서울: 博英社, 1980.

李正浩,『周易正義』, 서울: 아세아문화사, 1980.

林東錫,『中國學術綱論』, 서울: 高麗苑, 1988.

鄭　瑽,『論語와 孔子』, 裡里: 圓光大 出版部.

鄭玉子,『朝鮮後期知性史』, 서울: 一志社, 1991.

千寬宇,『近世 朝鮮史 硏究』, 서울: 일조각, 1992.

千寬宇,『韓國史의 再發見』, 上同.

河宇鳳,『朝鮮後期實學者의 日本觀 硏究』, 서울: 一志社, 1989.

韓沽劤,『李朝後期의 社會와 思想』, 서울: 을유문화사, 1987.

玄相允,『朝鮮儒學史』, 서울: 民衆書館, 1948.

洪以燮,『丁若鏞의 政治經濟思想硏究』, 서울: 韓國硏究圖書館, 1959.

정성철, 『實學派의 哲學 思想과 社會政治的 見解』, 서울: 한마당, 1989.
정성철, 『조선철학사 2』, 서울: 이성과현실, 1988.
최익한, 『實學派와 丁茶山』, 서울: 청년사, 1989.
江　藩, 『經解入門』, 中國書店, 1990.
邱鎭京, 『論語思想體系』, 臺灣: 文津出版社, 民國 77.
屈萬里, 『古籍導讀』, 臺灣: 開明書店, 民國 74.
羅　光, 『中國哲學思想史』, 先秦, 淸代篇, 臺灣: 學生書局, 民國 71-76.
盧元駿, 『五經四書要旨』, 臺灣: 三民書局, 民國 76.
杜松栢, 『國學治學方法』, 臺灣: 洙泗出版社, 民國 74.
徐復觀, 『中國經學史的基礎』, 臺灣: 學生書國, 民國 79.
徐復觀, 『中國思想史論集』, 臺灣: 學生書局, 民國 72.
梁啓超 李桂杜 譯, 『中國古典入門』, 서울: 三星文化文庫, 1974.
梁啓超 著, 이기동, 최일범 옮김, 『淸代學術槪論』, 서울: 驪江出版社, 1987.
王　茂 外, 『淸代哲學』, 安徽人民出版社, 1992.
林義正, 『孔子學說探微』, 臺灣: 東大圖書公司, 民國 76.
張其昀, 『孔子學說의 現代的 意義』, 大邱: 螢雪出版社, 1981.
蔣伯潛 外, 『經學纂要, 經學提要』, 岳麓書社, 1990.
蔣伯潛, 『十三經槪論』, 上海古籍出版社, 1986.
錢　穆, 『孔子與論語』, 臺灣: 學生書局, 民國 74.
錢　穆, 『四書釋義』, 臺灣: 學生書局, 民國 67.
錢　穆, 『中國近三百年學術史』, 上下, 臺灣: 商務印書館, 民國 72.
程石泉, 『論語讀訓解故』, 臺灣: 先知出版社, 1981.
周　何, 田博元主編, 『國學導讀叢編』, 上冊, 臺灣: 康橋出版事業公司, 民國 67.
陳大齊, 『孔子學說』, 臺灣: 正中書局, 民國 76.
陳大齊, 『孔子學說論集』, 臺灣: 正中書局, 民國 68.
陳如勳, 『論語異解辨正』, 臺灣: 文津出版社, 民國 75.
皮錫瑞, 李鴻鎭 譯, 『中國經學史』, 서울: 同和出版公社, 1984.
胡志奎, 『論語辨證』, 臺灣: 聯經出版事業公司, 民國 76.
『六十年來之國學』, 대만: 正中書局, 民國 64.
胡　適, 『中國古代哲學史』 臺灣: 商務印書館, 民國 71.

徐復觀,『中國思想史論集』, 臺灣: 學生書局, 1987.
吳　康,『孔孟荀哲學證義』, 대만상무인서관, 1986.
勞思光,『中國哲學史』「先秦篇」, 서울: 探求堂.
羅　光,『中國哲學大綱』上冊, 臺灣: 商務印書館, 民國 68.
林　尹,『中國學術思想大綱』, 臺灣: 商務印書館, 民國 70.
馮友蘭,『中國哲學史』上冊, 서울: 半島文化社, 1976.
唐君毅,『中國哲學原論』原道1, 臺灣: 學生書局, 1986.
吳　怡,『中國哲學發展史』, 臺灣: 三民書局, 民國 73.
蔡元培,『中國倫理學史』, 臺灣: 商務印書館, 民國 70.
馮友蘭,『中國哲學史』, 鄭仁在 譯, 서울: 螢雪出版社, 1977.
陳立夫,『中國哲學의 人間學的 理解』, 서울: 民知社, 1987.
狩野直喜,『中國哲學史』, 吳二煥 譯, 서울: 乙酉文化社, 1987.
守本順一郎,『일본사상사』, 서울: 이론과 실천, 1989.
宇野哲人 著, 馬福辰 譯,『中國近世儒學史』, 臺灣: 中國文化大學 出版部.
戶川芳郎 外,『儒敎史』, 서울: 이론과 실천, 1990.
H. G. Creel, 李成珪 譯,『孔子-人間과 神話』, 서울: 지식산업사, 2005.
________,『中國思想의 理解』, 서울: 經文社, 1981.

(Ⅲ)
賈順先,「이퇴계의 유가 경학에 대한 계승과 발전」,『퇴계학보』90집, 퇴계학연구원, 1996.
琴章泰,「茶山哲學의 人間學的 基礎」,『韓國學報』18, 1980.
琴章泰,「茶山의 天槪念과 天人關係論」,『哲學』25, 1986.
金彦鍾,「丁茶山論語古今注 原義總括考徵」, 臺灣: 學海出版社, 民國 76.
南明鎭,「淸初學術與韓儒丁茶山 硏究」.
朴小楝,「퇴계 사서석의의 경학적 특성에 관한 연구」, 성균관대학교 유학대학원 석사학위청구논문, 1995.
安炳周 外,「韓國名賢의 中庸注釋資料集成」, 성균관대학교 대동문화연구원, 1992.
尹絲淳,「實學思想의 哲學的 性格」,『亞世亞硏究』56, 1976.
李乙浩,「茶山實學의 洙泗學的 構造」,『亞細亞硏究』8卷 2號(18號), 1965.

李乙浩, 「論語古今注의 洙泗學的 考察」, 韓國哲學會, 1969.
李乙浩, 「丁茶山의 洙泗學的 人間像의 問題」, 『金斗憲紀念論集』, 1964.
李忠九, 「퇴계의 경서석의에 대한 고찰」, 『퇴계학연구』, 6집, 단국대퇴계학연구소, 1992.
鄭炳連, 「茶山 中庸注의 經學的 硏究」, 成均館大學校 大學院, 1988.
鄭炳連, 「茶山四書學序說」, 『省潭 金羽泰 教授 回甲紀念論文集』, 1992.
鄭炳連, 「茶山의 論語解釋 性向」, 『東洋哲學』 1輯, 韓國東洋哲學會, 1990.
韓沽劤, 「茶山의 學問觀과 學風」, 『韓國文化』 3, 서울대 韓國文化硏究所, 1982,

4. 간재艮齋 전우田愚의 논어論語 해석

전 우, 『간재선생전집』 상 하, 보경문화사, 1984.
전 우, 『간재사고』, 위와 같음.
전 우, 『사고속편』, 위와 같음.
『간재선생연보』, 위와 같음.
오희상, 『노주집』 권22, 「讀書隨記」, 필사본.

姜斅錫, 『典故大方』, 명문당, 1995.
『續修聖蹟圖後學錄』, 「東方聖學源流圖」, 대정 6.

권정안, 「간재의 경학사상-『중용기의』를 중심으로-」, 『간재 전우선생의 경학과 성리학에 대한 조명』, 1995.
금장태, 「한국사상사에서 간재학의 위치」, 『간재사상연구논총』 1집, 1994.

찾아보기

(ㄹ)

(ㅁ)

(ㅂ)

(ㅇ)